Retrato

de la

Lozana Andaluza

de Francisco Delicado

Originalmente Publicada en Venecia en 1528

Introducción
Jorge F. Hernández

Colección
Antes 1492 *Después*

Clásicos Españoles del siglo XIII an XVIII

Jorge Pinto Books Inc.

 *Retrato de la Lozana Andaluza,* de Francisco Delicado

Derechos de la edición © Jorge Pinto Books Inc. 2016.

Excepto por los textos originales de la presente edición, incluida la tipografía y la portada, se publica este libro bajo los principios del Project Gutenberg cuyos términos de Licencia para textos impresos y se encuentran en www.gutemberg.org/license

El texto de la presente edición esta tomada del libro publicado en 1871:
Retrato De La Lozana Andaluza, En Lengua Española Muy Clarísima, El Cual Retrato demuestra lo que en Roma pasaba, y contiene muchas más cosas que la Celestina. Compuesto En Roma. "Coleccion De Libros Españoles Raros o Curiosos". Tomo Primero. Madrid, Imprenta Y Estereotipia De M. Rivadeneyra, calle del Duque de Osuna, 3. 1871.

Derechos de la edición © Jorge Pinto Books Inc. 2016.

Excepto por los textos originales de la presente edición, incluida la tipografía y la portada, se publica este libro bajo los principios del Project Gutenberg cuyos términos de Licencia para textos impresos y se encuentran en www.gutenberg.org/license

El texto digital esta disponible desde October 23, 2015 [EBook #50291] y su conversión fue hecha por Josep Cols Canals, Ramon Pajares Box, y se distribuye Online "Distributed Proofreading Team at http://www.pgdp.net" De acuerdo con El Proyecto Gutenberg, el archivo se produce con imagines que amablemente fuero proporcionadas al citado proyecto con images generously The Internet Archive/Canadian Libraries)

Introduction: Jorge F. Hernández

© Francisco Ramírez Santacruz, Profesor de la Benemérita Universidad Autónoma de Puebla, Apéndice tomado del ensayo "El Aspecto Paremiológico en El Retrato de la Lozana Andaluza de Francisco Delicado". Publicado en Estudios Humanísticos. Filología 31, (2009). 271-302 ISSN: 0313-1329

Diseño de la portada y tipografía © Old &New | East & West Cultural Services, 2017. Producido en iStudio Publisher con el apoyo de Andy Carrott

ISBN: 978-1-934978-64-1 || 1-934978-64-7

Además de la introducción de Jorge F. Hernández y El Apéndice del Profesor Francisco Ramírez Santacruz, se hicieron correcciones tipográficas al texto digital producido por Josep Cols Canals, Ramon Pajares Box, and the Online Distributed Proofreading Team at http://www.pgdp.net (utilizando imágenes proporcionadas por The Internet Archive/Canadian Libraries)

RETRATO

DE LA

LOZANA ANDALUZA,

EN LENGUA ESPAÑOLA MUY CLARÍSIMA,

COMPUESTO EN ROMA.

EL CUAL RETRATO
demuestra lo que en Roma pasaba,
y contiene muchas más cosas que la Celestina.

MADRID,
IMPRENTA Y ESTEREOTIPIA DE M. RIVADENEYRA,
calle del Duque de Osuna, 3.

1871.

Nota Editorial

El texto de la presente edición esta tomada del libro publicado en 1871:

Retrato De La Lozana Andaluza, **En Lengua Española Muy Clarísima, El Cual Retrato demuestra lo que en Roma pasaba, y contiene muchas más cosas que la Celestina. Compuesto En Roma. "Coleccion De Libros Españoles Raros o Curiosos". Tomo Primero. Madrid, Imprenta Y Estereotipia De M. Rivadeneyra, calle del Duque de Osuna, 3. 1871.**

A partir de la primera edicion de 1530 se han publicado docenas nuevas versiones y traducciones de esta obra la que ha sido objeto de numerosas reseñas, estudios, traducciones y adaptaciones. Destaca una versión teatral de Rafael Alberti escrita en 1963 y puesta en escena en 1980. Asimismo, en 1977 se estreno una versión cinematográfica de la novela de Delicado realizada por Vicente Escrivá.

El texto, originalmente escrito en Roma en forma de crónica lo que hace que su lectura sea difícil, no solo por el español de la época, sino porque contiene refranes, nombres y comidas tomadas de conversaciones cotidianas en una ciudad poblada a principios del siglo XVI por italianos, catalanes, castellanos, judíos y conversos, con una igual selección representativa de profesiones: canónigos, hidalgos, criados, prostitutas, abogados y doctores. En los amenos diálogos y relatos de La Lozana, Delicado reproduce textualmente la rica pluralidad del habla de la calle.

Para facilitar la lectura y enriquecer la presente edición se incluye una intruducción del escritor Jorge F. Hernandez y un anexo del Ptofesor Francisco Ramírez Santacruz con referencias a 143 refranes, frases proverbiales o expresiones de fondo paremiológico contenidos en la obra.

Asimismo se agrega un breve glosario con algunas palabras utilizadas en la época en la que la obra fue escrita, contenidas en el texto original, tomadas del Diccionario de autoridades de la Real Academia Española*.

Con este título se inaugura la nueva colección de libros "ANTES1492 DESPUEÉS, Clásicos Españoles de los siglos XIII al XVIII" que complementa la Colección "Rediscovered Books" (Libros Redescubiertos) entre cuyos textos están las *Cartas entre Hermann Hesse y Thomas Mann* con una introducción de Pete Hamill, así como las biografías de *Stendhal*, *Rousseau* y *Victor Hugo* de Matthew Josephson y dos obras del autor inglés Charles Morgan, quien en los años 30s figuró entre los autores mas leídos. En español incluimos en la colección la famosa novela Santa de Federico Gamboa con un breve ensayo de Cristina Pacheco, El Delirio de Santa.

Es nuestra convicción que los libros son motores del aprendizaje. Vivimos una época en la que "el conocimiento es poder". Peter Drucker, el famoso filósofo de los negocios, imaginaba el surgimiento de los "trabajadores del conocimiento", frase que acuñó en La era de la discontinuidad (1969). En nuestras sociedades cambiantes, la lectura es una necesidad. Es, también, un placer extraordinario.

A partir del año 711 España enfrentó una serie de conquistas musulmanas desde Africa del Norte. Después de numerosas guerras y reconquistas, con la caída de Granada en 1492 se recupera el ultimo reducto Arabe en España, seguida por la expulsión de los musulmanes de su territorio. Asimismo, en ese año de grandes descubrimientos, los Reyes Católicos emitieron un edicto que obligaba a los Judíos españoles a convertirse en Cristianos y dejar su religión y sus costumbres o abandonar su país.

Hasta ese momento, España había ocupado un lugar preponderante en Europa como un centro multicultural, artístico y científico, donde a pesar de los conflictos, convivían distintas lenguas, religiones, costumbres y modos de vida. Destacaba la presencia Sefardí en el mundo de la poesía, la literatura, la ciencia y la filosofía.

No obstante que en la selección de los primeros títulos de la colección predominan autores de origen Sefardí, la colección no esta centrada en los antepasados o la religión de sus autores, sino en la calidad e importancia de las obras. La colección busca "redescubrir" y contribuir a la difusión de textos clásicos poco conocidos y al mismo tiempo, mostrar la grandeza intelectual de España en una época en la que sobresale en el terreno de las letras y en los viajes a nuevos y desconocidos continentes y culturas.

Italo Calvino piensa que "un clásico es un libro que jamás ha agotado todo lo que tiene que decir a sus lectores" (¿Por qué leer los clásicos?) Siguiendo esta idea, esta colección propone recuperar los clásicos españoles, que además de conservar su valor e importancia, tienen mucho que comunicar en nuestro mundo moderno.

* Diccionario de autoridades de la Real Academia Española. http://web.frl.es/DA.html

Lozanía

Jorge F. Hernández

Imagine que Aldonza es mujer frondosa, señal de saludable, y que ejerce el oficio más viejo del mundo entre las ruinas de lo que fuera la grandeza de Roma, la que fuera epicentro de un imperio inabarcable, la que ha sido saqueada por tropas españolas al amanecer el siglo XVI y la que se ha visto inundada por el alud de judíos españoles que huyen de las llamas del Santo Oficio.

Esta historia nos llega al oído por escuchar los ripios y retruécanos del idioma —español e italiano— en el diálogo que florece entre Aldonza y su amigo Trigo, nombre de converso, espejo del autor Francisco Delicado, que fue clérigo, ejerció de médico y tuvo fama de marrano.

Antes MCDXCII Después

Quizá el lector del siglo XXI se sorprenda ante los inesperados descubrimientos que le depara la lectura del pasado impredecible para una posible lectura del futuro, pues cada paso fugaz de nuestro presente parece reflejarse en el espejo de un ayer lejano. Aparentemente lejano, pues los títulos que conforman esta Colección de Clásicos Españoles de los siglos XIII al XII abrevan del mismo ánimo que dejaron en tinta los descubrimientos insólitos, las reyertas y reconciliaciones, los rencores y amores de los hombres que poblaban el paisaje del mundo mucho antes de poderlo contemplar desde las nubes o de que los pétalos de sus minúsculos universos se pudieran palpar en microscopios de alta definición.

El año MCDXCII quedó signado por los errores de cálculo de un navegante al parecer de origen genovés que se fue a la tumba en tierra seca habiendo navegado el ancho mar convencido de haber llegado a las Indias Orientales como confirmación de la redondez del planeta; el mismo año en que los Reyes Católicos, Isabel de Castilla y Fernando de Aragón limpiaron finalmente sus camisas blancas luego del largo empeño por conquistar Granada y expulsar de su imperio a los ocho siglos de presencia musulmana y al mismo tiempo, las pesadas llaves, versos y maneras del migrante pueblo judío. Al tiempo que en la Universidad de Alcalá de Henares se firmaba la primera gramática de la lengua española con el nombre de Antonio Nebrija, los lamentos sefarditas y el último suspiro del moro quedarían tatuados en la enredada cerámica de la memoria peninsular que nos ronda la imaginación hasta nuestros días: sea como posible explicación al miedo indecible de nuestra era o al retorno de la utopía de Toledo cuando las tres principales religiones monoteístas de Occidente dialogaban a la sombra de sus respectivas cúpulas, minaretes y campanarios.

Los autores y títulos de esta Colección de Libros Redescubiertos revelan en sus tramas y personajes la pervivencia de los amores que nos hipnotizan hoy y los

recelos que despiertan la ira del crimen que sucederá mañana; son mural de pergaminos que parecen pantalla inteligente o bien, no más que aquella tablilla de cera que se encontró Don

Quijote en una alforja olvidada. Se escribía con buril de madera sobre el espejo como jabón, y al tiempo se fundieron en metal los tipos móviles para que el invento de la imprenta tatuara sobre pliegos de papel las palabras y los párrafos, las páginas y los pasos de todas esas historias que ahora vuelven a nuestras manos para leerse al tacto –ya sea en las yemas de los dedos sobre papel o pantalla— o al oído, en las calladas voces con las que confirmamos el murmullo del tiempo.

Silencio… la lectura de hoy mismo ya escucha las voces diversas de un pasado intacto. Son los ecos de los gritos o murmullos en secreto que alguien desatará mañana mismo.

Madrid 2017

Jorge F. Hernández (México, 1962) realizó estudios de Doctorado en Historia por la Universidad Complutense de Madrid y en 1987 obtuvo el Premio Nacional de Historia Regional Mexicana con Mención Honorífica por su libro La soledad del silencio (Fondo de Cultura Económica, 1991) y el Premio Nacional de Cuento Efrén Hernández 2000 por el relato "Noche de ronda"; ha publicado cuatro libros de cuentos y una antología, Un montón de piedras (Alfaguara, 2012); cinco libros de ensayos y crónicas, entre las que ha antologado la columna "Agua de azar" que publica desde el año 2000 en MILENIOdiario de México, con prólogos de Antonio Muñoz Molina y Juan Villoro y es autor de cuatro novelas, entre ellas, La Emperatriz de Lavapiés (nueva edición, Alfaguara, 2016) con la que quedó Finalista del Primer Premio Internacional de Novela Alfaguara en 1998. Actualmente, vive en Madrid donde colabora en el diario El País con las columnas "Café de Madrid", "Cartas de Cuévano" y "Contraquerencia", además de publicar sus dibujos que ya han sido recopilados en el libro El dibujo de la escritura (Alfaguara, 2016).

Prologo

POCAS obras podrán encontrarse con tanto derecho á figurar en una coleccion de libros españoles raros ó curiosos, como la que contiene el presente volúmen; con decir que de ella no se conoce más que un solo ejemplar impreso, queda justificada su extremada rareza; y si á esto se añade el que hasta hace poco tiempo era obra completamente desconocida, y la materia de que trata, son motivos bastantes, á nuestro juicio, para calificar este libro como uno de los más curiosos que se han escrito en lengua castellana.

No sólo no existia ejemplar en ninguna de las bibliotecas de los aficionados á esta clase de libros, sino que ni Nicolas Antonio, ni La Serna Santander, ni Moratin, ni Salvá, ni Brunet, ni otro alguno de los que han escrito sobre bibliografía, citan La Lozana Andaluza entre las obras escritas en el siglo XVI. Fué el primero que la encontró en la Biblioteca imperial de Viena nuestro querido amigo y distinguido bibliófilo el Sr. D. Pascual de Gayángos, quien en su excelente introduccion á los libros de caballerías[1], no sólo hizo mencion de ella, sino que dió á conocer el nombre de su autor; la incluyó despues el Sr. la Barrera en su Catálogo bibliográfico y biográfico del teatro antiguo español, en donde la clasifica entre las Celestinas; opinion, por respetable que sea, con la cual no estamos conformes, pues el autor no tomó como modelo á ésta, aunque la citase en la portada, ni nada de comun tiene La Lozana, viviendo de su astucia y arte, pero «sin engañar á persona honesta», con la tercera, que sólo se ocupa en seducir á una doncella de buena casa y costumbres, que es el argumento de la Celestina y de la mayor parte de sus imitaciones, que fueron bastantes.

Otro fué el modelo que tuvo presente el autor de La Lozana_ al escribir su obra, y éste fué, en nuestro sentir, Pietro Aretino: despues de leer los Raggionamenti y la Puttana errante, se comprende perfectamente que Delicado, que estuvo tanto tiempo en Italia, cuya lengua poseia, y por lo tanto, que debia conocer esta clase de obras, escribiese la suya; así tambien se explica lo obsceno de su lenguaje, comparable sólo á su modelo, y no á las Celestinas, á todas las cuales deja muy atras bajo este punto de vista. Como nadie, que sepamos, habia creido que en nuestra patria tuviese imitadores el Aretino, creemos que en este concepto es tambien una novedad la obra de que nos ocupamos.

Salió á luz el Retrato de la Lozana Andaluza, sin el nombre del autor, «porque siendo noble por su oficio, calló el nombre por no vituperar el oficio escribiendo vanidades»; pero al ver el éxito de su obra, no teme ya vituperar su oficio, y en la introduccion que escribió al libro tercero del Primaleon dice: «como lo fuí yo cuando compuse La Lozana en el comun hablar de la polida Andalucía»; primera noticia por la cual se sabe que el clérigo Francisco Delicado ó Delgado, vicario, segun se titula del Valle de Cabezuela, y corrector de este libro caballeresco, era el autor de la obra con que hoy damos principio á nuestra COLECCION.

Pocas son las noticias que podemos dar de Delicado, puesto que se reducen á lo que él mismo ha querido decirnos en las obras que, escritas por él, han llegado hasta nosotros; de ellas se deduce que, á pesar de decir várias veces ser natural de Mártos, no lo era en realidad, se habia criado en esta villa, de donde era su madre, pero él nació en el mismo punto que su padre, es decir, en Córdoba ó en algun pueblo de su diócesis[2], á la cual nunca perteneció Mártos. Fué discípulo de Antonio de Lebrixa, y siguió el estado eclesiástico, pasando despues á Italia, y permaneciendo en Roma desde 1523 hasta 1527, en que presenció el asalto y saco de esta ciudad por el ejército mandado por el Condestable de Borbon; de ella salió cuando la evacuaron las tropas, temeroso de la venganza que los naturales pudiesen tomar de los españoles, que tanto les habian maltratado; fijando su residencia en Venecia, donde se dedicó á escribir obras que de todo tenian ménos de devocion, y en donde, hallándose falto de recursos, dió á la imprenta y publicó hácia 1528, sin nombre de autor, el «Retrato de la Lozana Andaluza, en lengua española muy clarísima», obra que habia escrito en Roma cuatro años ántes, y que no pensaba publicar hasta haberla corregido y enmendado, pero de cuya publicacion no se arrepentia, porque, segun asegura, le fué más provechosa á sus intereses que otras muchas que tenía manuscritas, y alguna que habia publicado, como el tratado De consolatione infirmorum, del cual no tenemos otra noticia más de lo que él dice, que lo escribió para quitar la melancolía de los que se encontrasen enfermos como él; no hemos podido averiguar en qué punto ni año se imprimió este tratado, ni sabemos tampoco exista ningun ejemplar.

Continuó viviendo en Venecia, donde el mismo año ó al siguiente de publicar La Lozana imprimió un opúsculo sobre la curacion de Il mal Franceso[3], el cual se ha hecho tambien extremadamente raro. Dedicó esta obra á tres médicos italianos, y al final de ella se encuentra un privilegio concedido al autor por Clemente VII en Roma, á 4 de Diciembre de 1526, en el cual se llama á Delicado Francisco Delgado, que es lo que nos hace dudar de cuál de los dos es su verdadero apellido.

Hasta 1533, sólo sabemos que permaneció en Venecia, en donde llegó á adquirir crédito de hombre entendido y buen hablista entre todos los aficionados á la literatura española, que entónces eran muchos en Italia, y en este año, á instancias de su amigo el caballero sienés Micer Pietro Ghinucij y de otros caballeros mantuanos, con objeto de que conociesen libre de erratas y «corrigiéndolo de las letras que trocadas de los impresores tenía este libro, espejo de la gramática española y modelo del decir», publicó su edicion del Amadis de Gaula[4], una de las mejores que se hicieron en el siglo XVI de este libro caballeresco: al final, despues de su nombre, es donde se titula vicario del Valle de Cabezuela.

Animado seguramente con el éxito de su publicacion, emprendió en el siguiente año de 34 la del Primaleon[5], que es, no sólo la más bella, sino la mejor que de este libro se ha hecho, pues Delicado, no sólo restableció su verdadero texto, sino que introdujo en él las variaciones que su buen gusto y su crítica le aconsejaron[6]. Con esta última obra concluyen las noticias que de él tenemos, ignorando si publicó alguna otra, y el año y lugar donde murió, pues han sido inútiles nuestras investigaciones en uno y otro sentido.

Hemos dicho, al principio de esta advertencia, que el Sr. D. Pascual de Gayángos fué el primero que en la Biblioteca imperial de Viena encontró el único ejemplar conocido desde entónces de La Lozana; de él sacó copia esmeradísima, que posee hoy la Nacional de esta córte, y otra que guarda en su rica y escogida librería; las dos nos han servido para esta impresion, habiéndolas trascrito con escrupulosa exactitud hasta en algun pasaje ó palabra que, ó no se entiende bien, ó parece equivocada; no hemos hecho lo mismo respecto á la ortografía, en que hemos seguido la corriente en cuanto no altere el sonido de las voces, empleando tambien la puntuacion que hoy se usa, como pensamos hacer con todas las demas obras que han de formar esta COLECCION.

M. DE La F. DEL V   J.S.R.

NOTAS[1] «Biblioteca de Autores Españoles. Libros de Caballerías, con un discurso preliminar y un catálogo razonado, por D. Pascual de Gayángos.» Madrid, M. Rivadeneyra, 1857.

[2] La Lozana Andaluza.

[3] «El modo de adoperare el legno de India occidentale salutifero remedio a ogni piaga et mal incurabile, et si guarisca il mal Franceso; operina de misser pre. Francisco Delicado.» Al fin: «Impressum Venetiis sumptibus vener. presbiteri Francisci Delicati de opido Martos, die 10 Februarii 1529.» En 4.°, de ocho fólios y letra gótica.

[4] «Los cuatro libros de Amadis de Gaula nuevamente impresos y historiados, 1533.» Al fin: «Fué empresa en la muy ínclita y singular ciudad de Venecia, por maestro Juan Antonio de Sabia, impresor de libros, á las espesas de M. Juan Bautista Pedrazana é Compañon, mercadante de libros. Está al pié del puente de Rialto, é tiene por enseña una torre. Acabóse en el año 1533, á dias siete del mes de Setiembre. Fué revisto, corrigiéndolo de las letras que trocadas de los impresores eran, por el vicario del Valle de Cabezuela, Francisco Delicado, natural de la Peña de Martos.»

[5] «Los tres libros del muy esforzado caballero Primaleon et Polendos, su hermano, hijos del emperador Palmerin de Oliva.» Al fin: «Acabóse de imprimir en la ínclita ciudad del Senado veneciano, hoy primero dia de Hebrero del presente año de mil y quinientos et treinta quatro del nacimiento del nuestro Redemptor, y fué impreso por M. Juan Antonio de Nicolini de Sabio. Á las espesas de M. Juan Batista Pedrezan, mercader de libros que está al pié del puente de Rialto, é tiene por enseña la Torre. Estos tres libros, como arriba vos diximos, fueron corregidos y enmendados de las letras que trastrocadas eran por el vicario del Valle de Cabezuela, Francisco Delicado, natural de la Peña de Martos.»

[6] Gayángos en su discurso preliminar á Los libros de Caballerías, nota en la pág. XXXIX.

La Lozana Andaluza

La Loçarna Andaluza

ILUSTRE SEÑOR:

Sabiendo yo que vuestra señoría toma placer cuando oye hablar en cosas de amor, que deleitan á todo hombre, y máxime cuando siente decir de personas que mejor se supieron dar la manera para administrar las cosas á él pertenecientes, y porque en vuestros tiempos podeis gozar de persona que para sí y para sus contemporáneas, que en su tiempo florido fueron en esta alma cibdad, con ingenio mirable y arte muy sagaz, diligencia grande, vergüenza y conciencia, por el cerro de Úbeda, ha administrado ella y un su pretérito criado, como abaxo dirémos, el arte de aquella mujer que fué en Salamanca, en tiempo de Celestino segundo, por tanto he derigido este retrato á vuestra señoría, para que su muy virtuoso semblante me dé favor para publicar el retrato de la señora Lozana, y mire vuestra señoría que solamente diré lo que oí y vi, con ménos culpa que Juvenal, pues escribió lo que en su tiempo pasaba; y si por tiempo alguno se maravillase que me puse á escribir semejante materia, respondo por entónces que *epístola enim non erubescit*, y asimismo que es pasado el tiempo que estimaban los que trabajaban en cosas meritorias. Y como dice el coronista Fernando del Pulgar, así daré olvido al dolor, y tambien por traer á la memoria munchas cosas que en nuestros tiempos pasan, que no son laude á los presentes ni espejo á los á venir; y así vi que mi intencion fué mezclar natura con bemol, pues los santos hombres, por más saber, y otras veces por desenojarse, leian libros fabulosos y cogian entre las flores las mejores; y pues todo retrato tiene necesidad de barniz, suplico á vuestra señoría se lo mande dar, favoreciendo mi voluntad, encomendando á los discretos letores el placer y gasajo que de leer á la señora Lozana les podrá suceder.

ARGUMENTO EN EL CUAL SE CONTIENEN TODAS LAS PARTICULARIDADES QUE HA DE HABER EN LA PRESENTE OBRA.

Decirse ha primero la ciudad, patria y linaje, ventura, desgracia y fortuna, su modo, manera y conversacion, su trato, plática y fin, porque solamente gozará de este retrato quien todo lo leyere.

Protesta el autor que ninguno quite ni añada palabra ni razon ni lenguaje, porque aquí no compuse modo de hermoso decir, ni saqué de otros libros, ni hurté elocuencia, porque para decir la verdad poca elocuencia basta, como dice Séneca; ni quise nombre, salvo que quise retraer muchas cosas retrayendo una, y retraxe lo que vi que se debría retraer; y por esta comparacion que se sigue, verán que tengo razon.

Todos los artífices que en este mundo trabajan, desean que sus obras sean más perfectas que ningunas otras que no jamas fuesen. Y vése mejor esto en los pintores que no en otros artífices, porque cuando hacen un retrato, procuran sacallo del natural, é á esto se esfuerzan, y no solamente se contentan de mirarlo é cotejarlo, mas quieren que sea mirado por los transeuntes é circunstantes, y cada uno dice su parecer, mas ninguno toma el pincel y emienda, salvo el pintor que oye y ve la razon de cada uno, y así emienda, cotejando tambien lo que ve más que lo que oye; lo que munchos artífices no pueden hacer, porque despues de haber cortado la materia y dádole forma, no pueden sin pérdida emendar. Y porque este retrato es tan natural, que no hay persona que haya conocido la señora Lozana en Roma ó fuera de Roma, que no vea claro ser sacado de sus actos y meneos y palabras, y asimismo porque yo he trabajado de no escrebir cosa que primero no sacase en mi dechado la labor, mirando en ella ó á ella. Y viendo vi muncho mejor que yo ni otro podrá escrebir, y diré lo que dixo Eschínes, filósofo, leyendo una oracion ó proceso que Demóstenes habia hecho contra él; no pudiendo expremir la muncha más elocuencia que habia en el dicho Demóstenes, dixo: ¿qué haría si oyérades á él? (*quod si ipsam audissetis bestiam*), y por eso verná en fábula muncho más sábia la Lozana que no mostraba, y viendo yo en ella muchas veces maneras y saber que bastaba para cazar sin red, y enfrenar á quien mucho pensaba saber, sacaba lo que podia, para reducir á memoria, que en otra parte más alta (que una picota) fuera mejor retraida que en la presente obra; y porque no le pude dar mejor matiz, no quiero que ninguno añada ni quite; que si miran en ello, lo que al principio falta se hallará al fin; de modo que por lo poco entiendan lo mucho más ser como deducion de canto llano, y quien el contrario hiciera, sea siempre enamorado y no querido. Amén.

Comienza la historia ó retrato sacado del Jure cevil natural de la señora Lozana, compuesto el año mill y quinientos y veinte é cuatro, á treinta dias del mes de Junio, en Roma, alma cibdad; y como habia de ser partido en capítulos, va por mamotretos, porque en semejante obra mejor conviene.

MAMOTRETO PRIMERO.

La señora Lozana fué natural compatriota de Séneca, y no ménos en su inteligencia y resaber, la cual desde su niñez tuvo ingenio y memoria y vivez grande, y fué muy querida de sus padres por ser aguda en servillos é contentallos, é muerto su padre, fué necesario que acompañase á su madre fuera de su natural. Y esta fué la causa que supo y vido munchas cibdades, villas y lugares de España, que agora se le recuerdan de casi el todo; y tenie tanto intelecto, que casi escusaba á su madre procurador para sus negocios; siempre que su madre la mandaba ir ó venir, era presta, y como pleiteaba su madre, ella fué en Granada mirada y tenida por solicitadora perfecta é prenosticada futura; acabado el pleito, é no queriendo tornar á su propia ciudad, acordaron de morar en Xerez y pasar por Carmona; aquí la madre quiso mostrarle texer, el cual oficio no se le dió ansí como el hordir y tramar, que le quedaron tanto en la cabeza, que no se le han podido olvidar. Aquí conversó con personas que la amaban por su hermosura y gracia; asimismo, saltando una pared sin licencia de su madre, se le derramó la primera sangre que del natural tenía; y muerta su madre, y ella quedando huérfana, vino á Sevilla. A donde halló una su parienta la cual le decia: hija, sed buena, que ventura no os faltará, y asimismo le demandaba de su niñez, en qué era estada criada, y qué sabía hacer, y de qué la podia loar á los que á ella conocian. Entónces respondíale desta manera: señora tia, yo quiero que vuestra merced vea lo que sé hacer; que cuando era vivo mi señor padre yo le guisaba guisadicos que le placian, y no solamente á él mas á todo el parentado; que, como estábamos en prosperidad, teníamos las cosas necesarias, no como agora, que la pobreza hace comer sin guisar, y entónces las especias, y agora el apetito; entónces estaba ocupada en agradar á los mios, y agora á los extraños.

MAMOTRETO II.

Responde la Tia, y prosigue.

Tia. Sobrina, más há de los años treinta que yo no vi á vuestro padre, porque se fué niño, y despues me dixeron que se casó por amores con vuestra madre, y en vos veo yo que vuestra madre era hermosa.

Lozana. ¿Yo, Señora? Pues más parezco á mi agüela que á mi señora madre, y por amor de mi agüela me llamaron á mí Aldonza, y si esta mi agüela viviera, sabría yo más que no sé, que ella me mostró guisar, que en su poder deprendí hacer fideos, empanadillas, alcuscuzu con garbanzos, arroz entero, seco, graso, albondiguillas redondas y apretadas con culantro verde, que se conocian las que yo hacia entre ciento. Mirá, señora Tia, que su padre de mi padre decia estas son de mano de mi hija Aldonza; ¿pues adobado no hacia? sobre que cuantos traperos habia en la cal de la Heria querian proballo, y máxime cuando era un buen pecho de carnero, y ¡qué miel! pensá, señora, que la teniamos de Adamuz y zafran de Peñafiel, y lo mejor de la Andalucía venía en casa de esta mi agüela. Sabía hacer ojuelas, pestiños, rosquillas de alfaxor, textones de cañamones y de ajonjolí, nuégados, xopaipas, hojaldres, hormigos torcidos con aceite, talvinas, zahinas y nabos sin tocino y con comino; col murciana con alcarabea, y olla resposada no la comia tal ninguna barba; pues boronía ¿no sabía hacer? por maravilla, y cazuela de berengenas moxies en perficion; cazuela con su ajico y cominico, y saborcico de vinagre, ésta hacia yo sin que me la vezasen. Rellenos, cuajarejos de cabritos, pepitorias y cabrito apedreado con limon ceuti, y cazuelas de pescado cecial con oruga, y cazuelas moriscas por maravilla, y de otros pescados que sería luengo de contar. Letuarios de arrope para en casa, y con miel para presentar, como eran de membrillos, de cantueso, de uvas, de berengenas, de nueces, y de la flor del nogal, para tiempo de peste; de orégano y hierba buena, para quien pierde el apetito; pues ¿ollas en tiempo de ayuno? éstas y las otras ponia yo tanta hemencia en ellas, que sobrepujaba á Platina, *De boluptatibus* y Apicio Romano, *De re coquinaria*, y decia esta madre de mi madre: Hija Aldonza, la olla sin cebolla es boda sin tamborin. Y si ella me viviera, por mi saber y limpieza (dexemos estar hermosura) me casaba, y no salia yo acá por tierras ajenas con mi madre, pues que quedé sin dote que mi madre me dexó solamente una añora con su huerto, y saber tramar, y esta lanzadera para texer cuando tenga premideras.

Tia. Sobrina, esto que vos teneis y lo que sabeis será dote para vos, y vuestra hermosura hallará ajuar cosido y sorcido; que no os tiene Dios olvidada; que aquel mercader que vino aquí ayer me dixo que cuando torne, que va á Cáliz, me dará remedio para que vos seais casada y honrada; mas querria él que supiésedes labrar.

Loz. Señora Tia, yo aquí traigo el alfilero, mas ni tengo aguja ni alfiler, que dedal no faltaria para apretar; y por eso, señora Tia, si vos quereis, yo le hablaré ántes que se parta, porque no pierda mi ventura, siendo huérfana.

MAMOTRETO III.

Prosigue la Lozana, y pregunta á la Tia.

Loz. Señora Tia, ¿es aquel que está paseándose con aquel que suena los órganos? Por su vida que lo llame. ¡Ay cómo es dispuesto! ¡y qué ojos tan lindos! ¡qué ceja partida! ¡qué pierna tan seca y enxuta! ¿Chinelas trae? ¡Qué pié para galochas y zapatilla ceyena! Querria que se quitase los guantes por verle qué mano tiene. Acá mira; ¿quiere vuestra merced que me asome?

Tia. No, hija; que yo quiero ir abaxo, y él me verná á hablar, y cuando él estará abaxo vos verneis; si os habláre, abaxá la cabeza y pasaos, y si yo os dixere que le hableis, vos llegá cortés y hacé una reverencia, y si os tomáre la mano, retraéos hácia atras porque, como dicen, amuestra á tu marido el copo, mas no del todo; y desta manera él dará de sí, y verémos qué quiere hacer.

Loz. Veislo viene acá.

Mercader. Señora, ¿qué se hace?

Tia. Señor, serviros, y mirar en vuestra merced la lindeza de Diomedes el Ravegnano.

Merc. Señora, ¿pues ansí me llamo yo, madre mia? yo querria ver aquella vuestra sobrina. Y por mi vida que será su ventura, y vos no perdereis nada.

Tia. Señor, está revuelta y mal aliñada, mas porque vea vuestra merced como es dotada de hermosura, quiero que pase aquí abaxo su tela, y verála como texe.

Diomedes. Señora mia, pues sea luego.

Tia. ¿Aldonza? ¿Sobrina? veníos acá, y vereis mejor.

Loz. Señora tia, aquí veo muy bien, aunque tengo la vista cordobesa: salvo que tengo premideras.

Tia. Deci sobrina que este gentil hombre quiere que le texais un texillo, que proveerémos de premideras. Veni aquí, hacé una reverencia á este señor.

Diom. ¡Oh qué gentil dama! Mi señora madre, no la dexe ir, y suplícole que le mande que me hable.

Tia. Sobrina, responde á ese señor, que luégo torno.

Diom. Señora, su nombre me diga.

Loz. Señor sea vuestra merced de quien mal lo quiere; yo me llamo Aldonza, á servicio y mandado de vuestra merced.

Diom. ¡Ay! ¡ay! ¡qué herida! que de vuestra parte qualque vuestro servidor me ha dado en el corazon con una saeta dorada de amor.

Loz. No se maraville vuestra merced; que cuando me llamó que viniese abaxo, me parece que vi un mochacho, atado un paño por la frente, y me tiró no sé con qué; en la teta izquierda me tocó.

Diom. Señora, es tal ballestero, que de un mismo golpe nos hirió á los dos. *Ecco adunque due anime en uno core.* ¡Oh Diana! ¡oh Cupido! socorred el vuestro siervo. Señora, sino remediamos con socorro de médicos sabios, dudo la sanidad, y pues yo voy á Cáliz, suplico á vuestra merced se venga comigo.

Loz. Yo, señor, verné á la fin del mundo; mas dexe subir á mi tia arriba, y pues quiso mi ventura, seré siempre vuestra más que mia.

Tia. ¡Aldonza! ¡Sobrina! ¿qué haceis? ¿dónde estais? ¡Oh pecadora de mí! el hombre dexa el padre y la madre por la mujer, y la mujer olvida por el hombre su nido. ¡Ay sobrina! y si mirára bien en vos, viera que me habíedes de burlar; mas no teneis vos la culpa, sino yo, que teniendo la yesca busqué el eslabon; mira qué pago, que si miro en ello, ella misma me hizo alcagüeta; va, va, que en tal pararás.

MAMOTRETO IV.

Prosigue el autor.

Autor. Juntos á Cáliz, y sabido por Diomédes á qué sabía su señora, si era concho ó veramente asado, comenzó á imponella segun que para luengos tiempos durasen juntos; y viendo sus lindas carnes y lindeza de persona, y notando en ella el agudeza que la patria y parentado le habian prestado, de cada dia le crecia el amor en su corazon, y ansí determinó de no dexalla; y pasando él en Levante con mercancía, que su padre era uno de los primeros mercaderes de Italia, llevó consigo á su muy amada Aldonza, y de todo cuanto tenía la hacia partícipe, y ella muy contenta, viendo en su caro amador Diomédes todos los géneros y partes de gentilhombre, y de hermosura en todos sus miembros, que le parecia á ella que la natura no se habia reservado nada que en su caro amante no hubiese puesto. E por esta causa, miraba de ser ella presta á toda su voluntad; y como él era único entre los otros mercadantes, siempre en su casa habia concurso de personas gentiles y bien criadas, y como veian que á la señora Aldonza no le faltaba nada, que sin maestro tenía ingenio y saber, y notaba las cosas mínimas por saber y entender las grandes y arduas, holgaban de ver su elocuencia y á todos sobrepujaba; de modo que ya no habia otra en aquellas partes que en más fuese tenida, y era dicho entre todos de su lozanía, ansí en la cara como en todos sus miembros, y viendo que esta lozanía era de su natural, quedóles en fábula, que ya no entendian por su nombre Aldonza, salvo la Lozana; y no solamente entre ellos, mas entre las gentes de aquellas tierras decian la Lozana por cosa muy nombrada; y si muncho sabía en estas partes, muncho más supo en aquellas provincias, y procuraba de ver y saber cuanto á su facultad pertenecia. Siendo en Ródas su caro Diomédes, la preguntó: mi señora, no querria se os hiciese de mal venir á Levante; porque yo me tengo de disponer á servir y obedecer á mi padre, el cual manda que vaya en Levante, y andaré toda la Berbería, y principalmente donde tenemos trato, que me será fuerza demorar y no tornar tan presto como yo querria; porque solamente en estas cibdades que ahora oirés tengo de estar años, y no meses, como será en Alexandría, en Damasco, en Damiata, en Barut, en parte de la Siria, en Chipre, en el Cairo y en el Chio, en Constantinópoli, en Corinto, en Tesalia, en Boxia, en Candía, á Venecia y Flándes, y en otras partes que vos, mi señora, veréis, si quereis tenerme compañía.

Loz. ¿Y cuándo quiere vuestra merced que partamos? porque yo no delibro de volver á casa por el mantillo.

Vista por Diomédes la respuesta y voluntad tan sucinta que le dió con palabras ansí pensadas, muncho se alegró, y suplicóla que se esforzase á no dexarlo por otro hombre, que él se esforzaria á no tomar otra por mujer que á ella; y todos dos muy contentos se fueron en Levante y por todas las partidas que él tenía sus tratos, é fué dél muy bien tratada, y de sus servidores y siervas muy bien servida y acatada, pues ¿de sus amigos no era acatada y mirada? Vengamos á que andando por estas tierras que arriba diximos, ella señoreaba y pensaba que jamas le habia de faltar lo que al presente tenía, y mirando su lozanía, no estimaba á nadie en su sér y en su hermosura, y pensó que en tener hijos de su amador Diomédes, habia de ser banco perpétuo para no faltar á su fantasía y triunfo, y que aquello no le faltaria en ningun tiempo; y siendo ya en Candía, Diomédes le dixo: mi señora Aldonza, ya vos veis que mi padre me manda que me vaya en Italia, y cómo mi corazon sea partido en dos partes, la una en vos, que no quise ansí bien á criatura y la otra en vuestros hijos, los cuales envié á mi padre, y el deseo me tira, que á vos amo, y á ellos deseo ver, á mí me fuerza la obediencia suya, y á vos no tengo de faltar; yo determino ir á Marsella, y de allí ir á dar cuenta á mi padre y hacer que sea contento que yo vaya otra vez en España, y allí me entiendo casar con vos; si vos sois contenta, vení conmigo á Marsella, y allí quedaréis hasta que yo torne, y vista la voluntad de mi padre y el amor que tiene á vuestros hijos, haré que sea contento con lo que yo le dixere. Y ansí vernémos en nuestro fin deseado.

Loz. Mi señor, yo iré de muy buena voluntad donde vos, mi señor, me mandaredes; que no pienso en hijos ni en otra cosa que dé fin á mi esperanza, sino en vos, que sois aquélla, y por esto os demando de merced que dispongais de mí á vuestro talento, que yo tengo siempre de obedecer.

Así vinieron en Marsella, y como su padre de Diomédes supo, por sus espías, que venía con su hijo Diomédes Aldonza, madre de sus nietos, vino él en persona, muy disimulado, amenazando á la señora Aldonza; mas ya Diomédes le habia rogado que fuese su nombre Lozana, pues que Dios se lo habia puesto en su formacion, que muncho más le convenia que no Aldonza, que aquel nombre Lozana sería su ventura para el tiempo porvenir. Ella consintió en todo cuanto Diomédes ordenó, y estando un dia Diomédes para se partir á su padre, fué llevado en prision á instancia de su padre, y ella, madona Lozana, fué despojada en camisa, que no salvó sino un anillo en la boca. Y así fué dada á un barquero que la echase en la mar, al cual dió cien ducados el padre de Diomédes, porque ella no pareciese; el cual visto que era mujer, la echó en tierra, y movido á piedad, le dió un su vestido que se cubriese; y viéndose sola y pobre, y á qué la habia traido su desgracia, pensar puede cada uno lo que podia hacer y decir de su boca, encendida de mucha pasion, y sobre todo se daba de cabezadas, de modo que se le siguió una gran alxaqueca, que fué causa que le viniese al frente una estrella, como abaxo dirémos; finalmente, su fortuna fué tal, que vido venir una nao que venía á Liorna, y siendo en Liorna vendió su anillo, y con él fué hasta que entró en Roma.

MAMOTRETO V.

Cómo se supo dar la manera para vivir, que fué menester que usase audancia (*pro sapientia*).

Entrada la señora Lozana en la alma ciudad, y proveida de súbito consejo, pensó: yo sé muncho, si agora no me ayudo en que sepan todos mi saber, será ninguno; y siendo ella hermosa y habladera, decia á tiempo, y tinie gracia en cuanto hablaba, de modo que embaia á los que la oian; y como era plática y de gran conversacion, é habiendo siempre sido en compañía de personas gentiles, y en muncha abundancia, y viéndose que siempre fué en grandes riquezas y convites y gastos, que la hacian triunfar, y decia entre sí: si esto me falta, seré muerta, que siempre oí decir que el cibo usado es el provechoso; y como ella tenía gran ver é ingenio diabólico y gran conocer, y en ver un hombre sabía cuánto valia, y qué tenía, y qué la podia dar, y qué le podia ella sacar; y miraba tambien cómo hacian aquéllas que entónces eran en la ciudad, y notaba lo que le parecia á ella que le habia de aprovechar, para ser siempre libre y no sujeta á ninguno, como despues verémos; y acordándose de su patria, quiso saber luégo quién estaba aquí de aquella tierra, y aunque fuesen de Castilla, se hacia ella de allá por parte de un su tio, y si era andaluz, mejor, y si de Turquía, mejor, por el tiempo y señas que de aquella tierra daba; y embaucaba á todos con su gran memoria, halló aquí de Alcalá la Real, y allí tenía ella una prima, y en Baena otra, en Luque, y en la peña de Martos natural parentela; halló aquí de Arjona y Arjonilla y de Montoro, y en todas estas partes tenía parientas y primas, salvo que en la Torre Don Ximeno que tenía una entenada, y pasando con su madre á Jaen, posó en su casa, y allí fueron los primeros grañones que comió con huesos de tocino; pues como daba señas de la tierra, halló luégo quien la favoreció, y diéronle una cámara en compañía de unas buenas mujeres españolas; y otro dia hizo quistion con ellas sobre un jarillo, y echó las cuatro las escaleras abaxo; y fuése fuera, y demandaba por Pozo Blanco, y procuró entre aquellas camiseras castellanas cualque estancia ó cualque buena compañía; y como en aquel tiempo estuviese en Pozo Blanco una mujer napolitana con un hijo y dos hijas, que tenian por oficio hacer soliman, y blanduras, y afeites, y cerillas, y quitar cejas y afeitar novias, y hacer mudas de azúcar candi y agua de azofeifas, y cualque vuelta apretaduras, y todo lo que pertenecia á su arte tenian sin falta, y lo que no sabian se lo hacian enseñar de las judías, que tambien vivian con esta plática, como fué Mira, la judía que fué de Murcia, Engracia, Perla, Jamila, Rosa, Cufra, Cintia y Alfarutia, y otra que se decia la judía del vulgo, que era más plática y tinie más conversacion; y habeis de notar que pasó á todas en este oficio, y supo más que todas, y dióle mejor la manera, de tal modo, que en nuestros tiempos podemos decir que no hay quien use el oficio mejor ni gane más que la señora Lozana, como abaxo dirémos, que fué entre las otras como Avicena entre los médicos; *non est mirum acutissima patria.*

MAMOTRETO VI.

Cómo en Pozo Blanco, en casa de una camisera, la llamaron.

Una sevillana, mujer linda, la llamó á su casa viéndola pasar, y le demandó.

Sevillana. Señora mia, ¿sois española? ¿qué buscais?

Loz. Señora, aunque vengo vestida á la ginovesa, soy española y de Córdoba.

Sev. ¿De Córdoba? Por vuestra vida, ahí tenemos todas parientes; y ¿á qué parte morábades?

Loz. Señora, á la Cortiduría.

Sev. Por vida vuestra, que una mi prima casó ahí con un cortidor rico; así goce de vos, que quiero llamar á mi prima Teresa de Córdoba, que os vea. Mencía, hija, va, llama á tu tia y á Beatriz de Baeza y Marina Hernandez, que traigan sus costuras y se vengan acá. Decidme, señora: ¿cuánto há que venistes?

Loz. Señora, ayer de mañana.

Sev. ¿Y dónde dormistes?

Loz. Señora, demandando de algunas de la tierra, me fué

mostrada una casa donde están siete ú ocho españolas. Y como fuí allá, no me querian acoger, y yo venía cansada, que me dixeron que el Santo Padre iba á encoronarse. Yo, por verlo, no me curé de comer.

Sev. ¿Y vísteslo, por mi vida?

Loz. Tan lindo es, y bien se llama Leon décimo, que así tiene la cara.

Sev. Y bien, ¿dieron os algo aquellas españolas á comer?

Loz. Mirá qué bellacas, que ni me quisieron ir á demostrar la plaza. Y en esto vino una, que, como yo dixe que era de los buenos de su tierra, fuéme por de comer, y despues fué comigo á enseñarme los señores, y como supieron quién yo y los mios eran, que mi tio fué muy conocido, que cuando murió le hallaron en las manos los callos tamaños, de la vara de la justicia, luégo me mandaron dar aposento, y envió comigo su mozo, y Dios sabe que no osaba sacar las manos afuera por no ser vista; que traigo estos guantes, cortadas las cabezas de los dedos, por las encobrir.

Sev. Mostrad por mi vida, quitad los guantes; vivais vos en el mundo y aquel Criador que tal crió; lograda y enguerada seais, y la bendicion de vuestros pasados os venga. Cobrildas, no las vea mi hijo, y acabáme de contar cómo os fué.

Loz. Señora mia, aquel mozo mandó á la madre que me acogiese y me diese buen lugar, y la puta vieja barbuda, estrellera dixo: ¿no veis que tiene greñimon? y ella, que es estada mundaria toda su vida, y agora, que se vido harta y quita de pecado, pensó que porque yo traigo la toca baxa y ligada á la ginovesa, y son tantas las cabezadas que me he dado yo misma, de un enojo que he habido, que me maravillo cómo só viva; que como en la nao no tenía médico ni bien ninguno, me ha tocado entre ceja y ceja, y creo que me quedará señal.

Sev. No será nada, por mi vida; llamarémos aquí un médico que la vea, que parece una estrellica.

MAMOTRETO VII.

Cómo vienen las parientas y les dice la Sevillana.

Sev. Norabuena vengais, ansí goce yo de todas que os asenteis, y oiréis á esta señora que ayer vino y es de nuestra tierra.

Beat. Bien se le parece; que ansí son todas frescas, graciosas y lindas como ella, y en su lozanía se ve que es de nuestra tierra. ¿Cuánto há, señora mia, que salistes de Córdoba?

Loz. Señora, de once años fuí con mi señora á Granada; que mi padre nos dexó una casa en pleito, por ser él muy putañero y jugador, que jugaba el sol en la pared.

Sev. ¿Y duelos le vinieron? ¿teniendo hijas doncellas jugaba?

Loz. ¿Y qué hijas? Tres éramos y traíamos zarcillos de plata. Y yo era la mayor; fuí festejada de cuantos hijos de caballeros hubo en Córdoba; que de aquello me holgaba yo, y esto puedo jurar, que desde chica me comia lo mio, y en ver hombre se me desperezaba, y me quisiera ir con alguno, sino que no me lo daba la edad; que un hijo de un caballero nos dió unas arracadas muy lindas, y mi señora se las escondió porque no se las jugase, y despues las vendió ella para vezar á las otras á labrar, que yo ni sé labrar ni coser, y el filar se me ha olvidado.

Camisera. Pues guayas de mi casa, ¿de qué viviréis?

Loz. ¿De qué, señora? Sé hacer alheña, y mudas, y tez de cara, que deprendí en Levante, sin lo que mi madre me mostró.

Cam. ¿Qué sois estada en Levante? Por mi vida, yo pensé que veníades de Génova.

Loz. ¡Ay señoras! contaros he maravillas, dexáme ir á verter aguas; que como eché aquellas putas viejas alcoholadas por las escaleras abaxo, no me paré á mis necesidades, y estaba allí una beata de Lora, el coño puto y el ojo ladron, que creo hizo pasto á cuantos grumetes van por el mar Océano.

Cam. ¿Y qué os hizo?

Loz. No me quirie que me lavase con el agua de su jarillo, y estaba allí otra abacera, que de su tierra acá no vino mayor rabanera, villana, traga-santos, que dice que viene aquí por una bulda para una ermita, y traye consigo un hermano, fraire de la merced, que tiene una nariz como asa de cántaro, y el pié como remo de galera, que anoche la vino acompañar, ya tarde, y esta mañana, en siendo de dia, la demandaba, y enviésela lo más presto que pude, rodando, y por el Dios que me hizo, que si me hablára, que estaba determinada comerle las sonaderas, porque me paresciera, y viniéndome para acá, estaban cuatro españoles allí cabe una grande plaza y tienien munchos dineros de plata en la mano, y díxome el uno: señora, ¿quiéresnos contentar á todos, y toma? Yo presto les respondí, si me entendieron.

Cam. Por mi vida, ansí goceis.

Loz. Díxeles: Hermanos, no hay cebada para tantos asnos; y perdonáme, que luego torno, que me meo toda.

Beat. Hermana, ¿vistes tal hermosura de cara y tez? Si tuviese asiento para los antojos; más creo que si se cura, que sanará.

Teresa Hernandez. Andá ya por vuestra vida, no digais, súbele más de mitad de la frente quedará señalada para cuanto viviere; ¿sabeis qué podia ella hacer? que aquí hay en Campo de Flor munchos daquellos charlatanes, que sabrian medicarla por abaxo de la vanda izquierda.

Cam. Por vida de vuestros hijos, que bien decis; mas ¿quién se lo osará decir?

Ter. ¿Eso de quién? yo hablando hablando se lo diré.

Beat. ¡Ay prima Hernandez, no lo hagais que nos deshonrará como á mal pan! ¿No veis qué labia y qué osadía que tiene, y qué decir? Ella se hará á la usanza de la tierra, que verá lo que le cumple; no queria sino saber della si es confesa, porque hablaríamos sin miedo.

Ter. Y eso me decis aunque lo sea se hará cristiana linda.

Beat. Dexemos hablar á Teresa de Córdoba; que ella es burlona y se lo sacará.

Ter. Mirá en que estáis; digamos que queremos torcer hormigos ó hacer alcuzcuzu, y si los sabe torcer, ahí verémos si es de nobis y si los tuerce con agua ó con aceite.

Beat. Vivais vos, que más sabeis que todas. No hay peor cosa que confesa necia.

Sev. Los cabellos os sé decir que tiene buenos.

Beat. ¿Pues no veis que dice que habia doce años que jamas le pusieron garvin ni albanega, sino una princeta labrada de seda verde á usanza de Jaen?

Ter. Hermana, Dios me acuerde para bien, que por sus cabellos me he acordado que cien veces os lo he querido decir: ¿acordaisos el otro dia cuando fuimos á ver la parida, si vistes aquella que la servia, que es madre de una que vos bien sabeis?

Cam. Ya os entiendo; mi hijo le dió una camisa de oro labrada, y las bocas de las mangas con oro y azul. ¿Y es aquélla su madre? más moza parece que la hija; y ¡qué cabellos rubios que tenía!

Ter. Hi, hi, por el paraíso de quien acá os dexó, que son alheñados por cobrir la nieve de las navidades. Y las cejas se tiñe cada mañana, y aquel lunar postizo es; porque si mirais en él, es negro, y unos dias más grande que otros; y los pechos llenos de paños para hacer tetas, y cuando sale lleva más dixes que una negra, y el tocado muy plegado por henchir la cara, y piensa que todos la miran, y á cada palabra su reverencia, y cuando se asienta no parece sino depósito mal pintado, y siempre va con ella la otra Marirodriguez la regatera, y la cabrera, que tiene aquella boca que no paresce sino traga caramillos, que es más vieja que Satanas; y sálense de noche de dos en dos, con sombreros, por ser festejadas, y no se osan descobrir que no vean el ataute carcomido.

Beat. Decime, prima; ¡muncho sabeis vos! que yo soy una boba que no paro mientes en nada de todo eso.

Ter. Dexáme decir; que ansí dicen ellas de nosotras cuando nos ven que imos á la estufa ó veniamos; ¡veis las camiseras, son de Pozo Blanco, y baticulo llevan! Aosadas que no van tan espeso á misa, y no se miran á ellas, que son putas públicas; y cuando vieron ellas confesas putas y devotas ciento entre una.

Cam. Dexá eso y notá que me dixo esta forastera que tenía un tio que murió con los callos en las manos, de la vara de justicia, y debia de ser que sería cortidor.

Ter. Callá, que viene, si no será peor que con las otras que echó á rodar.

MAMOTRETO VIII.

Cómo torna la Lozana, y pregunta.

Loz. Señoras, ¿en qué hablais, por mi vida?

Ter. En que para mañana querriamos hacer unos hormigos torcidos.

Loz. ¿Y teneis culantro verde? Pues dexá hacer á quien de un puño de buena harina y tanto aceite, si lo teneis bueno, os hará una almofia llena, que no lo olvideis aunque murais.

Beat. Prima, ansí goceis, que no son de perder; toda cosa es bueno probar, cuanto más, pues que es de tan buena maestra, que, como dicen, la que las sabe las tañe (por tu vida, que es de nostris). Señora, sentaos, y decínos vuestra fortuna cómo os ha corrido por allá por Levante.

Loz. Bien, señoras, si el fin fuera como el principio; mas no quiso mi desdicha que podia yo parecer delantre á otra que fuera en todo el mundo de belleza y bien quista delante á cuantos grandes señores me conocian, querida de mis esclavas, de los de mi casa toda, que á la maravilla me querian ver cuantos de acá iban; pues oirme hablar, no digo nada; que ahora este duelo de la cara me afea, y por maravilla venian á ver mis dientes, que creo que mujer nacida tales los tuvo, porque es cosa que podeis ver. Bien que me veis ansí muy cubierta de vergüenza, que pienso que todos me conocen; y cuando sabréis como ha pasado la cosa, os maravillaréis, que no me faltaba nada; y agora no es por mi culpa, sino por mi desventura. Su padre de un mi amante, que me tenía tan honrada, vino á Marsella, donde me tenía para enviarme á Barcelona, á que lo esperase allí en tanto que él iba á dar la cuenta á su padre; y por mis duelos grandes vino el padre primero, y á él echó en prision y á mí me tomó y me desnudó fin á la camisa, y me quitó los anillos, salvo uno, que yo me metí en la boca, y mandóme echar en la mar á un marinero, el cual me salvó la vida viéndome mujer, y posóme en tierra; y así venieron unos de una nao, y me vistieron y me traxeron á Liorna.

Cam. ¡Y mala entrada le éntre al padre dese vuestro amigo! ¿y si mató vuestros hijos tambien que le habíades enviado?

Loz. Señora, no, que los quiere muncho; mas porque le queria casar á este su hijo, á mí me mandó de aquella manera.

Beat. ¡Ay lóbrega de vos, amiga mia! ¿y todo eso habeis pasado?

Loz. Pues no es la mitad de lo que os diré; que tomé tanta malenconía, que daba con mi cabeza por tierra, y porrazos me he dado en esta cara, que me maravillo que esta alxaqueca no me ha cegado.

Cam. ¡Ay! ¡ay! ¡guayosa de vos, cómo no sois muerta!

Loz. No quiero deciros más, porque el llorar me mata, pues que soy venida á tierra que no faltará de que vivir; que ya es vendido el anillo en nueve ducados, y di dos al arriero, y con estotros me remediaré si supiese hacer melcochas ó mantequillas.

MAMOTRETO IX.

Una pregunta que hace la Lozana para se informar.

Loz. Decíme, señoras mias: ¿sois casadas?

Beat. Señora, sí.

Loz. ¿Y vuestros maridos en qué entienden?

Ter. El mio es cambiador, y el de mi prima lencero, y el de esa señora que está cabo vos es borceguinero.

Loz. Viva en el mundo; y ¿casastes aquí ó en España?

Beat. Señora, aquí; mi hermana la viuda vino casada con un trapero rico.

Loz. ¿Y cuánto há que estáis aquí?

Beat. Señora mia, desde el año que se puso la Inquisicion.

Loz. Decíme, señoras mias; ¿hay aquí judíos?

Beat. Munchos, y amigos nuestros; si hubiéredes menester algo dellos, por amor de nosotras os harán honra y cortesía.

Loz. ¿Y tratan con los cristianos?

Beat. Pues ¿no lo sentís?

Loz. ¿Y cuáles son?

Beat. Aquellos que llevan aquella señal colorada.

Loz. ¿Y ellas llevan señal?

Beat. Señora, no; que van por Roma adobando novias y vendiendo soliman labrado y aguas para la cara.

Loz. Eso querria yo ver.

Beat. Pues id vos allí, á casa de una napolitana, mujer de Jumilla, que mora aquí arriba en Calabraga; que ella y sus hijas lo tienen por oficio, y áun creo que os dará ella recabdo, porque saben munchas casas de señores que os tomarán para guarda de casa y compañía á sus mujeres.

Loz. Eso querria yo, si me mostrase este niño la casa.

Cam. Sí hará. Vén acá, Aguilarico.

Loz. ¡Ay, señora mia! ¿Aguilarico se llama? mi pariente debe ser.

Beat. Ya podria ser; pues ahí junto mora su madre.

Loz. Beso las manos de vuestras mercedes, y si supieren algun buen partido para mí, como si fuese estar con algunas doncellas, en tal que yo lo sirva, me avisen.

Beat. Señora, sí, andad con bendicion. ¿Habeis visto? ¡qué lengua! ¡qué saber! Si á ésta le faltáran partidos decí mal de mí; más beato el que le fiára su mujer.

Ter. Pues andaos á decir gracias, no sino gobernar doncellas, mas no mis hijas; ¿qué pensais que sería? dar carne al lobo; ante de ocho dias sabrá toda Roma, que ésta en són la veo yo que con los cristianos será cristiana, y con los jodíos jodía, y con los turcos turca, y con los hidalgos hidalga, y con los ginoveses ginovesa, y con los franceses francesa que para todos tiene salida.

Cam. No veia la hora que la enviásedes de aquí; que si viniera mi hijo no la dexaba partir.

Ter. Eso quisiera yo ver, cómo hablaba y los gestos que hiciera, y por ver si se cubriera; mas no cureis, que presto dará de sí como casa vieja, pues á casa va que no podria mejor hallar á su propósito, y ende más la patrona, que parece á la judía de Zaragoza, que la llevará consigo, y á todos contará sus duelos y fortuna.

MAMOTRETO X.

El modo que tuvo yendo con Aguilarico, espantándose que le hablaban en catalan, y dice un barbero.

Mosen Sorolla. Vén ascí, mon cosin Aguilaret. Veníu ascí, mon fill; ¿on seu estat? que ton pare ten demana.

Aguilaret. Non vul venir, que vacih con aquesta dona.

Sor. ¿Ma comare? feu vos así, veureu vostron fill.

Sogorbesa. Vens ascí, tacañet.

Aguil. ¿Qué voleu ma mare? ara ving.

Sog. Not habrés pensat, traidoret; aquexa dona ¿on te ha tengut tot vuy?

Loz. Yo, señora, ahora lo vi, y le rogaron unas señoras que me enseñase aquí junto á una casa.

Sog. Anau al burdell, y laxau estar mon fill.

Loz. Id vos, y besaldo donde sabeis.

Sor. Mirá la cegijunta con qué me salió.

Mallorquina. Veníu ací, bona dona. Nos pregan ab quexa dona, ma veina; ¿on anau?

Loz. Por mi vida, señora, que no sé el nombre del dueño de una casa por aquí, que aquel niño me queria mostrar.

Mallorq. ¿Debeu de fer llavors ó res? que así ma filla vos fará tot quan vos le comenaréu.

Loz. Señora, no busco eso y siempre halla el hombre lo que no busca, máxime en esta tierra; dicíme, así vivais: ¿quién es aquella hija de corcovado, y catalana, que no conociéndome me deshonró? pues ¡guay della si soltaba yo la maldita! Ni vi su hijo, ni quisiera ver á ella.

Mallorq. Nous cureu filla, anao vostron viaje, y si vos manau res, lo farem nosaltres de bon cor.

Loz. Señora, no quiero nada de vos, que yo busco una mujer que quita cejas.

Mallorq. Anao en mal guañy. ¿Y axó volias? cercaula.

Loz. Válalas el diablo, y locas son estas mallorquinas; en Valencia ligaros ian á vosotras, y herraduras han menester como bestias, pues no me la irán á pagar á la pellejería de Búrgos. Cul de santarnao, som segurs quina gent de Deu.

MAMOTRETO XI.

Cómo llamó á la Lozana la Napolitana que ella buscaba y dice á su marido que la llame.

Napolitana. Oislo, ¿quién es aquella mujer que anda por allí? Ginovesa me parece; mirá si quiere nada de la botica; salí allá; quizá que trae guadaño.

Jumilla. Salí vos, que en ver hombre se espantará.

Nap. Dame acá ese morteruelo de azófar. Decí, hija, ¿echastes aquí el atauja y las pepitas de pepino?

Hija. Señora, sí.

Nap. ¿Qué mirais, señora? Con esa tez de cara no ganariamos nosotros nada.

Loz. Señora, nos maravilleis que solamente en oiros hablar me alegre.

Nap. Ansí es que no en valde se dixo: por do fueres, de los tuyos halles, quizá la sangre os tira; entrá, mi señora, y quitaos dese sol. Vén acá tú, sácale aquí á esta señora con qué se refresque.

Loz. No hace menester, que si agora comiese me ahogaria del enojo que traigo de aquesas vuestras vecinas; mas si vivimos, y no nos morimos á tiempo serémos; la una porque su hijo me venía á mostrar á vuestra casa, y la otra porque demandé de vuestra merced.

Nap. Hi, hi, son envidiosas, y por eso mirá cuál va su hija el domingo afeitada de mano de Mira la jodía, ó como las que nosotras afeitamos, ni más ni ál. Señora mia, el tiempo os doy por testigo. La una es de Segorve y la otra mallorquina, y como dixo Juan de la Encina, que cul y cap y feje y cos echan fuera á voto á Dios.

Loz. Mirá si las conocí yo. Señora mia, ¿son doncellas estas vuestras hijas?

Nap. Son y no son, sería largo de contar. Y vos, señora, ¿sois casada?

Loz. Señora, sí; y mi marido será agora aquí de aquí á pocos dias; y en este medio querria no ser conoscida y empezar á ganar para la costa; querria estar con personas honestas por la honra, y quiero primero pagaros que me sirvais; yo, señora, vengo de Levante, y traigo secretos maravillosos, que máxime en Grecia se usan muncho; las mujeres que no son hermosas procuran de sello, y porque lo veais, póngase aquesto vuestra hija la más morena.

Nap. Señora, yo quiero que vos misma se lo pongais, y si eso es, no habíades vos menester padre ni madre en esta tierra, y ese vuestro marido que decis, será rey; oxalá fuera uno de mis dos hijos.

Loz. Que, ¿tambien teneis hijos?

Nap. Como dos pimpollos de oro; traviesos son, mas no me curo, que para eso son los hombres. El uno es rubio como unas candelas, y el otro crespo; señora, quedaos aquí y dormiréis con las doncellas, y si algo quisiéredes hacer para ganar, aquí á mi casa vienen moros y jodíos, que si os conocen, todos os ayudarán; y mi marido va vendiendo cada dia dos, tres y cuatro cestillas desto que hacemos, y lo que basta para una persona basta para dos.

Loz. Señora, yo lo dó por rescebido, dad acá si quereis que os ayude á eso que haceis.

Nap. Quitaos primero el paño y mirá si traés ninguna cosa que dar á guardar.

Loz. Señora, no, sino un espejo para mirarme, y agora veo que tengo mi pago, que solia tener diez espejos en mi cámara para mirarme, que de mí misma estaba como Narciso, y agora como Tisbe á la fontana, y si no me miraba cien veces, no me miraba una, y he habido el pago de mi propia merced. ¿Quién son estos que vienen aquí?

Nap. Ansí goce de vos que son mis hijos.

Loz. Bien parecen á su padre; y si son estos los pinos de oro, á sus ojos.

Nap. ¿Qué decis?

Loz. Señora, que parecen hijos de rey nacidos en Badajoz; que veais nietos dellos.

Nap. Ansí veais vos de lo que paristes.

Loz. Mancebo de bien, llegaos acá y mostráme la mano. Mirá qué señal tenés en el monte de Mercurio y uñas de rapiña, guardaos de tomar lo ajeno, que peligraréis.

Nap. A estotro bizarro me mirá.

Loz. Ese barbitaheño, ¿cómo se llama? Vení, vení; este monte de Vénus está muy alto; vuestro peligro está señalado en Saturno, de una prision, en el monte de la luna, peligro por mar.

Rampin. Caminar por do va el buey.

Loz. Mostrá esotra mano.

Ramp. ¿Qué quereis ver? que mi ventura ya la sé: decíme vos, ¿dónde dormiré esta noche?

Loz. ¿Dónde? Donde no soñastes.

Ramp. No sea en la prision y venga lo que viniere.

Loz. Señora, este vuestro hijo más es venturoso que no pensais; ¿qué edad tiene?

Nap. De diez años le sacamos los bracicos y tomó fuerza en los lomos.

Loz. Suplicos que le deis licencia que vaya comigo y me muestre esta cibdad.

Nap. Sí hará, que es muy servidor de quien lo merece; andá, meteos esa camisa y serví á esa señora honrada.

MAMOTRETO XII.

Cómo Rampin le va mostrando la ciudad y le da ella un ducado que busque donde cenen y duerman, y lo que pasaron con una lavandera.

Loz. Pues hacé una cosa, mi hijo, que por do fuésemos, que me digais cada cosa qué es y cómo se llaman las calles.

Ramp.. Ésta es la Ceca do se hace la moneda, y por aquí se va á Campo de Flor y al Coliseo, y acá es el puente, y éstos son los banqueros.

Loz. ¡Ay, ay! no querria que me conosciesen, porque siempre fuí mirada.

Ramp. Vení por acá y mirá; aquí se venden munchas cosas, y lo mejor que en Roma y fuera de Roma nace se trae aquí.

Loz. Por tu vida que tomes este ducado y que compres lo mejor que te paresciere, que aquí jardin me parece más que otra cosa.

Ramp. Pues adelante lo veréis.

Loz. ¿Qué me dices? por tu vida que compres aquellas tres perdices que cenemos.

Ramp. ¿Cuáles? ¿aquéstas? Astarnas son, que el otro dia me dieron á comer de una en casa de una cortesana, que mi madre fué á quitar las cejas y yo le llevé los afeites.

Loz. ¿Y dó vive?

Ramp. Aquí abaxo, que por allí habemos de pasar.

Loz. Pues todo eso quiero que me mostreis.

Ramp. Sí haré.

Loz. Quiero que vos seais mi hijo, y dormiréis comigo; y mirá no me lo hagais, que ese bozo dencima demuestra que no sois capon.

Ramp. Si vos me probásedes, no sería capon.

Loz. ¿Por mi vida? Hi, hi; pues comprá de aquellas hostias un par de julios, y acordá dónde irémos á dormir.

Ramp. En casa de una mi tia.

Loz. ¿Y vuestra madre?

Ramp. Que la quemen.

Loz. Llevemos un cardo.

Ramp. Son todos grandes.

Loz. ¿Pues qué se nos da? cueste lo que costáre, que, como dicen, ayunar ó comer trucha.

Ramp. Por esta calle hallarémos tantas cortesanas juntas como colmenas.

Loz. ¿Y cuáles son?

Ramp. Ya las verémos á las gelosías; aquí se dice el Viso, más arriba vereis munchas más.

Loz. ¿Quién es éste? ¿es el Obispo de Córdoba?

Ramp. Ansí viva mi padre es un obispo espigacensis de mala muerte.

Loz. Más triunfo lleva un mameluco.

Ramp. Los cardenales son aquí como los mamelucos.

Loz. Aquéllos se hacen adorar.

Ramp. Y éstos tambien.

Loz. Gran soberbia llevan.

Ramp. El año de veinte y siete me lo dirán.

Loz. Por ellos padecerémos todos.

Ramp. Mal de munchos gozo es; alzá los ojos arriba, y veréis la manifatura de Dios en la señora Clarina, allí me mirá vos, aquélla es gentil mujer.

Loz. Hermano, hermosura en puta, y fuerza en badajo.

Ramp. Mirá esta otra.

Loz. Que presente para triunfar; por eso se dixo: ¿Quién te hizo puta? el vino y la fruta.

Ramp. Es favorida de un perlado; aquí mora la galan portuguesa.

Loz. ¿Quién es? ¿amiga de algun ginoves?

Ramp. Mi agüelo es mi pariente, de ciento y otros veinte.

Loz. ¿Y quién es aquella handorra que va con sombrero tapada, que va culeando y dos mozas lleva?

Ramp. ¿Esa? cualque cortesanilla por ahí; mirá qué otra quinada dellas van por allá, que parescen enxambre, y los galanes tras ellas; á estas horas salen ellas desfrazadas.

Loz. ¿Y dó van?

Ramp. A perdones.

Loz. ¿Sí? por demas lo tenian: ¿putas y perdoneras?

Ramp. Van por recoger para la noche.

Loz. ¿Qué es aquello? ¿qué es aquello?

Ramp. Llévalas la justicia.

Loz. Esperá, no os envolvais con esa gente.

Ramp. No haré, luégo vengo.

Loz. Mirá agora dónde va braguillas, guayas si la sacó, Perico el bravo; ¿que era por mi vida hijo?

Ramp. No nada, sino el tributo que les demandaban, y ellas han dado por no ser vistas, quién anillo, quién cadena, y despues enviará cada una cualque litigante por lo que dió, y es una cosa que pagan cada una un ducado al año al capitan de Torre Sabela.

Loz. ¿Todas?

Ramp. Salvo las casadas.

Loz. Mal hacen, que no habian de pagar sino las que están al burdel.

Ramp. Pues por eso es la mayor parte de Roma burdel, y le dicen Roma putana.

Loz. ¿Y aquéllas qué son? ¿moriscas?

Ramp. No, cuerpo del mundo; son romanas.

Loz. ¿Y por qué van con aquellas almalafas?

Ramp. No son almalafas; son baticulo ó batirrabo y paños listados.

Loz. ¿Y qué quiere decir, que en toda la Italia llevan delante sus paños listados ó velos?

Ramp. Despues acá de Rodriguillo español, van ellas ansí.

Loz. Eso quiero yo saber.

Ramp. No sé más de cuanto lo oí ansí, é os puedo mostrar al Rodriguillo español de bronce; hecha fué estatua en Campidolio, que se saca una espina del pié y está desnudo.

Loz. Por mi vida, que es cosa de saber y ver, que dicen que en aquel tiempo no habia dos españoles en Roma, y agora hay tantos. Verná tiempo que no habrá ninguno y dirán Roma mísera, como dicen España mísera.

Ramp. ¿Veis allí la estufa do salieron las romanas?

Loz. Por vida de tu padre que vamos allá.

Rmp. Pues déxame llevar esto en casa de mi tia, que cerca estamos, y hallarlo hemos aparejado.

Loz. ¿Pues dónde me entraré?

Ramp. Aquí, con esta lavandera milagrosa.

Loz. Bueno será.

Ramp. Señora mia, esta señora se quede aquí, así Dios os guarde, á reservirlo hasta que torno.

Lavandera. Intrate, madona, seate bien venuta.

Loz. Beso las manos.

Lav. ¿De dove siate?

Loz. Señora, só española; mas todo mi bien lo he habido de un ginoves que estaba para ser mi marido, y por mi desgracia se murió; y agora vengo aquí porque tengo de haber de sus parientes gran dinero que me ha dexado para que me case.

Lav. Ánima mia. Dios os dé mejor ventura que á mí, que aunque me veis aquí, soy española.

Loz. ¿Y de dónde?

Lav. Señora, de Nájera; y soy estada dama de grandes señoras, y un traidor me sacó, que se habia de casar comigo, y burlóme.

Loz. No hay que fiar, decíme ¿cuánto há que estáis en Roma?

Lav. Cuando vino el mal de Francia, y ésta fué la causa que yo quedase burlada; y si estoy aquí lavando y fatigándome, es para me casar, que no tengo otro deseo, sino verme casada y honrada.

Loz. ¿Y los aladares de pez?

Lav. ¿Qué decis, señora?

Loz. Que gran pena teneis en maxcar.

Lav. ¡Ay señora! La humidad de esta casa me ha hecho pelar la cabeza, que tenía unos cabellos como hebras de oro, y en un solo cabello tenía añudadas sesenta navidades.

Loz. ¿Y la humidad os hace hundir tanto la boca?

Lav. Es de mio, que todo mi parentado lo tiene, que cuando comen parece que mamillan.

Loz. Mucho ganaréis á este lavar.

Lav. ¡Ay señora! que cuando pienso pagar la casa, y comer, y leña, y ceniza, y xabon, caldera, y tinas, y canastas, y agua, y cuerdas para tender, y mantener la casa de cuantas cosas son menester, ¿qué esperais? Ningun amigo que tengais os querrá bien si no le dais, cuándo la camisa, cuándo la capa, cuándo la gorra, cuándo los huevos frescos, y así de mano en mano, do pensais que hay tocinos no hay estacas, y con todo esto á mala pena quieren venir cada noche á teneros compañía, y por esto tengo dos, porque lo quel uno no puede, supla el otro.

Loz. Para tornar los gañivetes, este que se va de aquí, ¿quién es?

Lav. Italiano es, canavario ó bostiller de un señor; siempre me viene cargado.

Loz. ¿Y sábelo su señor?

Lav. No, que es casa abastada; pues estaria fresca si comprase el pan para mí, y para todos esas gallinas, y para quien me viene á lavar, que son dos mujeres, y doiles un carlino, ó un real y la despensa, que beben más que hilan, y vino, que en otra casa beberian lo que yo derramo, porque me lo traigan fresco, que en esta tierra se quiere beber como sale de la bota; veis aquí dó viene el otro mi amigo, y es español.

Loz. A él veo engañado.

Lav. ¿Qué decis?

Loz. Que este tal mancebo quien quiera se lo tomaria para sí; y sobre mi cabeza, que no ayuna.

Lav. No á osados, señora; que tiene buen señor.

Loz. No lo digo por eso, sino á pan y vos.

Lav. Es como un ángel; ni me toma ni me da. ¿Qué quieres? ¿á qué vienes? ¿dó eres estado hoy? guarda no quiebres esos huevos.

Español. ¿Quién es esa señora?

Lav. Es quien es.

Esp. ¡Oh, pese á la grulla! si lo sabía callaba por mi honra, esa fruta no se vende al puente.

Loz. No, por mi vida, señor, que agora pasé yo por allí y no la vi.

Esp. Bofeton en cara ajena.

Lav. ¿No te quieres ir de ahí? ¡si salgo allá! ¿Qué os parece, señora? otro fuera que se enojára; es la misma bondad, y mirad que me ha traido cebada que no tengo otra cosa, la que le dan á él para la mula de su amo.

Loz. Otra cosa mejor pensé que os traia.

Lav. Andá, señora; harto da quien da lo que tiene.

Loz. Sí, verdad es; mas no lo que hurta.

Lav. Habláme alto, que me duele este oido.

Loz. Digo que si lavais á españoles solamente.

Lav. A todo hago por ganar, y tambien porque está aquí otra española, que me ha tomado muchas casas de señores, y lava ella á la italiana, y no hace tanta espesa como yo.

Loz. ¿Qué diferencia tiene el lavar italiano?

Lav. ¿Qué? grande; nosotras remojamos y damos una mano de xabon y despues encanastamos, y colamos, y se quedan los paños allí la noche que cuele la lexía, porque de otra manera serian los paños de color de la lexía; y ellas al remojar no meten xabon y dejan salir la lexía, que dicen que come las manchas, y tornan la ceniza al fuego á requemar, y despues no tiene virtud.

Loz. Agora sé lo que no pensé; ¿quién es esta que viene acá?

Lav. Aquí junto mora; mi vecina.

Vecina. Española, ¿por qué no atas aquel puerco? no te cures, será muerto.

Lav. Anda, véte, bésalo en el buz del hierba.

Vec. Bien, yo te aviso.

Lav. Pues mira, si tú me lo miras ó tocas, quizá no será puerco por tí; ¿pensa tú que ho paura del tu esbirro? á tí y á él os lo haré comer crudo.

Vec. Bien, espera.

Lav. Va daquí, borracha, y áun como tú he lavado yo la cara con cuajares.

Loz. ¿Qué tambien teneis cochino?

Lav. Pues iré yo á llevar toda esa ropa á sus dueños y traeré la sucia, y de cada casa, sin lo que me pagan los amos, me vale más lo que me dan los mozos, carne, pan, vino, fruta, aceitunas sevillanas, alcaparras, pedazos de queso, candelas de sebo, sal, presuto, ventresca, vinagre, que yo lo dó á toda esta calle, carbon, ceniza, y más lo que traigo en el cuerpo y lo que puedo garucar, como platos y escudillas, picheles, y cosas que el hombre no haya de comprar.

Loz. Desa manera no hay galera tan proveida como las casas de las lavanderas desta tierra.

Lav. Pues nos maravilleis, que todo es menester; que cuando los mozos se parten de sus amos, bien se lo pagamos, que nos lo ayudan á comer; que este bien hay en esta tierra, que cada mes hay nuevos mozos en casa, y nosotras los avisamos que no han de durar más ellos que los otros, que no sean ruines, que cuando el mundo les faltáre, nosotras somos buenas por dos meses, y tambien los enviamos en casa del tal, que se partió un mozo, mas no sabe el amo que lo tomó que yo se lo encaminé, y por esto ya el mozo me tiene puesto detras de la puerta el frasco lleno, y el resto, y si viene el amo que me lo ve tomar, digo que yo lo dexé allí cuando sobí. Veis, aquí viene aquel mozuelo que os dexó aquí.

Lavandera. ¿Qué se hace? sus, vamos, á vos muchas gracias, señora.

Lav. Esta casa está á vuestro servicio; gana me viene de cantar:
Anda, puta, no serás buena,
No seré, no, que so de Llerena.

Yo te lo veo en esa piel nueva; yo te he mirado en ojo que no mentiré, que tú ruecas de usos harás.

Loz. Por mi vida, hermano, que he tomado placer con esta borracha, amenguada como hilado de beuda; ¿qué quiere decir estrego? vos qué sabeis, ¿santochada?

Ramp. Quiere decir bruxa como ella.

Loz. ¿Qué es aquello que dice aquél?

Ramp. Son chambelas que van vendiendo.

Loz. ¿Y de qué se hacen estas rosquitas?

Ram. De harina y agua caliente, y sal y mata la uva, y poco azúcar, y danles un bulle en agua, y despues metellas en el horno.

Loz. Si en España se comiesen, dirian que es pan cenceño.

Ramp. Porque allá sobra la levadura.

Loz. Entrá vos y mirá si está ninguno allá dentro.

MAMOTRETO XIII.

Cómo entran en la estufa Rampin y la Lozana, y preguntan:

¿Está gente dentro, hermano?

Estufero. Andás aquí, andás; no hay más que dos.

Ramp. Veislas, aquí salen.

Loz. Caliente está por mi vida; tráeme agua fria, y presto salgamos de aquí.

Ramp. Tambien habia bragas para vos.

Loz. Poco sabeis, hermano; al hombre braga de hierro, á la mujer de carne; gana me viene de os azotar; tomá esta navaja, tornásela, que ya veo que vos no la teneis menester; vamos fuera, que me muero; dame mi camisa.

Ramp. Vení, vení, tomá una chambela, va tú, haz venir del vino, toma págalo, vén presto, ¿eres venido?

Est. Ecome que vengo. Señora, tomad, bebed, bebe más.

Loz. Bebe tú, que torrontes parece.

Ramp. Vamos fuera prestamente, que ya son pagados estos borrachos.

Est. Señora, das aquella mancha.

Loz. Si tú no me la has echado, no tenía yo mancha ninguna.

Ramp. No dice eso el beudo, sino que llama el aguinaldo mancha, que es usanza.

Loz. Pues dalde lo que se suele dar, que gran bellaco parece.

Ramp. Adio.

Est. Adio, caballeros de castillos.

Loz. ¿Por dó hemos de ir?

Ramp. Por acá, que aquí cerca está mi tia, veisla á la puerta.

Loz. ¿Y qué es aquello que compra? ¿son rábanos y negros son?

Ramp. No son sino romarachas, que son como rábanos, y dicen en esta tierra que quien come la romaracha y va en nagona, torna otra vez á Roma.

Loz. ¿Tan dulce cosa es?

Ramp. No sé, ansí dice el refran.

Tia. Camiñá, sobrino, préstame un cuatrin.

Ramp. De buena gana y un julio.

Tia. Norabuena vengais, reina mia, toda venis sudada y fresca como una rosa. ¿Qué buscais, sobrino? todo está aparejado, sino el vino; id por ello y vení, cenarémos, que vuestro tio está volviendo el asador.

Ramp. Pues, alcanzáme esa calabaza en que lo traiga, que en dos saltos vengo.

Tia. ¿Qué os parece, señora, deste mi sobrino, que ansí fué siempre servicial?

Loz. Señora, que querria que fuese venido mi marido, para que lo tomase y le hiciese bien.

Tia. ¡Ay señora mia! qué merced ganaréis, que son pobres.

Loz. No cureis, señora; mi marido les dará en qué ganen.

Tia. Por mi vida, y á mi marido tambien, que bien sabe de todo y es persona sabida, aunque todos le tienen por un asno, y es porque no es malicioso; y por su bondad no es él agora cambiador, que está esperando unas recetas y un estuche para ser médico, no se cura de honras demasiadas, que aquí se está ayudando á repulgar y echar caireles á lo que yo coso. ¿Venis, sobrino? asentáos aquí cabe mí, comed, señora.

Loz. Sí haré, que hambre tengo.

Tia. ¿islo? vení á sentáos junto á esa señora, que os tiene amor, y quiere que os asenteis cabe ella.

Viejo. Sí haré de buen grado.

Ramp. Paso, tio, ¡cuerpo de sant! que echais la mesa en tierra; alzá el brazo, mirá que derramaréis, ¡quién me lo dixo á mí que lo habíades de hacer!

Tia. Así, ansí veis caido el banco, y la señora se habrá hecho mal.

Loz. No he, sino que todo el vino me cayó encima; buen señal.

Tia. Id por más y veis lo hecho, pasáos aquí, que siempre

haceis vuestras cosas pesadas; no cortés, que vuestro sobrino cortará, ¿veis? ¡ay! zape, zape, allá va, lo mejor se lleva el gato, ¿por qué no esperais? que parece que no habeis comido.

Viej. Dexáme hacer, y terné mejor aliento para beber.

Tia. ¿Venis, sobrino?

Ramp. Vengo por alguna cosa en que lo traiga.

Tia. ¿Y las dos garrafas?

Ramp. Caí y quebrélas.

Tia. Pues tomá este jarro.

Ramp. Éste es bueno, y si me dice algo el tabernero, dalle he con él.

Tia. Ansí se hace; señora mia yo me querria meter en un agujero y no ver esto cuando hay gente forastera en casa, mas vos, señora, habeis de mirar que esta casa es vuestra.

Loz. Más gana tengo de dormir que de otra cosa.

Tia. Sobrino, cená vosotros, en tanto que vo é la ayudo á desnudar.

Ramp. Señora, sí.

MAMOTRETO XIV.

Cómo torna su tia y demanda donde ha de dormir Rampin, y lo que pasaron la Lozana y su futuro criado en la cama.

Tia. Dime, sobrino, ¿has de dormir allí con ella? que no me ha dicho nada, y por mi vida que tiene lindo cuerpo.

Ramp. Pues ¿que si la viérades vos desnuda en la estufa?

Tia. Yo quisiera ser hombre, tan bien me ha parecido; ¡oh qué pierna de mujer! y el necio de su marido que la dexó venir sola á la tierra de cornualla, debe ser cualque babion, ó veramente que ella debe de ser buena de su cuerpo.

Ramp. Yo lo veré esta noche, que si puedo, tengo de pegar con sus bienes.

Tia. A otro que tú habria ella de menester, que le hallase mejor la bezmellerica y le hinchese la medida.

Ramp. Andá no habrés, que debaxo yace buen bebedor, como dicen.

Tia. Pue alla dexé el candil, va pasico que duerme, y cierra la puerta.

Ramp. Sí haré: buenas noches.

Tia. Va en buen hora.

Loz. ¡Ay hijo! ¿y aquí os echastes? pues dormí y cobijaos, que harta ropa hay; ¿qué haceis? mirá que tengo marido.

Ramp. Pues no está agora aquí para que nos vea.

Loz. Sí, mas sabello há.

Ramp. No hará, esté queda un poquito.

Loz. ¡Ay qué bonito! ¿y desos sois? por mi vida que me levante.

Ramp. No sea desa manera, sino por ver si soy capon me dexéis deciros dos palabras con el dinguilindon.

Loz. No haré, la verdad, te quiero decir que estoy vírgen.

Ramp. Andá señora, que no teneis vos ojo de estar vírgen; dexáme ahora hacer, que no parecerá que os toco.

Loz. ¡Ay! ¡ay! sois muy muchacho y no querria haceros mal.

Ramp. No haréis, que ya se me cortó el frenillo.

Loz. ¿No os basta besarme y gozar de mí ansí, que quereis tambien copo y condedura? catá que me apretais ¿vos pensais que lo hallaréis? pues hagos saber que ese huron no sabe cazar en esta floresta.

Ramp. Abrilde vos la puerta, que él hará su oficio á la macha martillo.

Loz. Por una vuelta soy contenta. Mochacho, ¿eres tú? por esto dicen, guárdate del mozo cuando le nace el bozo; si lo supiera, más presto soltaba las riendas á mi querer, pasico, bonico, quedico, no me ahinqueis, andá comigo, por ahí van allá, ay qué priesa os dais, y no mirais que esta otrie en pasatiempo si no vos, catá que no soy de aquellas que se quedan atras, esperá besaros he, ansí, ansí, por ahí, seréis maestro, ¿veis cómo va bien? esto no sabiedes vos, pues no se os olvide, sús, dalde maestro que aquí se verá al correr desta lanza, quien la quiebra, y mirá que por mucho madrugar no amanece más ahína; en el coso te tengo, la garrocha es buena, no quiero sino vérosla tirar, buen principio llevais, caminá que la liebra está echada, aquí va la honra.

Ramp. Y si la venzo, ¿qué ganaré?

Loz. No cureis, que cada cosa tiene su premio, ¿á vos vezo yo, que nacistes vezado? daca la mano y tente á mí, que el almadraque es corto, aprieta y cava, y ahoya, y todo á un tiempo. A las clines corredor, agora, por mi vida, que se va el recuero. ¡Ay amores, que soy vuestra, muerta y viva! quitaos la camisa, que sudais; ¡cuánto tiempo habia que no comia cocho! ventura fué encontrar en hombre tan buen participio, á todo pasto, este tal majadero no me falte, que yo apetito tengo dende que nací, sin ajo y queso que podria prestar á mis vicinas. Dormido se ha, en mi vida vi mano de mortero tan bien hecha, ¡qué gordo que es! y todo parejo, mal año para nabo de Xeres, parece bisoño de frojolon; la habla me quitó, no tenía por do resollar, no es de dexar este tal unicornio. ¿Qué habeis, amores?

Ramp. No, nada, sino demandaros de merced que toda esta noche seais mia.

Loz. No más, ansí goceis.

Ramp. Señora, ¿por qué no? ¿falté algo en la pasada? emendallo hemos, que la noche es luenga.

Loz. Disponé como de vuestro, con tanto que me lo tengais secreto. ¡Ay qué miel tan sabrosa! no lo pensé, aguza, aguza, dale si le das que me llaman en casa, aquí, aquí; buena como la primera, que no le falta un pelo, dormí por mi vida, que yo os cobijaré; quite Dios de mis dias y ponga en los tuyos, que cuanto enojo traia me has quitado; si fuera yo gran señora, no me quitára jamas este de mi lado, ¡oh pecadora de mí! ¿y desperteos? no quisiera.

Ramp. Andá, que no se pierde nada.

Loz. ¡Ay! ¡ay! ¡así va, por mi vida, que tambien caminé yo! allí, allí me hormiguea, que, que, ¿pasaréis por mi puerta? Amor mio, todavía hay tiempo; reposa, alza la cabeza, tomá esta almohada; mirá que sueño tiene, que no puede ser mejor, quiérome yo dormir.

Auctor. Quisiera saber escribir un par de ronquidos á los cuales despertó él, y queriéndola besar, despertó ella, y dixo: ¡Ay señor! ¿es de dia?

Ramp. No sé; que agora desperté, que aquel cardo me ha hecho dormir.

Loz. ¿Qué haceis?... y cuatro, á la quinta canta el gallo, no estaré queda, no estaré queda hasta que muera; dormí que ya es de dia, y yo tambien matá aquel candil que me da en los ojos, echaos y tirá la ropa á vos.

Auctor. Allí junto moraba un herrero, el cual se levantó á media noche y no les dexaba dormir, y él se levantó á ver si era de dia, y tornándose á la cama, la despertó, y dixo ella: ¿De dó venis? que no os sentí levantar.

Ramp. Fuí allí fuera, que estos vecinos hacen de la noche dia, están las cabrillas sobre este horno, que es la punta de la media noche y no nos dexan dormir.

Loz. ¿Y en cueros salisteis? frio venis.

Ramp. Vos me escalentaréis.

Loz. Sí haré, mas no de esa manera, no más, que estoy harta y me gastaréis la cena.

Ramp. Tarde acordaste, que dentro yaz que no rabea; harta me decis que estais, y parece que comenzais agora, cansada creeria yo más presto que no harta.

Loz. Pues ¿quién se harta que no dexe un rincon para lo que viniere? por mi vida, que tan bien batís vos el hierro como aquel herrero, á tiempo y fuerte, que es acero; mi vida, ya no más, que basta hasta otria dia, que yo no puedo mantener la tela, y lo demas sería gastar lo bueno; dormí, que almozar quiero en levantándome.

Ramp. No cureis, que mi tia tiene gallina y nos dará de los huevos, y muncha manteca y la calabaza llena.

Loz. Señor, sí diré yo, como decia la buena mujer despues de bien harta.

Ramp. ¿Y cómo decia?

Loz. Dixo harta de duelos con muncha mancilla; como lo sabe aquella, que no me dexará mentir.

Auctor. Y señaló á la calabaza.

Ramp. Puta vieja era ésa; á la manteca llamaba mancilla lobos.

Loz. Luenga vala, júralo mozo, y ser de Córdoba me salva; el sueño me viene, reposemos.

Ramp. Soy contento, á este lado y metamos la ilesia sobre el campanario.

Auctor. Era mediodia cuando vino la tia á despertallos, y dice: sobrino, abrí, catá el sol que entra por todo, buenos dias, ¿cómo habeis dormido?

Loz. Señora, muy bien, y vuestro sobrino como lechon de viuda, que no ha meneado pié ni pierna hasta agora, que yo ya me sería levantada sino por no despertallo; que no he hecho sino llorar pensando en mi marido, qué hace ó dó está, que no viene.

Tia. No tomeis fatiga; andad acá, que quiero que veais mi casa agora que no está aquí mi marido, veis aquí en qué paso tiempo; ¿quereis que os la quite á vos?

Loz. Señora, sí, despues yo os pelaré á vos, porque veais qué mano tengo.

Tia. Esperá, traeré aquel pelador ó escoriador, y veréis que no dexa bello ninguno, que las jodías lo usan muncho.

Loz. ¿Y de qué se hace este pegote ó pellejador?

Tia. ¿De qué? de trementina y de pez greca, y de calcina vírgen y cera.

Loz. Aquí do me lo posistes se me ha hinchado y es cosa sucia; mejor se hace con vidrio sotil y muy delgado, que lleva el vello y hace mejor cara, y luégo un poco de olio de pepitas de calabaza y agua de flor de habas á la veneciana, que hace una cara muy linda.

Tia. Eso quiero, que me vecéis.

Loz. Buscá una redomilla quebrada, mirá que suave que es, y es cosa limpia.

Tia. No habréis, que si os caen en el Rastro las cortesanas, todas querrán probar, y con eso que vos le sabeis dar con ligereza, ganaréis cuanto quisiéredes, Dios delante; veis aquí do viene mi marido.

Viejo. Estéis en buen hora.

Loz. Seais bien venido.

Viej. Señora, ¿qué os ha parecido de mi sobrino?

Loz. Señor, ni amarga ni sabe á fumo.

Tio. Por mi vida, que teneis razon, mas yo fuera más al propósito que no él.

Tia. Mirá que se dexará decir; se pasan los dos meses que no me dice qué tienes ahí, y se quiere ahora hacer gallo, para quien no os conoce teneis vos palabra.

Loz. Señora, no os altereis que mi bondad es tanta, que ni sus palabras, ni su sobrino no me empreñarán; vamos, hijo Rampin, que es tarde para lo que tenemos de hacer.

Tia. Señora, id sana y salva, y tornarme á ver con sanidad.

MAMOTRETO XV.

Cómo fueron mirando por Roma, hasta que vinieron á la Judería, y cómo ordenó de poner casa.

Loz. ¿Por dó hemos de ir?

Ramp. Por aquí, por plaza Redonda, y verés el templo de Panteon, y la sepultura de Lucrecia Romana, y el aguja de piedra que tiene la ceniza de Rómulo y Rémulo, y la Coluna labrada, cosa maravillosa, y veréis setemzoneis (*sic*), y reposarés en casa de un compañero mio que me conoce.

Loz. Vamos, que aquel vuestro tio sin pecado podria traer albarda, ella parece de buena condicion, yo la tengo de vezar muchas cosas que sé.

Ramp. Deso os guardá; no vezeis á ninguna lo que sabeis, guardadlo para cuando lo habréis menester, y si no viene vuestro marido, podréis vos ganar la vida, que yo diré á todas que sabeis más que mi madre, y si quereis que esté con vos os iré á vender lo que hiciéredes, y os pregonaré que traés secretos de Levante.

Loz. Pues vení acá, que eso mismo quiero yo, que vos esteis comigo, mirá que yo no tengo marido, ni péname el amor, y de aquí os digo que os tomé vestido y harto como barba de rey, y no quiero que fatigueis, sino que os hagais sordo y bobo, y calleis aunque yo os riña y os trate de mozo, que vos llevaréis lo mejor, y lo que yo ganáre sabeldo vos guardar, y veréis si habrémos menester á nadie: á mí me quedan aquí cuatro ducados para remediarme, id, compráme vos soliman, y lo haré labrado, que no lo sepan mirar cuantas lo hacen en esta tierra que lo hago á la cordobesa, con saliva y al sol, que esto dicen que es lo que hace la madre á la hija, esotro es lo que hace la cuñada á la cuñada, con agua y al fuego, y si miran que no falte, ni sé qué me sería bueno, y desto haré yo para el comun, mas agora he menester que sea loada, y cómo la primera vez les hará buena cara siempre diré que lo paguen bien que es de muncha costa y gran trabajo.

Ramp. Aquí es el Aduana, mirá si querés algo.

Loz. ¿Que aduanaré? vos me habés llevado la flor.

Ramp. ¿Veis allí una casa que se alquila?

Loz. Veámosla.

Ramp. Ya yo la he visto; que moraba una putilla allí, y tiene una cámara y una saleta, y paga diez ducados de carlines al año, que son siete é medio de oro, y ella la pagaba de en tres en tres meses, que serien veinte é cinco carlines por tres meses; y buscarémos un colchon y una silla para que hincha la sala, y así pasaréis hasta que vais entendiendo y conosciendo.

Loz. Bien decís; pues vamos á mercar un morterito chiquito, para comenzar á hacer qualque cosa que dé principio al arte.

Ramp. Sea ansí, yo os lo traeré. Vamos primero á hablar con un jodío, que se llama Trigo, que él os alquilará todo lo que habeis menester, y áun tomará la casa sobre sí.

Loz. Vamos, ¿conoces alguno?

Ramp. Mirá, es judío plático, dexá hacer á él, que él os publicará entre hombres de bien que paguen la casa y áun el comer.

Loz. Pues eso hemos menester; decíme, ¿es aquél?

Ramp. No, que él no trae señal, que es judío que tiene favor, y lleva ropas de seda vendiendo, y ese no lleva sino ropa vieja y zulfaroles.

Loz. ¿Qué plaza es ésta?

Ramp. Aquí se llama Nagona, y si venís el miércoles veréis el mercado, que quizá desde que nacistes no habés visto mejor órden en todas las cosas, y mirá que es lo que quereis, que no falta nada de cuantas cosas nacen en la tierra y en el agua, y cuantas cosas se pueden pensar que sean menester, abundantemente, como en Venecia y como en cualquier tierra de acarreto.

Loz. Pues eso quiero yo que me mostreis, en Córdoba se hace los juéves, si bien me recuerdo:

> *Juéves, era juéves,*
> *dia de mercado,*
> *convidó Hernando*
> *los Comendadores;*

¡oh, si me muriera cuando esta endecha oí! No lo quisiera tampoco, que bueno es vivir, quien vive loa el Señor; ¿quién son aquellos que me miraron? ¡para ellos es el mundo, y lóbregos de aquellos que van á pié, que van sudando, y las mulas van á matacaballo, y sus mujeres llevan á las ancas!

Ramp. Eso de sus mujeres son cortesanas, y ellos deben de ser grandes señores, pues mirá que por eso se dice Roma, triunfo de grandes señores, paraíso de putanas, purgatorio de jóvenes, infierno de todos, fatiga de bestias, engaño de pobres, pecigueria de bellacos.

Loz. ¿Qué predica aquél? vamos allá.

Ramp. Predica cómo se tiene de perder Roma, destruirse el año del XXVII, mas dícelo burlando. Éste es Campo de Flor, aquí es en medio de la cibdad; éstos son charlatanes, sacamuelas y gastapotras, que engañan á los villanos y á los que son nuevamente venidos, que aquí los llaman bisoños.

Loz. ¿Y con qué los engañan?

Ramp. ¿Veis aquella raíz que él tiene en la mano? está diciendo que quita el dolor de los dientes, y que lo dará por un bayoque, que es cuatro cuatrines, hará más de ciento de aquellos, si halla quien los compre tantos bayoques hará; y mirá el otro cuero hinchado aquel papel que muestra, está diciendo que tiene polvos para vérmes, que son lombrices, y mirá qué priesa tiene, y despues será qualque cosa que no vale un cuatrin, y dice mill faranduras, y á la fin todo nada; vamos, que un loco hace ciento.

Loz. Por mi vida, que no son locos. Decíme, ¿quién mejor sabio que quien sabe sacar dinero de bolsa ajena sin fatiga? ¿Qu'es aquello que están allí tantos en torno aquél?

Ramp. Son mozos que buscan amos.

Loz. ¿Y aquí vienen?

Ramp. Señora si, veis allí do van dos con aquel caballero que no ture más el mal año, que ellos turáran con él.

Loz. ¿Cómo lo sabeis vos? aquella agüela de las otras lavanderas me lo dixo ayer, que cada dia en esta tierra toman gente nueva.

Ramp. ¿Qué sabe la puta vieja, cinturiona segundina? cuándo son buenos los famillos, y guardan la ropa de sus amos no se parten cada dia, mas si quieren ser ellos patrones de la ropa que sus amos trabajan, cierto es que los enviarán á turullote; mirá, los mozos y las fantescas son los que difaman las casas, que siempre van diciendo mal del patron y siempre roban más que ganan, y siempre tienen una caxa fuera de casa, para lo que hurtan, y ellas quieren tener un amigo que venga de noche, y otramente no estarán, y la gran nescesidad que tienen los amos se lo hacen comportar, y por eso mudan, pensando hallar mejor, y solamente son bien servidos el primer mes. No hay mayor fatiga en esta tierra que es mudar mozos, y no se curan, porque la tierra lo lleva, que si uno los dexa, otro los ruega, y así ni los mozos hacen casa con dos solares, ni los amos los dexan sus herederos, como hacen en otras tierras; pensá que yo he servido dos amos en tres meses, que estos zapatos de seda me dió el postrero, que era escudero, y tinie una puta, y comiamos comprado de la taberna, y ella era golosa, y él pensaba que yo me comia unas sorbas que habian quedado en la tabla, y por eso me despidió; y como no hice partido con él, que estaba á discricion, no saqué sino estos zapatos á la francesa, esperanza tenía que me habia de hacer del bien si le sobraba á él.

Loz. ¿Decísmelo de verdad? luego vos no sabeis que se dice que la esperanza es fruta de necios como vos, y majaderos como vuestro amo.

MAMOTRETO XVI.

Cómo entran á la Judería y veen las sinogas, y cómo viene Trigo, judío, á ponelle casa.

Loz. Aquí bien huele, convite se debe hacer, por mi vida, que huele á porqueta asada.

Ramp. ¿No veis que todos estos son judíos, y es mañana sábado, que hacen el adafina? mirá los braseros y las ollas encima.

Loz. Sí, por vuestra vida, ellos sabios en guisar á carbon que no hay tal comer como lo que se cocina á fuego de carbon y en olla de tierra; decíme, ¿qué es aquella casa que tantos entran?

Ramp. Vamos allá y vello hés; ésta es sinoga de catalanes, y esta de abaxo es de mujeres, y allí son tudescos, y la otra franceses, y ésta de romanescos é italianos, que son los más necios judíos que todas las otras naciones, que tiran al gentílico, y no saben su ley; más saben los nuestros españoles que todos, porque hay entre ellos letrados y ricos, y son muy resabidos; mirá allá donde están, ¿qué os paresce? ésta se lleva la flor; aquellos dos son muy amigos nuestros, y sus mujeres las conozco yo, que van por Roma rezando oraciones para quien se ha de casar, y ayunos á las mozas para que paran el primer año.

Loz. Yo sé mejor que no ellas hacer eso espeso con el plomo derretido; por ahí no me llevarán, que las moras de Levante me vezaron engañar bobas; en una cosa de vidrio, como es un orinal bien limpio y la clara de un huevo, les haré ver maravillas para sacar dinero de bolsa ajena diciendo los hurtos.

Ramp. Si yo sabía eso cuando me hurtaron unos guantes que yo los habia tomado á aquel mi amo (por mi salario), fueran agora para vos, que eran muy lindos, y una piedra se le cayó á su amiga, y halléla, veisla aquí, que ha expendido dos ducados en judíos que endevinasen, y no le han sabido decir que yo la tenía.

Loz. Mostrá; éste diamante es, vendámoslo, y diré yo que lo traigo de Levante.

Ramp. Sea ansí; vamos al mesmo jodío, que se llama Trigo, ¿veislo? allá sale, vamos tras él que aquí no hablará si no dice la primera palabra, oro, porque lo tienen por buen agüero.

Loz. ¿No es oro lo que oro vale?

Trigo. ¿Qué es eso que decís, señora ginovesa? el buen jodío, de la paja hace oro; ya no me puede faltar el Dio, pues que de oro habló. Y vos, pariente, ¿qué buscais? ¿venís con esta señora? ¿qué ha menester? que ya sabeis vos que todo se remediará, porque su cara muestra que es persona de bien; vamos á mi casa, entrá. Tina, Tina, vén abaxo, daca un coxin para esta señora, y apareja que coman algo de bueno.

Loz. No aparejeis nada, que hemos comido.

Judío. Haga buen pro, como hizo á Jacó.

Loz. Hermano, ¿qué le dirémos primero?

Ramp. Decilde de la piedra.

Loz. ¿Veis aquí? querria vender esta joya.

Jud. Esto en la mano lo teneis, buen diamante, fino parece.

Loz. ¿Qué podria valer?

Jud. Yo os diré; si fuese aquí qualque gran señor veneciano que lo tomasse, presto haríamos á despachallo; vos, ¿en qué precio lo teneis?

Loz. En veinte ducados.

Jud. No los hallaréis por él; mas yo os diré que dexeme acá hasta mañana, y verémos de serviros, que cuando halláremos quien quiera desbolsar diez, será maravilla.

Ramp. Mirá, si los hallais luégo, daldo.

Jud. Esperáme aquí; ¿traés otra cosa de joyas?

Loz. No agora.

Ramp. ¿Veis qué judío tan diligente? Veislo aquí torna.

Jud. Señora, ya se ha mirado y visto, el platero da seis solamente, y si no, veislo aquí sano y salvo, y no dará más, y áun dice que vos me habeis de pagar mi fatiga ó corretaje, y dixo que tornase luégo, si no, que no daria despues un cuatrin.

Loz. Dé siete, y págueos á vos, que yo tambien haré mi débito.

Jud. Desa manera ocho serán.

Loz. ¿A qué modo?

Jud. Siete por la piedra, y uno á mí por el corretaje; caro sería, y el primer lance no se debe perder, que cinco ducados buenos son en Roma.

Loz. ¿Cómo cinco?

Jud. Si me pagais á mí uno, no le quedan á vuestra merced sino cinco, que es el caudal de un judío.

Ramp. Vaya, déselo, que estos jodíos si se arrepienten no harémos nada. Andá Trigo, daldo y mirá si podeis sacalle más.

Jud. Eso por amor de vos lo trabajaré yo.

Ramp. Vení presto.

Loz. Mirá qué casa tiene este judío, este tabardo quiero que me cambie.

Ramp. Sí hará, veislo viene.

Jud. Ya se era ido, hicístesme detener, agora no hallaré quien lo tome sino fiado. Tina, vén acá, dáme tres ducados de la caxa, que mañana yo me fatigaré aunque sepa perder cualque cosilla; señora, ¿dó morais, para que os lleve el resto? y mirá qué otra cosa os puedo yo servir.

Loz. Este mancebito me dice que os conosce y que sois muy bueno y muy honrado.

Jud. Honrados dias vivan vos y él.

Loz. Yo no tengo casa, vos me habeis de remediar de vuestra mano.

Jud. Sí, bien, y ¿á qué parte la quereis de Roma?

Loz. Do veais vos que estaré mejor.

Jud. Dexá hacer á mí, vení vos comigo, que sois hombre. Tina, apareja un almofrex ó matalace y un xergon limpio y esa silla pintada y aquel forcel.

Tina. ¿Qué forcel? no os entiendo.

Jud. Aquel que me daba diez y ocho carlines por él la portuguesa que vino aquí ayer.

Tin. Ya, ya.

Jud. ¿Quereis mudar vestidos?

Loz. Sí, tambien.

Jud. Dexáme hacer, que esto os está mejor, volveos, si para vos se hiciera no estuviera más á propósito, esperá: Tina, daca aquel paño listado que compré de la Imperia, que yo te la haré á esta señora única en Roma.

Loz. No cureis que todo se pagará.

Jud. Todo os dice bien, si no fuese por esa picadura de mosca gracia teneis vos, que vale más que todo.

Loz. Yo haré de modo que cegará quien bien me quisiere, que los duelos con pan son buenos; nunca me mataré por nadie.

Jud. Procurávos de no haber menester á ninguno, que, como dice el judío, no me veas mal pasar, que no me verás pelear.

Loz. Son locuras decir eso.

Jud. Mirá porque lo digo, porque yo querria, si pudiese ser, que hoy en este dia fuésedes rica.

Loz. ¿Es el culantro hervir, hervir?

Jud. Por vida desa cara honrada que más valeis que pensais, vamos á traer un ganapan que lleve todo esto.

Ramp. Veis allí uno, llamaldo vos, que la casa yo sé dó está, tres tanto pareceis mejor desa manera; id vos delante, buen judío, que nosotros nos irémos tras vos.

Jud. ¿Y dónde es esa casa que decís?

Ramp. A la Aduana.

Jud. Bueno ansí gocen de vos; pues no tardeis, que yo la pagaré, y esta escoba para limpialla con buena man derecha.

MAMOTRETO XVII.

Informacion que interpone el Autor para que se entienda lo que adelante ha de seguir.

Auctor. El que siembra alguna virtud coge fama, quien dice la verdad cobra ódio, por eso notad: estando escribiendo el pasado capítulo, del dolor del pié dexé este cuaderno sobre la tabla, y entró Rampin y dixo: ¿Qué testamento es éste? púselo á enxugar y dixo:

Ramp. Yo venia á que fuésedes á casa, y vereis más de diez putas, y quien se quita las cejas, y quien se pela lo suyo, y como la Lozana no es estada buena jamas de su mal, el pelador no tenía harta atauquia, que todo era calcina; hase quemado una Bolonesa todo el pegujar, y posímosle buturo y dímosle á entender que eran blanduras, allí dexó dos julios, aunque le pesó; vení, que reiréis con la hornera que está allí, y dice que traxo á su hija vírgen á Roma, salvo que con el palo ó cabo de la pala la desvirgó; y miente, que el sacristan con el cirio pascual se lo abrió.

Auctor. ¡Cómo! ¿y su madre la traxo á Roma?

Ramp. Señor, sí; para ganar, que era pobre. Tambien la otra vuestra muy querida dice que ella os sanará; mirá que quieren hacer berengenas en conserva, que aquí llevo clavos de gelofe, más no á mis expensas, que tambien sé yo hacer del necio, y despues todo se queda en casa. ¿Quereis venir? que todo el mal se os quitará si las veis.

Auctor. No quiero ir, que el tiempo me da pena, pero decí á la Lozana que un tiempo fué que no me hiciera ella esos arrumacos, que ya veo que os envia ella, y no quiero ir porque dicen despues que no hago sino mirar y notar lo que pasa, para escribir despues, y que saco dechados. ¿Piensan que si quisiese decir todas las cosas que he visto, que no sé mejor replicallas que vos, que há tantos años que estáis en su compañía? mas soyle yo servidor, como ella sabe, y es de mi tierra ó cerca della, y no la quiero enojar, ¿y á vos no conocí yo en tiempo de Julio segundo en plaza Nagona, cuando sirviedes al señor canónigo?

Ramp. Verdad decís, mas estuve poco.

Auctor. Eso poco allí os vi moliendo no sé qué.

Ramp. Sí, sí, verdad decís; ¡oh! buena casa y venturosa, más ganaba ella entónces allí que agora la meitad, porque pasaban ellas disimuladas, y se entraban allí, calla callando. Mal año para la de los Rios, aunque fué muy famosa. Mirá que le aconteció: no há cuatro dias vino allí una mujer Lombarda, que son bobas, y era ya de tiempo, y dixo que la remediase, que ella lo pagaria, y dixo: señora, un palafrenero que tiene mi amistad no viene á mi casa mas há de un mes, queria saber si se ha envuelto con otra. Cuando ella oyó esto me llamó y dixo: dame acá aquel espejo de alinde, y miró y respondióle: señora, aquí es menester otra cosa que palabras, si me traes las cosas que fueren menester serés servida. La Lombarda dixo: señora, ved aquí cinco julios. La Lozana dixo: pues andá vos, Rampin; yo tomé mis dineros y traigo un maravedí de plomo, y vengo y digo que no hay leña, sino carbon, y que costó más, y ella dixo que no se curaba. Yo hice buen fuego, que teniamos de asar un ansaron para cenar, que venía allí una putilla con su amigo á cená, y ansí la hizo desnudar, que era el mejor deporte del mundo, y le echó el plomo por debaxo en tierra, y ella en cueros y mirando en el plomo, le dixo que no tenía otro mal sino que estaba detenido, pero que no se podia saber si era de mujer ó de otrie, que tornase otro dia y veríalo de más espacio; dixo ella: ¿qué mandais que traiga?

Loz. Una gallina negra y un gallo que sea de un año, y siete huevos que sean todos nacidos aquel dia, y traéme una cosa suya. Dixo ella: ¿traeré una ugujeta é una escofia? y la Lozana: sí, sí, y surraba mi perrica.

Ramp. Era el mayor deporte del mundo vella como estaba hecha una estátua; y más contenta viene otro dia cargada, é traxo otros dos julios, y metió ella la clara de un huevo en un orinal, y allí le demostró cómo él estaba abrazado con otra que tenía una vestidura azul; y hecimosle matar la gallina y lingar el gallo con su estringa, y así le dimos á entender que la otra presto moriria, y que él quedaba ligado con ella, y no con la otra, y que presto vernia; y ansí se fué, y nosotros comimos una capirotada con mucho queso.

Auctor. A esa me quisiera yo hallar.

Ramp. Vení á casa, que tambien habrá para vos.

Auctor. Anda, puerco.

Ramp. Tanto es Pedro de Dios.

Auctor. ¿Que no te medre Dios?

Ramp. Venívos y veréis el gallo, que para otro dia lo tenemos.

Auctor. Pues sea ansí que me llameis, y yo pagaré el vino.

Ramp. Si hace saná presto; ¿no quereis vos hacer lo que hizo ella para su mal, que no cuesta sino dos ducados? que por su fatiga no queria ella nada, que todo sería un par de calzas para esta invernada; mirá, ya ha sanado en Velitre á un español de lo suyo, y al cabo de ocho dias se lo quiso hacer, y era persona que no perdiera nada, y porque andaban entónces por desposarnos á mí y á ella, porque cesase la peste, no lo hizo.

Auctor. ¡Anda, que eres bobo! que ya sé quien es y se lo hizo, y le dió un tabardo ó caparela para que se desposase; ella misma nos lo contó.

Ramp. Pues veis ahí ¿por qué lo sanó?

Auctor. Eso pudo ser por gracia de Dios.

Ramp. Señor, no, sino con su ungüento; son más de cuatro que la ruegan, y porque no sea lo de Faustina, que la tomó por muerta y la sanó, y despues no la quiso pagar y dixo que un voto que hizo la sanó; y dióle ella paga nunca más empacharse con romanescas.

Auctor. Ora andad en buen ora y encomendámela, y á la otra desvirga-viejos que soy todo suyo, y válaos Dios.

Ramp. No, que no caí.

Auctor. Teneos bien, que está peligrosa esa escalera; ¿caiste? válate el diablo.

Ramp. Agora sí que caí.

Auctor. ¿Hecistes os mal? poneos este paño de cabeza.

Ramp. Ansí me iré hasta casa que me ensalme.

Auctor. ¿Qué ensalmo te dirá?

Ramp. El del mal francorum.

Auctor. ¿Cómo dice?

Ramp. Eran tres cortesanas y tenian tres amigos pajes de Franquilano, la una lo tiene público y la otra muy callado, á la otra le vuelta con el lunario. Quien esta oracion dixere tres veces á rimano, cuando nace sea sano. *Amén.*

MAMOTRETO XVIII.

Prosigue el Autor tornando al décimosexto mamotreto, que viniendo de la Judería, dice.

Ramp. Si aquel jodío no se adelantára, esta gelosía se vende, y fuera buena para una ventana, y es gran reputacion tener gelosía.

Loz. ¿Y en qué veis que se vende?

Ramp. Porque tiene aquel ramico verde puesto, que aquí á los caballos ó á lo que quieren vender le ponen una hoja verde sobre las orejas.

Loz. Para eso mejor será poner el ramo sin la gelosía y venderémos mejor.

Ramp. ¿Mas ramo quereis que Trigo, que lo dirá por cuantas casas de señores hay en Roma?

Loz. Pues veis ahí, á vos quiero yo que seais mi gelosía, que yo no tengo de ponerme á la ventana, sino cuando muncho asomaré las manos; ¡oh qué lindas son aquellas dos mujeres! por mi vida, que son como matronas; no he visto en mi vida cosa más honrada ni más honesta.

Ramp. Son Romanas principales.

Loz. Pues ¿cómo van tan solas?

Ramp. Porque ansí lo usan; cuando van ellas fuera, unas á otras se acompañan, salvo cuando va una sola, que lleva una sierva, mas no hombres ni más mujeres, aunque sea la mejor de Roma; y mirá que van sesgas, y aunque vean á uno que conozcan no le hablan en la calle, sino que se apartan ellos y callan, y ellas no abaxan cabeza ni hacen mudanza aunque sea su padre ni su marido.

Loz. ¡Oh qué lindas que son! pasan á cuantas naciones yo he visto, y áun á Violante, la hermosa, en Córdoba.

Ramp. Por eso dicen bulto romano y cuerpo senés, andar florentin y parlar boloñés.

Loz. Por mi vida, que en esto tienen razon, esotro miraré despues; verdad es que las Senesas son gentiles de cuerpo, porque las he visto que sus cuerpos parecen torres iguales. Mirá allá cuál viene aquella vieja cargada de cuentas y más barbas que el Cid Ruy Diaz.

Vieja. ¡Ay mi alma, parece que os he visto y no sé dónde! ¿por qué habés mudado vestidos? no me recordaba; ya, ya, decíme, ¿y habeis os hecho puta? amargá de vos, que no lo podrés sufrir, que es gran trabajo.

Loz. Mirá que vieja raposa, por vuestro mal sacais el ajeno, puta vieja, simitarra, piltrofera, sóislo vos dende que nacistes, y pésaos porque no podeis; nunca yo medre si vos decís todas esas cuentas.

Viej. No lo digais, hija, que cada dia las paso siete á siete, con su gloria al cabo.

Loz. Ansí lo creo yo, que vos bebedardos sois; ¿por que no estais á servir á cualque hombre de bien, y no andaréis de casa en casa?

Viej. Hija, yo no querria servir donde hay mujer, que son terribles de comportar; quieren que hileis para ellas y que las acompañeis, y haz aquí y toma allí, y esto no está bueno, y ¿qué haceis con los mozos? comé presto y vení acá, enxaboná, y mirá no gasteis mucho xabon, xaboná estos perricos, y aunque xaboneis como una perla mal agradecido, y nada no está bien, y no miran si el hombre se vido en honra y tuvo quien la sirviese, sino que bien dixo quien dixo que no hay cosa tan incomportable ni tan fuerte como la mujer rica; ya cuando servis en casa de un hombre de bien, contento él y el canavario, contento todo el mundo, y todos os dicen: ama, hilais para vos, podeis ir á estaciones y á ver vuestros conocientes, que nadie vos dirá nada, y si tornais tarde, los mozos mismos os encubren, y tal casa de señor hay que os quedais vos dona y señora; y por eso me voy agora á buscar si hallase alguno, que le ternia limpio como un oro y miraria por su casa, y no querria sino que me tomase á salario, porque á discricion no hay quien la tenga, por mis pecados, y mirá, aunque soy vieja, só para revolver una casa.

Loz. Yo lo creo, y áun una cibdad, aunque fuese el Cairo ó Milan.

Viej. ¿Esta casa habés tomado? sea en buen punto con salud, mal ojo tiene, moza para Roma y vieja á Benavente, allá la espero.

Trig. Sobí, señora, en casa vuestra, veisla aderezada y pagada por seis meses.

Loz. Eso no quisiera yo, que ya no me puede ir bien en esta casa, que aquella puta vieja, santiguadera, se desperezó á la puerta, y dixo: afan, mal afan venga por ella, y yo, por dar una coz á un perro que estaba allí, no miré, y metí el pié izquierdo delante, y mirá qué nublo torné en entrando.

Jud. No cureis, que Aven-Ruiz y Aven-Rey serán en Israel, y por vuestra vida y de quien bien os quiere, porque só yo el uno, que iré y enviaré quien pague la casa y la cena; y vos, pariente, aparejáme esos dientes, no os desnudeis, sino estáos así, salvo el paño listado, que no lo rompais, y si alguno viniere, hacé vos como la de Castañeda, que el molino andando gana.

MAMOTRETO XIX.

Cómo, despues de ido Trigo, vino un Maestresala á estar la siesta con ella, y despues un Macero y el Balijero de Su Señoría.

Loz. Por mi vida que me meo toda, ántes que venga nadie.

Ramp. Hacé presto, que veis allí uno viene que yo lo conozco.

Loz. ¿Y quién es?

Ramp. Un Maestresala de secreto, hombre de bien, vuestros cinco julios no os pueden faltar.

Maestresala. Decí, mancebo, ¿está aquí una señora que es venida agora poco há?

Ramp. Señor, sí, mas está ocupada.

Maestr. Decilda que Trigo me mandó que viniese á hablalla.

Ramp. Señor, está en el lecho, que viene cansada, si quereis esperar, ella le hablará desde aquí.

Maestr. Andá, véola yo la mano, y está en el lecho, pues ahí la querria yo; decí que no la quite, que de oro es, y áun más preciosa; ¡oh, pese á tal con la puta, y qué linda debe ser! Si me ha entendido aquel harbadanzas, ducado le daré; ¿que dice esa señora? ¿quiere que muera aquí?

Ramp. Luégo, señor.

Maestr. Pues vení vos abaxo, mirá qué os digo.

Ramp. ¿Qué es lo que manda vuestra merced?

Maestr. Tomá, veis ahí para vos, y solicitá que me abra.

Ramp. Señor, sí; tirí, tiritaña, mirá para mí, ¿abriréle? que se enfria.

Loz. Asomaos allí primero, mirá qué dice.

Maestr. Hola, ¿es hora?

Ramp. Señor, sí; que espere vuestra merced, que quiere ir fuera, y ahí la hablará.

Maestr. No, pese á tal, que me echais á perder, sino ahí, en casa, que luégo me salgo.

Ramp. Pues venga vuestra excelencia.

Maestr. Beso las manos de vuestra merced, mi señora.

Loz. Yo las de vuestra merced, que deseo me quita de un mi hermano.

Maestr. Señora, para serviros más que hermano; ¿qué le parece á vuestra merced de aquesta tierra?

Loz. Señor, diré: como forastera, la tierra que me sé por madre me la hé, cierto es que hasta que vea, ¿porque no le tomaré amor?

Maestr. Señora, vos sois tal y haréis tales obras, que no por hija, mas por madre quedaréis desta tierra; vení acá, mancebo, por vuestra vida, que me vais á saber qué hora es.

Loz. Señor, ha de ir comigo á comprar ciertas cosas para casa.

Maestr. Pues sea desta manera: tomá, hermano, veis ahí un ducado, id vos solo, que hombre sois para todo, que esta señora no es razon que vaya fuera á estas horas, y vení presto, que quiero que vais comigo para que traigais á esta señora cierta cosa que le placerá.

Ramp. Señor, sí.

Maestr. Señora, por mi fe, que tengo de ser vuestro, y vos mia.

Loz. Señor, merecimiento teneis para todo, yo, señor, vengo cansada: ¿y vuestra merced se desnuda?

Maestr. Señora, puédolo hacer, que parte tengo en la cama, que dos ducados dí á Trigo para pagalla, y más agora, que soy vuestro yo y cuanto tengo.

Loz. Señor, dixo el ciego que deseaba ver.

Maestr. Esta cadenica sea vuestra, que me parece os dirá bien.

Loz. Señor, vos estos corales al brazo, por mi amor.

Maestr. Éstos pondré yo en mi corazon, y quede con Dios, y cuando venga su criado vaya á mi estancia, que bien la sabe.

Loz. Sí hará.

Maestr. Este beso sea para empresa.

Loz. Empresa con rescate de amor fiel que vuestra presencia me ha dado, seré siempre leal á conservarlo; ¿venis calcotejo? sobí; ¿qué traés?

Ramp. El espejo que os dexastes en casa de mi madre.

Loz. Mostrá, bien habeis hecho; ¿no me mirais la cadenica?

Ramp. Buena, por mi vida, hi, hi, hi, qu'es oro, veis aquí dó vienen dos.

Loz. Mirá quién son.

Ramp. El uno conozco, que lleva la maza de oro y es persona de bien.

Macero. A vos, hermano, ¡hola! ¿mora aquí una señora que se llama la Lozana?

Ramp. Señor, sí.

Mac. Pues decilda que venimos á hablalla, que somos de su tierra.

Ramp. Señores, dice que no tiene tierra, que ha sido criada por tierras ajenas.

Mac. Juro á tal, que ha dicho bien, que el hombre donde nasce y la mujer donde va. Decí á su merced que la deseamos ver.

Ramp. Señores, dice que otro dia la veréis que haga claro.

Mac. Voto á san, que tiene razon; mas no tan claro como ella lo dice. Decí á su señoría que son dos caballeros que la desean servir.

Ramp. Dice que no podeis servir á dos señores.

Mac. Voto á mí, que es letrada; pues decilde á esa señora que nos mande abrir, que somos suyos.

Ramp. Señores, que esperen un poco que está ocupada.

Mac. Pues vení vos abaxo.

Ramp. Que me place.

Mac. ¿Quién está con esa señora?

Ramp. Ella sola.

Mac. ¿Y qué hace?

Ramp. Está llorando.

Mac. ¿Por qué, por tu vida, hermano?

Ramp. Es venida agora y ha de pagar la casa y demándanle luégo el dinero, y ha de comprar baratijas para la casa, y no se halla con mill ducados.

Mac. Pues tomá vos la mancha y rogá que nos abra, que yo le daré para que pague la casa, y este señor le dará para el resto; andad, sed buen truxamante.

Ramp. Señor, sí, luégo torno. Señora, mirá qué me dió.

Loz. ¿Qué es eso?

Ramp. La mancha y dará para la casa; ¿quereis que abra?

Loz. Asomaos y decí que éntre.

Ramp. Pues mojaos los ojos, que les dixe que llorábades.

Loz. Sí haré.

Ramp. Señores, si les place entrar.

Mac. ¡Oh cuerpo de mí! no deseamos otra cosa. Besamos las manos de vuestra merced.

Loz. Señores, yo las vuestras; siéntense aquí sobre este cofre, que como mi ropa viene por mar y no es llegada, estoy encogida, que nunca en tal me vi.

Mac. Señora, vos en medio, porque sea del todo en vos la virtud, que la lindeza ya la tenés.

Loz. Señor, yo no soy hermosa, mas así me quieren en mi casa.

Mac. Yo no lo digo por eso, que lo sois, voto á mí pecador; señora, esta tierra tiene una condicion, que quien toma placer poco ó asaz, vive muncho, y por el contrario; así que quiero decir que lo que se debe este señor y yo lo pagarémos, y tomá vos placer, y aunque sea descortesía con licencia y seguridad me perdonará.

Loz. ¿Así lo hacés? más vale ese beso que la medalla que traés en la gorra.

Mac. Por mi vida, señora, ¿súpoos bien?

Loz. Señor, es beso de caballero, y no podia ser sino sabroso.

Mac. Pues, señora, servíos de la medalla y de la gorra, por mi amor, y por vida de vuestra merced, que os dicen bien, no en balde os decís la Lozana, que todo os está bien; señora, dad licencia á vuestro criado que se vaya con este señor, mi amo, y me enviará otra con que me vaya.

Loz. Vuestra merced puede mandar como de suyo, vaya donde mandáre.

Balijero. Señora, ¿manda vuestra merced que venga con mi balija?

Loz. Señor, segun la balija.

Balij. Señora, llena, y verné á la noche.

Loz. Señor, vení, que antorcha hay para que os vais.

Balij. Beso las manos de vuestra merced; vení vos, hermano, que lo manda su merced.

Ramp. Sí haré; comience á caminar.

Balij. Decime, hermano, ¿esta señora tiene ninguno que haga por ella?

Ramp. Señor, no.

Balij. Pues ¿quién la traxo?

Ramp. Viene á pleitear ciertos dineros que la deben.

Balij. Si ansí es, bien es; tomá y llevalde esta gorra de grana á aquel caballero, y decí á la señora que cene esto por amor de mí, que sé que le sabrán bien, que son empanadas.

Ramp. Señor, sí; más estimará esto que si fuera otra cosa, porque es gran comedora de pescado.

Balij. Por eso mejor, que yo enviaré el vino, y será de lo que bebe su señoría.

Ramp. Señor, sí.

Mac. Señora, á la puerta llaman.

Loz. Señor, mi criado es.

Mac. Pues esperá; entra y cierra.

Ramp. Señor, sí.

Mac. Señora, yo me parto, aunque no quisiera.

Loz. Señor, acá queda metido en mi ánima. Hadraga, ¿qué traeis?

Ramp. Maravillas, voto á mí, y mirá que gato soriano que hallé en el camino, si podia ser más bello.

Loz. ¿Parece que es hembra?

Ramp. No es, sino que está castrado.

Loz. ¿Y cómo lo tomaste?

Ramp. Eché la capa, y él estuvo quedo.

Loz. Pues hacé vos ansí siempre, que hinchirémos la casa á tuerto y á derecho, eso me place, que sois hombre de la vida, y no venis vacío á casa; mirá quién llama, y si es el de la balija, que éntre, y vos dormiréis arriba, sobre el axuar de la frontera.

Ramp. No cureis, que á todo me hallaréis, salvo á poco pan.

Loz. Vuestra merced sea el bien venido, como agua por mayo.

Balij. Señora, ¿habeis cenado?

Loz. Señor, sí; todas dos empanadas que me envió vuestra merced comí.

Balij. Pues yo me querria entrar, si vuestra merced manda.

Loz. Señor, y áun salir cuando quisiere; daca el agua-piés, muda aquellas sábanas, toma esa cabellera, dale el escofia, descalza á su merced, sírvelo, que lo merece, porque te dé la bienandada.

Ramp. Sí, sí, dexá hacer á mí.

MAMOTRETO XX.

Las preguntas que hizo la Lozana aquella noche al Balijero, y cómo la informó de lo que sabía.

Loz. Mi señor, ¿dormís?

Balijero. Señora, no; que pienso que estoy en aquel mundo donde no ternemos necesidad de dormir, ni de comer, ni de vestir, sino estar en gloria.

Loz. Por vida de vuestra merced, que me diga qué vida tienen en esta tierra las mujeres amancebadas.

Balij. Señora, en esta tierra no se habla de amancebadas ni de abarraganadas, aquí son cortesanas ricas y pobres.

Loz. ¿Qué quiere decir cortesanas ricas y pobres? ¿putas del partido ó mundanas?

Balij. Todas son putas, esa diferencia no os sabré decir, salvo que hay putas de natura, y putas usadas, de puerta cerrada, y putas de gelosía, y putas de empanada.

Loz. Señor, si lo supiera no comiera las empanadas que me enviastes, por no ser de empanada.

Balij. No se dice por eso, sino porque tienen encerados á las ventanas, y es de más reputacion; hay otras que ponen tapetes y están más altas, éstas muéstranse todas, y son más festejadas de galanes.

Loz. Quizá no hay mujer en Roma que sea estada más festejada que yo, y querria saber el modo y manera que tienen en esta tierra para saber escoger lo mejor, y vivir más honesto que pudiese con lo mio, que no hay tal ave como la que dicen: ave del tuyo, y quien le hace la jaula fuerte, no se le va ni se pierde.

Balij. Pues dexáme acabar, que quizá en Roma no podríades encontrar con hombre que mejor sepa el modo de cuantas putas hay, con manta ó sin manta. Mirá, hay putas graciosas más que hermosas, y putas que son putas ántes que mochachas, hay putas apasionadas, putas estregadas, afeitadas, putas esclarecidas, putas reputadas, reprobadas, hay putas mozaraves de Zocodover, putas carcavesas; hay putas de cabo de ronda, putas ursinas, putas güelfas, gibelinas, putas injuinas, putas de rapalo zapaynas, hay putas de simiente, putas de boton griñimon, noturnas, diurnas, putas de cintura y de marca mayor, hay putas orilladas, bigarradas, putas combatidas, vencidas y no acabadas, putas devotas y reprochadas de Oriente á Poniente y Setentrion, putas convertidas, repentidas, putas viejas, lavanderas porfiadas, que siempre han quince años como Elena, putas meridianas, ocidentales, putas maxcaras enmaxcaradas, putas trincadas, putas calladas, putas ántes de su madre y despues de su tia, putas desubientes é descendientes, putas con virgo, putas sin virgo, putas el dia del domingo, putas que guardan el sábado hasta que han enxabonado, putas feriales, putas á la candela, putas reformadas, putas xaqueadas, travestidas, formadas, estrionas de Tesalia, putas avispadas, putas terceronas, aseadas, apuradas, gloriosas, putas buenas y putas malas, y malas putas; putas enteresales, putas secretas y públicas, putas jubiladas, putas casadas, reputadas, putas beatas, y beatas putas, putas mozas, putas viejas, y viejas putas de trintin y botin, putas alcagüetas, y alcagüetas putas, putas modernas, machuchas, inmortales, y otras que se retraen á buen vivir, en burdeles secretos, y publiques honestos, que tornan de principio á su menester.

Loz. Señor, esas putas reiteradas me parecen.

Balij. Señora, ¿y latin sabeis? reitero reiteras, por tornároslo á hacer otra vez.

Loz. Razon tiene vuestra merced, que agora dió las siete.

Balij. Tené punto, señora, que con ésta serán ocho, que yo tornaré al tema do quedamos.

Loz. Decíme, señor, ¿hay casadas que sean buenas?

Balij. Quien sí, quien nó; y ése es bocado caro, y sabroso, y costoso, y peligroso.

Loz. Verdad es que todo lo que se hace á hurtadillas sabe mejor.

Balij. Mirá, señora, habeis de notar que en esta tierra á todas sabe bien, y á nadie no amarga, y es tanta la libertad que tienen las mujeres, que ellas los buscan y llaman, porque se les rompió el velo de la honestidad, de manera que son putas y rufianas.

Loz. ¿Y qué quiere decir rufianas, rameras, ó cosa que lo valga?

Balij. Alcagüetas, si no lo habeis por enojo.

Loz. ¡Cómo! ¿que no hay alcahuetas en esta tierra?

Balij. Si hay, mas ellas mismas se lo son las que no tienen madre ó tia, ó amiga muy amiga, ó que no alcanzan para pagar las rufianas, porque las que lo son son muy taimadas, y no se contentan con comer y la parte de lo que hacen haber, sino que quieren el todo y ser ellas cabalgadas primero.

Loz. Eso del todo no entiendo.

Balij. Yo diré: si les dan un ducado que les lleven á las que se han de echar con ellos, dicen las rufianas: el medio es para mí por su parte dél, ¿y vos no me habeis de pagar, que os he habido un hombre de bien, de quien podeis vos sacar cuanto quisiéredes? amiga, yo no quiero avergonzar mis canas sin premio, y como os lo he habido para vos, si yo lo llevára á una que siempre me añade, en mi seso estaba yo; cuándo no me queria empachar con pobres, ésta y nunca más. De manera que, como pueden ellas á los principios impedir, han paciencia las pobretas, y se excusan el posible si pueden hacer sin ellas.

Loz. Señor, mirá, para mujer, muy mejor es por mano de otrie que de otra manera, porque pierde la vergüenza, y da más autoridad que cuantas empanadas hay, ó enceradas, como vos decís.

Balij. Señora, no os enojeis; que sean emplumadas cuantas hay por vuestro servicio, y quien desea tal oficio.

MAMOTRETO XXI.

Otra pregunta que hace la Lozana al Balijero cuando se levanta.

Loz. Decíme, señor, esas putas, ó cortesanas, ó como las llamais, ¿son todas desta tierra?

Balij. Señora, no, hay de todas naciones; hay españolas castellanas, vizcaínas, montañesas, galicianas, asturianas, toledanas, andaluzas, granadinas, portuguesas, navarras, catalanas y valencianas, aragonesas, mallorquinas, sardas, corsas, sicilianas, napolitanas, brucesas, pullesas, calabresas, romanescas, aquilanas, senesas, florentinas, pisanas, luquesas, boloñesas, venecianas, milanesas, lombardas, ferraresas, modonesas, brecianas, mantuanas, raveñanas, pesauranas, urbinesas, paduanas, veronesas, vicentinas, perusinas, novaresas, cremonesas, alexandrinas, vercelesas, bergamascas, trevijanas, piedemontesas, saboyanas, provenzanas, bretonas, gasconas, francesas, borgoñonas, inglesas, flamencas, tudescas, esclavonas y albanesas, candiotas, bohemias, húngaras, polacas, tramontanas y griegas.

Loz. Ginovesas os olvidais.

Balij. Ésas, señora, sonlo en su tierra, que aquí son esclavas, ó vestidas á la ginovesa por cualque respeto.

Loz. ¿Y malaguesas?

Balij. Todas son maliñas y de mala digestion.

Loz. Dígame, señor, ¿y todas estas cómo viven, y de qué?

Balij. Yo os diré, señora, tienen sus modos y maneras, que sacan á cada uno lo dulce y lo amargo, las que son ricas no les falta que expender y que guardar, y las medianas tienen uno á posta que mantiene la tela, y otras que tienen dos, el uno paga, y el otro no escota; y quien tiene tres, el uno paga la casa, y el otro la viste, y el otro hace la despensa, y ella labra, y hay otras que no tienen sino dia é vito, y otras que lo ganan á heñir, y otras que comen y escotan, y otras que les parece que el tiempo pasado fué mejor, hay entre ellas quien tiene seso y quien no lo tiene, y saben guardar lo que tienen, y éstas son las que van entre las que son ricas, y otras que guardan tanto, que hacen ricos á munchos, y quien poco tiene hace largo testamento; y por abreviar, cuando vaya al campo final dando su postremería al arte militario, por pelear y tirar á terrero, y otras que á la vejez viven á Ripa, y esto causan tres extremos que toman cuando son novicias, y es que no quieren casa si no es grande é pintada de fuera, y como vienen luégo se mudan los nombres con cognombres altivos y de gran sonido, como son: la Esquivela, la Cesarina, la Imperia, la Delfina, la Flaminia, la Borbona, la Lutreca, la Franquilana, la Pantasilea, la Mayorana, la Tabordana, la Pandolfa, la Dorotea, la Orificia, la Oropesa, la Semidama, y doña Tal, y doña Adriana, y así discurren, mostrando por sus apellidos el precio de su labor; la tercera que por no ser sin reputa, no abre en público á los que tienen por oficio andar á pié.

Loz. Señor, aunque el decidor sea necio, el escuchador sea cuerdo, ¿todas tienen sus amigos de su nacion?

Balij. Señora, al principio y al medio cada una le toma como le viene; al último frances, porque no las dexa hasta la muerte.

Loz. ¿Qué quiere decir que vienen tantas á ser putas en Roma?

Balij. Vienen al sabor y al olor; de Alemania son traidas, y de Francia son venidas, las dueñas de España vienen en romeaje, y de Italia vienen con carruaje.

Loz. ¿Cuáles son las más buenas de bondad?

Balij. ¡Oh! las españolas son las mejores y las más perfectas.

Loz. Ansí lo creo yo, que no hay en el mundo tal mujeriego.

Balij. Cuanto son allá de buenas son acá de mejores.

Loz. ¿Habrá diez españolas en toda Roma que sean malas de su cuerpo?

Balij. Señora, catorce mill buenas, que han pagado pontaje en el golfo de Leon.

Loz. ¿A qué vinieron?

Balij. Por hombres para conserva.

Loz. ¿Con quién vinieron?

Balij. Con sus madres y parientas.

Loz. ¿Dónde están?

Balij. En Campo Santo.

MAMOTRETO XXII.

Cómo se despide el Balijero y desciende su criado, y duermen hasta que vino Trigo.

Balij. Mi vida, dame licencia.

Loz. Mi señor, no me lo mandeis, que no quiero que de mí se parta tal contenteza.

Balij. Señora, es tarde, y mi oficio causa que me parta y quede aquí sempiterno servidor de vuestro merecimiento.

Loz. Por mi amor, que salga pasico y cierre la puerta.

Balij. Sí haré, y besaros de buena gana.

Loz. Soy suya.

Balij. Mirá, hermano, abríme y guardá bien vuestra ama, que duerme.

Ramp. Señor, sí, andá nora buena.

Loz. A tu tia esa campona.

Ramp. ¿Haos pagado?

Loz. ¿Y pues? Siete buenas y dos alevosas, con que me gané estas axorcas.

Ramp. Bueno si durase.

Loz. Mirá, dolorido, que de aquí adelante que sé cómo se baten las calderas, no quiero de noche que ninguno duerma conmigo sino vos, y de dia comer de todo, y desta manera engordaré, y vos procurá de arcarme la lana si quereis que texa cintas de cuero; andá, entrá y empleá vuestra garrocha, entrá en coso, que yo os veo que venís como estudiante que durmió en duro, que contaba las estrellas.

Ramp. ¿Y vos qué pareceis?

Loz. Dilo tú por mi vida.

Ramp. Pareceis barqueta sobre las ondas con mal tiempo.

Loz. A la par á la par lleguemos á Xodar, duérmete y callemos, que sendas nos tenemos. Parece que siento la puerta, ¿quién será?

Ramp. Trigo es, por vida del Dio.

Loz. Andá, abrilde.

Trig. ¿Cómo os va, señora? que yo mi parte tengo del trabajo.

Ramp. No cureis, que de aquí á poco no os habrémos menester, que ya sabe ella más que todos.

Trig. Por el Dio, que un fraile me prometió de venilla á ver, y es procurador del convento, y sale de noche con cabellera, y mirá que os proveerá á la mañana de pan é vino y á la noche de carne y de las otras cosas; todo lo toma á tarja, y no le cuesta sino que vos vais al horno y al regaton y al carnicero, y así de las otras cosas, salvo de la fruta.

Loz. No cureis, haceldo vos venir, que aquí le sabrémos dar la manera, fraile ó qué, venga que mejor á él que á Salomon enfrenaré, pues de ésos me echá vos por las manos, que no hay cosa tan sabrosa como comer de limosna.

Trig. Señora, yo os he hallado una casa de una señora rica, que es estada cortesana, y agora no tiene sino dos señores que la tienen á su posta, y es servida de esclavas como una reina, que está parida, y busca una compañía que la gobierne su casa.

Loz. ¿Y dónde mora?

Trig. Allá detras de Bancos; si is allá esta tarde, mirá que es una casa nueva pintada y dos gelosías y tres encerados.

Loz. Sí haré, por conocer y experimentar, y tambien por comer á expensas de otrie, que, como dicen, ¿quién te enriqueció? quien te gobernó.

Trig. Mirá que está parida y no os dexará venir á dormir á casa.

Loz. No me curo, que Tragamalla dormirá aquí y tomarémos una casa más cerca.

Trig. ¿Para qué, si ella os da casa y lecho y lo que habeis de menester?

Loz. Andá, que todavía mi casa y mi hogar cien ducados val. Mi casa será como faltriquera de vieja, para poner lo mal alzado y lo que se pega.

Trig. Con vos me entierren, que sabeis de cuenta; vé dó vas, y como vieres ansí haz, y como sonaren ansí bailarás.

———

MAMOTRETO XXIII.

Cómo fué la Lozana en casa desta cortesana, y halló allí á un canónigo, su mayordomo, que la empreñó.

Loz. Paz sea en esta casa.

Esclava. ¿Quién está ahí?

Loz. Gente de paz, que viene á hurtar.

Escl. Señora, ¿quién sois? para que lo diga á mi ama.

Loz. Decí á su merced que está aquí una española, á la cual le han dicho que su merced está mala de la madre, y le daré remedio si su merced manda.

Escl. Señora, allí está una gentil mujer, que dice no sé qué de vuestra madre.

Cortesana. ¿De mi madre? vieja debe ser, porque mi madre murió de mi parto; ¿y quién viene con ella?

Escl. Señora, un mozuelo.

Cort. ¡Ay Dios! ¿quién será? Canónigo, por vuestra vida que os asomeis y veais quién es.

Canónigo. Cuerpo de mí, es más habile, á mi ver, que Santa Nefixa, la que daba su cuerpo por limosna.

Cort. ¿Qué decis? ésa no se debia morir. Andá, mirá si es ella que habrá resucitado.

Canón. Mándela vuestra merced subir, que poco le falta.

Cort. Suba; va tú, Penda, que esta Marfuza no sabe decir ni hacer embaxada.

Escl. Xeñora llamar.

Loz. ¡Oh qué linda tez de negra! ¿Cómo llamar tú? ¿Comba?

Escl. No, llamar Penda de xeñora.

Loz. Yo dar á tí cosa bona.

Escl. Xeñora, xí; venir, venir, xeñora decir venir.

Loz. Beso las manos de mi señora.

Cort. Seais la bien venida, daca aquí una silla, pónsela, que se siente. Decidme, señora, ¿conocisteis vos á mi madre?

Loz. Mi señora, no, conocerla he yo para servir y honrar.

Cort. Pues ¿qué me enviastes á decir que me queríades dar nuevas de mi madre?

Loz. ¿Yo, señora? corruta estaria la letra, no sería yo.

Cort. Aquella Marfuza me lo ha dicho agora.

Loz. Yo, señora, no dixe sino que me habian dicho que vuestra merced estaba doliente de la madre y que yo le daria remedio.

Cort. No entienden lo que les dicen; no curés, que el canónigo tiene la culpa, que no quiere hacer á mi modo.

Canón. ¿Qué quiere que haga? que há veinte dias que soy estado para cortarme lo mio tanto me duele cuando orino, y segun dice el médico, tengo que lamer todo este año, y á la fin creo que me lo cortarán, ¿piensa vuestra merced que se me pasarian sin castigo ni ella ni mi criado que jamas torna do va? ya lo he dicho á vuestra merced, que busque una persona que mire por casa, pues que ni vuestra merced ni yo podemos, que cuando duele la cabeza todos los miembros están sensibles, y vuestra merced se confie en aquel judío de Trigo, y mire cómo tornó con sí ó con no.

Loz. Señor, lo que Trigo prometió yo no lo sé, mas sé que me dixo que viniese acá.

Canón. ¡Oh, señora! ¿y sois vos la señora Lozana?

Loz. Señor, sí, á su servicio y por su bien y mejoría.

Canón. ¿Cómo, señora? seríaos esclavo.

Loz. Mi señor, prometéme de no dallo en manos de médicos, y dexá hacer á mí, que es miembro que quiere halagos y caricias, y no crueldad de médico cobdicioso y bien vestido.

Canón. Señora, desde agora lo pongo en vuestras manos, que hagais vos lo que, señora, mandáredes, que él y yo os obedecerémos.

Loz. Señor, hacé que lo tengais limpio, y untaldo con pupulion, que de aquí á cinco dias no ternéis nada.

Canón. Por cierto que yo os quedo obligado.

Cort. Señora, y á mí, para la madre, ¿qué remedio me dais?

Loz. Señora, es menester saber de qué y cuándo os vino este dolor de la madre.

Cort. Señora, como parí, la madre me anda por el cuerpo como sierpe.

Loz. Señora, sahumaos por abaxo con lana de cabron, y si fuese de frio ó que quiere hombre, ponelle un cerote sobre el ombligo de galbano y armoniaco, y encienso, y simiente de ruda en una poca de grana, y esto la hace venir á su lugar, y echar por abaxo y por la boca toda la ventosidad, y mire vuestra merced que dicen los hombres y los médicos, que no saben de qué procede aquel dolor ó alteracion, metelle el padre; y peor es que, si no sale aquel viento ó frio que está en ella, más mal hacen hurgándola, y con este cerote sana, y no nuez moscada y vino, que es peor, y lo mejor es una cabeza de ajos asada y comida.

Cort. Señora, vos no os habeis de partir de aquí, y quiero que todos os obedezcan y mireis por mi casa y seais señora della, y á mi tabla, y á mi bien, y á mi mal, quiero que os halleis.

Loz. Beso las manos por las mercedes que me hará y espero.

MAMOTRETO XXIV.

Cómo comenzó á conversar con todos, y como el Auctor la conoció por intercesion de un su compañero, que era criado de un embaxador milanés, al cual ella sirvió la primera vez con una moza no vírgen, sino apretada. Aquí comienza la parte segunda.

Silvio. Quien me tuviera agora que aquella mujer que va muy cubierta no le dijera cualque remoquete por ver qué me respondiera, y supiera quién es, ¡voto á mí que es andaluza! en el andar y meneo se conoce; ¡oh qué pierna! en vella se me desperezó la complision, por vida del Rey, que no está vírgen; ¡ay qué meneos que tiene! ¡qué voltar acá! siempre que me vienen estos lances vengo solo, ella se pára allí con aquella pastelera, quiero ir á ver cómo habla y qué compra.

Auctor. ¡Hola! ¿acá? ¿acá? ¿qué haceis? ¿dó is?

Silv. Quiero ir allí á ver quién es aquella que entró allí, que tiene buen aire de mujer.

Auctor. ¡Oh qué reñegar tan donoso! ¡por vida de tu amo, di la verdad!

Compañero. Hi, hi, diré yo como de la otra, que las piedras la conocian.

Auctor. ¿Dónde está? ¿qué trato tiene? ¿es casada ó soltera? pues á vos quiero yo para que me lo digais.

Comp. Pese al mundo con estos santos, sin aviso pasa cada dia por casa de su amo, y mirá qué regatear que tiene, y porfia que no la conoce. Miralda bien, que á todos da remedio de cualquier enfermedad que sea.

Auctor. Eso es bueno, decíme quién es y no me hableis por circunloquios, sino decíme una palabra redonda, como razon de malcochero; dímelo, por vida de la Corceta.

Comp. Só contento, ésta es la Lozana, que está preñada de aquel canónigo que ella sanó de lo suyo.

Auctor. ¿Sanólo para que la empreñase? tuvo razon; decíme, ¿es cortesana?

Comp. No; sino que tiene ésta la mejor vida de mujer que sea en Roma. Esta Lozana es sagaz, y bien mira todo lo que pasan las mujeres en esta tierra, que son sujetas á tres cosas, á la pinsion de la casa, y á la gola, y al mal que despues les viene de Nápoles, por tanto se ayudan cuando pueden con ingenio, y por esto quiere ésta ser libre, y no era venida cuando sabía toda Roma y cada cosa por extenso, sacaba dechados de cada mujer y hombre, y queria saber su vivir, y cómo y en qué manera. De modo que agora se va por casas de cortesanas, y tiene tal labia, que sabe quién es el tal que viene allí, y cada uno nombra por su nombre, y no hay señor que no desee echarse con ella por una vez, y ella tiene su casa por sí, y cuanto le dan lo envia á su casa con un mozo que tiene, y siempre se le pega á él y á ella lo mal alzado, de modo que se saben remediar, y ésta hace embaxadas, y mete de su casa muncho almacen, y sábele dar la maña, y siempre es llamada señora Lozana, y á todos responde, y á todos promete y certifica, y hace que tengan esperanza aunque no la haya. Pero tiene esto que quiere ser ella primero referendada, y no perdona su interes á ninguno, y si no queda contenta, luégo los moteja de míseros y bien criados, y todo lo echa en burlas; desta manera saca ella más tributo que el capitan de la Torre Sabela. Veisla allí que parece que le hacen mal los asentaderos, que toda se está meneando, y el ojo acá, y si me ve luégo me conocerá, porque sabe que sé yo lo que pasó con mi amo el otro dia, que una mochacha le llevó, cinco ducados se ganó ésta, y más le dió la mochacha de otros seis, porque veinte le dió mi amo, y como no tiene madre, que es novicia, ella le sacaria las coradas, quelo sabe hacer, y no perdona servicio que haga, y no le queda por corta ni por mal echada, y guay de la puta que le cae en desgracia, que más le valdria no ser nacida, porque dexó el frenillo de la lengua en el vientre de su madre, y si no la contentasen diria peor dellas que de carne de puerco, y si la toman por bien, beata la que la sabe contentar, va diciendo á todos qué ropa es de baxo paños salvo que es boba, y no sabe. Condicion tiene de ángel, y el tal señor la tuvo dos meses en una cámara, y dice, por más encarecer, señor, sobre mí si ella lo quiere hacer, que apretés con ella, y á mí tambien lo habeis de hacer, que de tal encarnadura so, que si no me lo hacen muerta so, que há tres meses que no sé qué cosa es, mas con vos quiero romper la jura, y con estas chufletas gana; la mayor embaidera es que nació, pues pensaréis que come mal, siempre come asturion ó cualque cosa, come lo mejor, mas tambien llama quien ella sabe que lo pagará más de lo que vale, llegaos á ella, y yo haré que no la conozco, y ella veréis que conocerá á vos y á mí, y veréis cómo no miento en lo que digo.

Auctor. De vuestras camisas ó pasteles nos mostrá, señora, y máxime si son de mano desa hermosa.

Loz. Por mi vida, que tiene vuestra merced lindos ojos, y esotro señor me parece conocer, y no sé dó lo vi; ya, ya, por mi vida, que lo conozco, ¡ay señora Silvana! por vida de vuestros hijos que lo conozco, está con un mi señor milanés; pues decí á vuestro amo que me ha de ser compadre cuando me empreñe.

Auctor. Cuanto más si lo estáis, señora.

Loz. ¡Ay, señor! no lo digais, que soy más casta que es menester.

Auctor. Andá, señora, crecé y multiplicá, que lleveis algo del mundo.

Loz. Señor, no hallo quien diga, ¿qué tienes ahí?

Auctor. Pues, voto á mí, que no se os parece.

Loz. Mas ántes sí, que ansí goceis de vos, qué engordo sin verde.

Auctor. Cada dia sería verde si por ahí tirais; señora, suplícole me diga si es ésta su posada.

Loz. Señor, no, sino que soy venida aquí, que su nuera desta señora está de parto, y querria hacer que como eche las pares me las vendan, para poner aquí á la vellutera y dalle ha cualque cosa para ayuda á criar la criatura, y la otra tiene una niña del hospital, y darémosle á ganar de su amigo cien ducados, y por otra parte ganará más de trescientos, porque ha de decir que es de un gran señor que no desea otro sino hijos, y á esta señora le parece cosa extraña y no lo es; dígaselo vuestra merced por amor de mí, y rueguéselo, que yo voy arriba.

Auctor. Señora, en vuestra casa podeis hacer lo que mandáredes, mas á mí mal me parece, y mirá lo que haceis, que esta mujer no os engañe á vos y á vuestra nuera, porque, ni de puta buena amiga, ni de estopa buena camisa, notad la puta cómo es criada y la estopa cómo es hilada. Digo esto porque como me lo ha dicho á mí lo dirá á otrie.

Pastelera. Señor, miráme por la botica, que luégo abaxo.

Compañero. ¿Qué te parece? ¿mentia yo? por el cuerpo de sant que no es ésta la primera que ella hace, válgala y qué trato trae con las manos, paresce que cuanto dice es ansí como ella lo dice, en mi vida espero ver otra símile, mirá, ¿qué hará de sus pares ella cuándo parirá? Ésta es la que dió la posta á los otros que tomasen al puente á la Bonica, y mirá qué treinton le dieron porque no quiso abrir á quien se lo dió, y fué que cuando se lo dieron, el postrero fué negro, y dos ducados le dieron para que se medicase, y á ésta más de diez.

Auctor. ¡Oh gran mala mujer! ¿cómo no la azotan?

Comp. Callá, que deciende; señora, ¿pues qué llevais?

Loz. Señor, que quiero ir á aquella señora para que esté todo en órden, que la misma partera me las traerá.

Auctor. A ella y á vos habian de encorozar; señora, ¿qué haré para que mi amiga me quiera bien?

Loz. Señor, comed de la salvia con vuestra amiga.

Comp. Señora, ¿y yo que muero por vos?

Loz. Eso sin salvia se puede hacer, no me den vuestras mercedes empacho agora, que para eso tiempo hay, y casa tengo, que no lo tengo de hacer aquí en la calle.

Comp. Señora, no; mire vuestra merced qué se le cae.

Loz. Ya, ya, faxadores son para xabonar.

Auctor. Voto á Dios, que son de man llena para xabonar; no es nacida su par, mal año para caballo ligero, que tal sacomano sea; ésta comprará oficio en Roma, que beneficio ya me parece que lo tiene curado, pues no tiene chimenea, ni tiene de poner antojos.

Comp. Cómo va hacendosa, lo que saca ella deste engaño le sacaria yo si la pudiese conducir á que se echase comigo, que ésta dará lo que tiene á un buen rufian, que fuese cordobés taimado.

Auctor. Callemos, que torna á salir, ¿qué mejor rufian que ella si por cordobés lo haceis? Por vida suya, que tambien se dixo ese refran por ellas como por ellos, sino miraldo si se sabe dar la manera en Alcalá ó en Guete; ¿qué es aquello que trae? demandémoselo, ¿qué priesa es ésa, señora?

Loz. Señores, como no saben en esta tierra no proveen en lo necesario, y quieren hacer la cosa y no le saben dar la maña, la parida no tiene pezones, como no parió jamas, y es menester ponelle, para que le salgan, este perrico, y negociar por amor del padre, y despues, como no tiene pezones, le pagarémos.

Auctor. Vuestra merced es el todo, á lo que vemos; mirá, señora, que esta tierra prueba los recien venidos, no os amaleis, que os cerrarán cuarenta dias.

Loz. Señor, de lo que no habeis de comer dexaldo cocer.

Auctor. Y áun quemar.

Silv. ¿Eso me decis? con poco más me moriré, mas vuestra merced no será de aquellas que prometen y no atienden.

Loz. Dexáme pasar, por mi vida, que tengo que hacer, porque es menester que sea yo la madre de la parida, y la botillera y lo demas, porque viene la más linda y favorecida cortesana que hay en Roma por madrina, y más viene por contentarme á mí que por otra cosa, que soy yo la caxa de sus secretos; y vienen dos banqueros por padrinos, y sólo por vella no os partais, que ya vienen, veisla; pues, ¿de la fruta no tenemos? una mesa con presutos cochos y sobreasadas, con capones y dos pavones y un faisan, y asarnas y mil cosas; mirad si viesedes á mi criado, que es ido á casa y díxele que truxese dos coxines vacíos para llevar faxadores, y paños para dar á lavar, por meter entre medias de lo mejor, y no viene.

Auctor. ¿Es aquel que viene con el otro Sietecoñicos?

Loz. Sí, por mi vida, y su pandero trae. Mill cantares nos dirá el bellaco, y ¿no mirais? anillos y todo ¡muéranse los barberos!

Sietecoñicos. Mueran por cierto, que muy quexoso vengo de vuestro criado, que no me quiso dar tanticas de blanduras.

Loz. Anda, que bueno vienes, borracho, alcohol y todo, no te lo sopiste poner, calla que yo te lo adobaré, si te miras á un espejo, verás la una ceja más ancha que la otra.

Sietec. Mira qué norabuena, algun ciego me querria ver.

Loz. Anda, que pareces á Francisca la Fajarda, entra, que has de cantar aquel cantar que dixiste cuando fuimos á la viña á cenar, la noche de marras.

Sietec. ¿Cuál? ¿Vayondina?

Loz. Sí, y el otro.

Sietec. ¿Cuál? ¿Bartolomé del Puerto?

Loz. Sí, y el otro.

Sietec. Ya, ya, ¿Ferreruelo?

Loz. Ese mismo.

Sietec. ¿Quién está arriba? ¿hay putas?

Loz. Sí, mas mira que está allí una que presume.

Sietec. ¿Quién es? ¿la de Toro? pues razon tiene; puta de Toro y trucha de Duero.

Loz. Y la sevillana.

Sietec. La seis veces villana, señores, con perdon.

Auctor. Señora, no hay error; subí vos, alcuza de santero.

Loz. Señores, no se partan, que quiero mirar qué es lo que le dan los padrinos, que me va algo en ello.

Auctor. Decíme, ¿qué dan los padrinos?

Comp. Es una usanza en esta tierra que cada uno da á la madre segun puede, y hacen veinte padrinos, y cada uno le da.

Auctor. Pues no ivan allí más de dos con la criatura. ¿Cómo hacen tantos?

Silv. Mirar, aquella garrafa que traen de agua es la que sobró en el bacin cuando se lavaron los que tienen la criatura, y tráenla á casa, y de allí envíanla al tal y á la tal, y ansí á cuantos quieren, y dicen que por haberse lavado con aquel agua son compadres, y así envian, quién una cana de raso, quién una de paño, quién una de damasco, quién un ducado ó más, y desta manera es como cabeza de lobo para criar la criatura hasta que se case ó se venda si es hija; pues notá otra cláusula que hacen aquí las cortesanas, prometen de se vestir de blanco ó pardillo, y dicen que lo han de comprar de limosnas, y ansí van vestidas á expesas del compaño; y esto de los compadres es así.

Auctor. No se lo consentirian esto, y otras mil supersticiones que hacen, en España.

Silv. Pues por eso es libre Roma, que cada uno hace lo que se le antoja, agora será bueno ó malo, y mirá cuanto, que si uno quiere ir vestido de oro ó de seda, ó desnudo ó calzado, ó comiendo ó riendo, ó cantando, siempre vale por testigo, y no hay quien os diga, mal haceis ni bien haceis, y esta libertad encubre munchos males; ¿pensais vos que se dice en balde por Roma Babilon, sino por la muncha confusion que causa la libertad? ¿no mirais qué se dice, Roma meretrice, siendo capa de pecadores? aquí, á decir la verdad, los forasteros son muncha causa, y los naturales tienen poco del antiguo natural, y de aquí nace que Roma sea meretrice y concubina de forasteros, y si se dice guay, bien lo dice, haz tu y haré yo, y mal para quien lo descubrió; hermano, ya es tarde, vámonos, y haga y diga cada uno lo que quisiere.

Auctor. Pues año de veinte é siete dexa á Roma y véte.

Comp. ¿Por qué?

Auctor. Porque será confusion y castigo de lo pasado.

Comp. A huir quien más pudiere.

Auctor. Pensá que llorarán los barbudos, y mendicarán los ricos, y padescerán los susurones, y quemarán los públicos y aprobados ó canonizados ladrones.

Comp. ¿Cuáles son?

Auctor. Los registros del Jure Cevil.

MAMOTRETO XXV.

Cómo el Auctor dende á pocos dias encontró en casa de una cortesana favorida á la Lozana y la habló.

Auctor. ¿Qué es esto, señora Lozana? ¿ansí me olvidais? al ménos mandános hablar.

Loz. Señor, hablar y servir; tengo que hacer agora, mandáme perdonar, que esta señora no me dexa, ni se halla sin mí, que es mi señora, y mire vuestra merced, por su vida, qué caparela me dió nueva, que ya no quiere su merced traer paño, y su presencia no es sino para brocado.

Auctor. Señora Lozana, decíme vos á mí cosas nuevas, que eso ya me lo sé, y soyle yo servidor á esa señora.

Loz. ¡Ay, ay, señora! y puede vuestra merced mandar á toda Roma y no se estima más; por vida de mi señora, que ruegue al señor dotor cuando venga, que le tome otras dos infantescas, y un mozo más, que el mio quiero que vaya á caballo con vuestra merced, pues vuestra fama vale más que cuanto las otras tienen; mirá, señora, yo quiero venir cada dia acá y miraros toda la casa, y vuestra merced que se esté como señora que es, que no entienda en cosa ninguna.

Cort. Mira quién llama, Madalena, y no tires la cuerda si no te lo dice la Lozana.

Loz. ¡Señora, Señora! ¡asomaos, asomaos! por mi vida, guayas, no; él, él, el traidor, ¡ay, qué caballadas que da! él es el que se apea; por mi vida y vuestra, abre, abre. ¡Señor mio de mi corazon! mirá aquí á mi señora, que ni come ni bebe, y si no viniéredes se moria. ¿Vuestra señoría es desa manera, luégo vengo, luégo vengo? que yo ya me sería ida, que la señora me queria prestar su paño listado, y por no dexalla descontenta, esperé á vuestra señoría.

Caballero. Tomá, señora Lozana, comprá paño y no lleveis prestado.

Loz. Bésole las manos, que señor de todo el mundo le tengo de ver, bésela vuestra señoría y no llorará por su vida, que yo cierro la cámara. Oyes, Madalena, no abras á nadie.

Madalena. Señora Lozana, ¿qué haré? que no me puedo defender deste paje del señor caballero.

Loz. ¿De cuál? ¿de aquel sin barbas? ¿qué te ha dado?

Mad. Unas mangas me dió por fuerza, que yo no las queria.

Loz. Calla y toma, que eres necia, véte tú arriba y déxamelo hablar, que yo veré si te cumple; á vos, galan, una palabra.

Paje. Señora Lozana, y áun dos.

Loz. Entrá, y cerrá pasico.

Paj. Señora, mercedes son que me hace, siéntese, señora.

Loz. No me puedo sentar, porque yo os he llamado, que quiero que me hagais un servicio.

Paj. Señora, mándeme vuestra merced, que mucho há que os deseo servir.

Loz. Mirá, señor, esta pobreta de Madalena es más buena, que no os lo puedo decir, y su ama le dió un ducado á guardar, y unos guantes nuevos con dos granos de almizcle, y todo lo ha perdido, y yo no puedo estar de las cosas que hace la mezquina, queríaos rogar que me empeñásedes esta caparela en cualque amigo vuestro, que yo la quitaré presto.

Paj. Señora, el ducado veislo aquí, y esotras cosas yo las traeré ántes que sea una hora, y vuestra merced le ruegue á Madalena de mi parte que no me olvide, que la deseo mucho servir.

Loz. Hi, hi, hi, ¿y con qué la deseais servir? que sois muy mochacho y todo lo echais en crecer.

Paj. Señora, pues deso reniego yo, que me crece tanto, que se me sale de la bragueta.

Loz. Si no lo pruebo, no diré bien dello.

Paj. Como vuestra merced mandáre, que mercedes son que recibo, aunque sea sobre mi capa.

Loz. ¡Ay, ay, que me burlaba! parece píldora de torre sanguina que así labora; ¿es lagartixa? andar, ¿por dó pasa moja? Ésta es tierra que no son salidos del caxcaron y pian; dámelo barbiponiente, si quieres que me aproveche; entraos allá, deslavado, y callá vuestra boca. Madalena, vén abaxo, que yo me quiero ir; el paje del señor caballero está allí dentro, que se pasea por el jardin, es cari-deslavado, si algo te dixere, súbete arriba, y dile que si yo no te lo mando, que no lo tienes de hacer, y dexa hacer á mí, que mayores secretos sé yo tener que este tuyo.

Paj. Señora Madalena, ¡cuerpo de mí! siempre me echas unos encuentros como broquel de Barcelona. Mirá bien que esta puta güelfa no os engañe, que es de aquellas que dicen: Marica, cuécelo con malvas.

Mad. Estad quedo, así me ayude Dios, mas me sobajais vos que un hombre grande, por eso los páxaros no viven mucho; ¿que hacés? ¿todo ha de ser eso? tomá, bebeos estos tres huevos, y sacaré del vino; esperá, os lavaré todo con este vino griego, que es sabroso como vos.

Paj. Ésta y no más, que me duele el frenillo.

Mad. ¿Heos hecho yo mal?

Paj. No, sino la Lozana.

Mad. Dexála torne la encrucijada.

MAMOTRETO XXVI.

Cómo la Lozana va á su casa, y encuentra su criado y responde á cuantos la llaman.

Loz. ¿Es posible que yo tengo de ser faltriquera de bellacos? venid Azuaga, ¿es tiempo? ¿no sabeis dar vuelta por do yo estó? anda allí á donde yo he estado, y decí á Madalena que os dé las mangas que dixo que le dió el paje, que yo se las guardaré, no se las vea su ama, que la matará; y vení presto.

Ramp. Pues caminá vos, que está gente en casa.

Loz. ¿Quién?

Ramp. Aquel canónigo que sanastes de lo suyo, y dice que le duele un compañon.

Loz. Ay, amarga, ¿y por qué no se lo vistes vos si era peligroso?

Ramp. Y ¿qué sé yo? no me entiendo.

Loz. Mirá qué gana teneis de saber y aprender, como no miráriades como hago yo, que estas cosas quieren gracia, y la melecina ha de estar en la lengua, y aunque no sepais nada, habeis de fingir que sabeis y conoceis para que ganeis algo, como hago yo, que en decir que Avicena fué de mi tierra dan crédito á mis melecinas; sólo con agua fria sanará, y si él viera que se le amansaba, cualque cosa os diera, y mirá que yo conozco al canónigo, que él verná á vaciar los barriles, y ya paso su dia, que, por mi vida, si no viene cayendo, que ya no hago credencia, y por eso me entraré aquí y no iré allá, que si es mal de cordon ó cojon, con las habas cochas en vino, puestas encima bien deshechas, se le quitará luégo, por eso andá decíjelo, que allí os espero con mi compadre.

Mario. Señora Lozana, acá, y hablarémos de cómo las alcagüetas son sutiles.

Loz. Señor, por agora me perdonará, que vó de priesa.

German. Ojo á Dios, señora Lozana.

Loz. Andá, que ya no os quiero bien, porque dexastes á la Dorotea, que os hacia andar en gresca, por tomar á vuestra Lombarda, que es más dexativa que menestra de calabaza.

Germ. Pues pese al mundo malo, ¿habian de turar para siempre nuestros amores? por vida del embaxador, mi señor, que no pasaréis de aquí si no entrais.

Loz. No me lo mande vuestra merced que voy á pagar un par de chapines allí, á Batista chapinero.

Germ. Pues entrá, que buen remedio hay, vén acá, llama tú aquel chapinero.

Surro. Señor, sí.

Germ. ¡Oh señora Lozana! ¿qué venida fué ésta? sentaos; vén acá, saca aquí cualque cosa que coma.

Loz. No, por vuestra vida que ya he comido, sino agua fresca.

Germ. Va, que eres necio, sácale la conserva de melon que enviaron ayer las monjas lombardas, y tráele de mi vino.

Loz. Por el alma de mi padre, que ya sé que sois Alixandro, que si fuésedes español, no seríades proveido de melon, sino de buenas razones; señor, con vos estaria toda mi vida, salvo que ya sabeis que aquella señora quiere barbi-ponientes, y no jubileos.

Germ. ¿Qué me decis, señora Lozana? que más caricias me hace que si yo fuese su padre.

Loz. Pues mire vuestra merced que ella me dixo que queria bien á vuestra merced porque parescia á su agüelo, y no le quitaba tajada.

Germ. Pues veis ahí, mirá otra cosa, que cuando como allá, si yo no le meto en boca no come, que para mí no me siento mayor fastidio que vella enojada, y siempre cuando yo voy su fantesca y mis mozos la sirven mal.

Loz. No se maraville vuestra merced, que es fantástiga, y querrá las cosas prestas, y querria que vuestra señoría fuese de su condicion, y por eso ella no tiene sufrimiento.

Germ. Señora, concluí, que no hay escudero en toda Guadalajara más mal servido que yo.

Loz. Señor, yo tengo que hacer, suplícole no me detenga.

Germ. Señora Lozana, ¿pues cuándo seréis mia todo un dia?

Loz. Mañana; que no lo sepa la señora.

Germ. Só contento, y á buen tiempo, que me han traido de Tibuli dos truchas, y vos y yo las comerémos.

Loz. Beso sus manos, que si no fuera porque vó á buscar á casa de un señor un pulpo, que sé yo que se los traen de España, y tollo, y oruga, no me fuera, que aquí me quedára con vuestra señoría todo hoy.

Germ. Pues tomá, pagaldo, no vengais sin ello.

Loz. Bésole las manos que siempre me hace mercedes, como á servidora suya que só.

MAMOTRETO XXVII.

Cómo va por la calle y la llaman todos, y un portugues que dice:

Portugues. Las vuestras beso.

Loz. Y yo las suyas, una y boa.

Port. Señora, sí, rapa la gracia de Deus; só vuestro.

Loz. Deso comerémos, pagá si quereis, que no hay coño de balde.

Canavario. ¿A quién, digo, señora Lozana tan de priesa? ¿sois forrier de aquélla?

Loz. Para vuestra merced no hay priesa, sino vagar y como él mandáre.

Guardaropa. ¿Me encomiendo, mi señora?

Loz. Señor sea vuestra merced de sus enemigos.

Can. ¿De dónde, por mi vida?

Loz. De buscar compañía para la noche.

Guard. Señora, puede ser, mas no lo creo, que quien menea la miel, panales ó miel come.

Loz. Andá, que no en balde sois andaluz, que más há de tres meses que en mi casa no se comió tal cosa, vos, que sois guardaropa y teneis mill cosas que yo deseo, y tan mísero sois agora como antaño, ¿pensais que ha de durar siempre? No seais fiel á quien piensa que sois ladron.

Guard. Señora, enviarme aquí á vuestro criado, que no seré mísero para serviros.

Loz. Vivais vos mil años, que burlo por vuestra vida; veis, viene aquí mi mozo, que parece, y que fué pariente de Algecira.

Guard. Alegre viene, parece que ha tomado la paga. Camina, pariente, y enfardeláme esas quixadas, que entraréis do no pensastes.

Loz. Señor, pues yo os quedo obligada.

Guard. Andá, señora, que si puedo yo verné á deciros el sueño y la soltura.

Loz. Cuando mandáredes.

Pierreto. Cabo de escuadra de vuestra merced, señora Lozana, adio, adio.

Loz. A Dios va quien muere.

Sobrestante. Señora, una palabra.

Loz. Diciendo y andando, que vó de priesa.

Sob. Señora, cuerpo del mundo, ¿por qué no quereis hacer por mí, pues lo puedo yo pagar mejor que nadie?

Loz. Señor, ya lo sé; mas voy agora de priesa, otro dia habrá, que vó á comprar para esta vuestra favorida una cinta napolitana verde, por hacer despecho al cortecero, que ya lo ha dexado.

Sob. ¿Es posible? pues él era el que me quitaba á mí el favor, tomá, y comprá una para ella y otra para vos; y más os pido de merced que os sirvais desta medalla, y hagais que se sirva ella de mí, pues que está sede vacante, que yo, señora Lozana, no seré ingrato á vuestros trabajos.

Loz. Señor, vení á mi casa esta tarde, que ella viene ahí, que ha de pagar un mercader, y allí se trabajará en que se vea vuestro extrato.

Sob. Sea, ansí me encomiendo.

Loz. Si sois comendador, seldo en buen hora, aunque sea de Córdoba.

Comendador. Señora Lozana, ¿por qué no os servis de vuestros esclavos?

Loz. Señor, porque me vencés de gentileza, y no sé qué responda, y no quise bien á hombre en este mundo, sino á vuestra merced, que me tira el sangre.

Com. ¡Oh cuerpo de mí! ¿y por ahí me tirais? soy perro viejo y no me dexo morder; pero si vos mandais, sería yo vuestro por servir de todo.

Loz. Señor, yo me llamo Sancho.

Com. ¿Qué come ese vuestro criado?

Loz. Señor, lo que come el lobo.

Com. Eso es porque no hay pastor ni perro que se lo defienda.

Loz. Señor, no, sino que la oveja es mansa, y perdonáme, que todo comendador, para ser natural, ha de ser portugues ó galiciano.

Com. Dóla á todos los diablos, y qué labia tiene, si tuviera chimenea.

Notario. Señora Lozana, ¿así os pasais?

Loz Señor, no miraba, y voy corriendo porque mi negro criado se enoja, que no tiene dinero para gastar, y vóyselo á dar, que están en mi caxa seis julios y medio, que dice que quiere pagar cierta leña.

Not. Pues vení acá, Peranzules, tomá, id vos y pagá la leña, y quedaos vos aquí, que quiero que veais una emparedada.

Loz. Por vida de vuestra merced, que pasé por su casa, y sospeché que no estaba allí, que suelo yo vella, y con la priesa no puse mientes, por mi vida que la tengo de ver.

Not. Entrá allá dentro, que está haciendo carne de membrillos.

Loz. Es valenciana, y no me maravillo.

Not. ¿Qué te parece, Germanera? la Lozana pasó por aquí y te vido.

Beat. ¿Y por que no entró la puta moza? ¿pensó que estaba al potro?

Loz. ¡Ay, ay! ¿ansí me tratais? más vale puta moza que puta jubilada en el publique. ¡Por vida del Señor, que si no me dais mi parte, que no haga la paz!

MAMOTRETO XXVIII.

Cómo va la Lozana en casa de un gran señor, y pregunta si por dicha le querrian rescebir uno de su tierra que es venido, y posa en su casa.

Loz. Decime, señores, ¿quién tiene cargo de tomar mozos en casa deste señor?

Palafrenero._ Voto á Dios que es vuestra merced españoa.

Loz. Señor, sí; ¿por qué no? ¿soy por ventura tuerta ó ciega? ¿por qué me tengo despreciar de ser española? muy agudillo salistes, como la hija del herrero que peyó á su padre en los cojones; tornaos á sentar.

Palaf. Señora, teneis razon.

Escudero. Señora, si no le pesa á vuestra merced, ¿es ella el mozo? que todos la tomarémos.

Loz. Por Dios sí, que á vos busco yo, sé que no soy lecho que me tengo de alquilar.

Badajo. No lo digo por tanto, sino porque no veo venir ninguno con vuestra merced, pensé que queríades vos, señora, tomarme á mí por servidor.

Loz. Déxese deso hoy, respóndame á lo que demando.

Otro. Señora, el maestro desta lo tomará, que lo ha menester.

Loz. Señor, por su vida que me lo muestre.

Bad. Señora, agora cavalgo, si lo quiere esperar, éntrese aquí y hará colacion.

Loz. Señor, merced me hará, que cuando venga ese señor me lo envie á mi casa, y allí verá el mozo si le agradáre, que es un valiente mancebo, y es estado toda su vida rufian, que aquí ha traido dos mujeres, una de Écija, otra de Niebla; ya las ha puesto á ganar.

Otro. ¿Dónde, señora, en vuestra casa?

Loz. Señor, no, mas ahí junto.

Señor de la casa. ¿Quién es esta mujer? ¿qué busca?

Escudero. Monseñor, no sé quién es, ya se lo queria demandar.

Monseñor. ¿Etate espagnola?

Loz. Monseñor, soy buena hidalga y llámome la Lozana.

Mons. Sea enhorabuena; ¿sois de nuestra tierra?

Loz. Monseñor, sí.

Señor. ¿Qué os place desta casa?

Loz. Monseñor, el patron della.

Mons. Que se os dé, y más, si más mandáredes.

Loz. Beso las manos de vuestra señoría reverendísima, quiero que me tenga por suya.

Mons. De buena gana, tomá, y venínos á ver.

Loz. Monseñor, yo sé hacer butifarros á la ginovesa, garafurias, y albóndigas, y capirotada, y salmorejo.

Señ. Andá haceldo, y traérnoslo vos misma mañana para comer, ¡cuánto tiempo há que yo no sentí decir salmorejo! déxala entrar mañana cuando venga, y vay tú allá, que sabrás compralla lo necesario, y mira si ha menester cualque cosa, cómprasela, ¡oh qué desenvuelta mujer!

Despensero. Señora, si quereis cualque cosa, decímelo, que soy el despensero.

Loz. Señor, solamente carbon, y será más sabroso.

Despens. Pues, ¿dó morais? y enviaros he dos cargas por la mañana.

Loz. Señor al Burgo do moraba la de los Rios, si la conocistes.

Despens. Señora, sí, esperá un poco y tal seréis vos como ella, mas sobre mí que no compreis vos casa, como ella, de solamente quitar cejas y componer novias; fué muy querida de romanas, ésta fué la que hacia la esponja llena de sangre de pichon para los virgos, esto tenía que no era interesal, y más ganaba por aquello, y fué ella en mejor tiempo que no esta sinsonaderas, que fué en tiempo de Alejandro VI, cuando Roma triunfaba, que habia más putas que frailes en Venecia, y filósofos en Grecia, y médicos en Florencia, y cirujanos en Francia, y maravedís en España, ni estufas en Alemaña, ni tiranos en Italia, ni soldados en campaña, y vos siempre mozo, ¿no la conocistes? pues cualque cosa os costaria, y esta Lozana nos ha olido que ella os enfrenará, á mí fidamani; miralda que allí se está con aquel puto viejo rapaz.

Balij. Si la conozco, me dice el borracho del despensero, yo fuí el que dormió con ella la primera noche que puso casa, y le pagué la casa por tres meses. Por vida de monseñor mio, que juraré que no vi jamas mejores carnes de mujer, y las preguntas que me hizo aquella noche me hicieron desbalixar todos los géneros de puta que en esta tierra habia, y agora creo que ella los sabe mejor por su experiencia.

Badajo. Ésta no hace jamas colada sin sol.

———

MAMOTRETO XXIX.

Cómo torna su criado, que venga presto, que la esperan una hija puta y su madre vieja.

Loz. ¿A qué tornais, mal-urde? ¿hay cosa nueva?
Ramp. Acabá, vení, que es venida aquella madre.
Loz. Callá, callá, que ya os entiendo, ¿vacía verná, segun Dios la hizo?
Ramp. No; ya me entendeis y bueno.
Loz. ¿Uno solo?
Ramp. Tres y otras dos cosas.
Loz. ¿Qué, por mi vida?
Ramp. Ya lo veréis, caminá, que yo quiero ir por lo que dexo tras la puerta de su casa, y veis aquí su llave.
Senes Paje. Señora Lozana, acá, acá, mirá acá arriba.
Loz. Ya, señor, os veo, mas poco provecho me viene de vuestra vista, y estoy enojada porque me contrahicistes en la comedia de carnaval.
Senes. Señora Lozana, no me culpeis, porque, como vi vuestra saya y vuestro tocado, pensé que vos lo habíades prestado.
Loz. Yo lo presté, mas no sabía para qué, á osadas que si lo supiera que no me engañáran, pero de vos me quejo, porque no me avisastes.
Senes. ¿Cómo decis eso? á mí me dixeron que vos estovistes allí.
Loz. Si estuve, mas dixéronme que me llamaba monseñor vuestro.

Senes. ¿No vistes que contrahicieron allí á munchos? y ninguna cosa fué tan placentera como vos á la gelosía, reputando al otro de potroso, que si lo hiciera otrie quizá no mirára ansí por vuestra honra como yo, por eso le suplico me perdone, y sírvase destas mangas de velludo que mi padre me mandó de cena.

Loz. Yo os perdono, porque sé que no sois malicioso, vení mañana á mi casa, que ha de venir á comer comigo una persona que os placerá.

Otro paje. So caballo ligero de vuestra merced.

Loz. Ay, cara de putilla sevillana; me encomiendo que voy de priesa.

Hija. ¿Tiro la cuerda? esperá, que ni hay cuerda ni cordel.

Loz. Pues vení abaxo.

Hij. Ya va mi señora madre.

Granadina. Vos seais la bien venida.

Loz. Y vos la bien hallada, aunque vengo enojada con vos.

Madre. ¿Y por qué comigo, sabiendo vos que os quiero bien, y no vernia yo con mis necesidades y con mis secretos á vos, si os quisiese mal?

Loz. ¿Cómo? ¿vos sois mi amiga y mi corazon, y venisme cargada á casa, sabiendo que haria por vos y por vuestra hija otra cosa que estas apretaduras, y tengo yo para vuestro servicio un par de ducados?

Gran. Señora Lozana, mirá que con las amigas habeis de ganar, que estais preñada y todo será menester, y cuanto más, que á mi hija no le cuesta sino demandallo, y tal vuelta se entra ella misma en la guardaropa de monseñor, y toma lo que quiere y envia á casa, que, como dicen, más tira coño que soga; estos dos son agua de ángeles, y éste es azahar, y éste cofin son dátiles, y esta toda es llena de conficion, todo venido de Valencia, que se lo envia la madre de monseñor, y mirá, señora Lozana, á mí me ocurre otro lance, que para con vos se puede decir.

Loz. ¿Qué, señora?

Gran. Un señor no me dexa á sol ni á sombra, y me lo paga bien, y me da otro que mi hija no me dará, y no sé cuándo terné necesidad, mirá qué me aconsejais.

Loz. Lo que os aconsejé siempre, que si vos me creyérades, más há de un año que habíades de comenzar, que en Roma todo pasa sin cargo de conciencia, y mirá que os perdistes en no querer más que no os dará ese otro, y era peloso y hermoso como la plata, y no queria sino viudas honradas como vos.

Gran. Señora Lozana, mirá, como se dice lo uno se diga todo, yo os diré por qué no lo hice, que bien estaba yo martela por él, mas porque se echó con mi hija no quise pecar dos veces.

Loz. No seríades vos la primera que eso hace en Roma sin temor, tantos ducados tuviésedes, eso bien lo sabía yo, mas por eso no dexé de rogároslo, porque veia que era vuestro bien, y si le veo, le tengo de decir que me hable, por eso es bueno tener vos una amiga cordial, que se duele de vos, que perdeis lo mejor de vuestra vida, que pensais que estais en Granada, do se hace por amor. Señora, aquí á peso de dineros, daca y toma, y como dicen, el molino andando gana, que guayas tiene quien no puede; ¿qué hace vuestra hija? ¿púsose aquello que le dí?

Gran. Señora, sí; y dice que mucho le aprovechó, que le dixo monseñor: ¡qué coñico tan bonico!

Loz. Pues tenga ella advertencia que cuando monseñor se lo quiera meter, le haga estentar un poco primero.

Gran. Sí hará, que ya yo lo avisé, aunque poco sé deso, que á tiento se lo dixe.

Loz. Todas sabemos poco, mas á la necesidad no hay ley, y mirá que no coma vuestra hija menestra de cebolla, que abre muncho, y cuando se toca tire la una pierna y encoxa la otra.

MAMOTRETO XXX.

Cómo viene su criado, y con él un su amigo, y ven salir las otras de casa.

Ulíxes. ¿quién son aquellas que salen de casa de la Lozana?
Ramp. No sé, decíaos yo que caminásemos, y vos de muncha reputacion.
Ulíx. Pues no quiero ir allá, pues no hay nadie.
Ramp. Andá, vení, que os estaréis jugando con madona.
Amigo. Dígoos que no quiero, que bien sabe ella si pierde no pagar, y si gana hacer pagar, que ya me lo han dicho más de cuatro que solian venir allí, y siempre quiere porqueta ó berengenas, que un julio le dí yo el otro dia para ellas, y nunca me convidó á la pimentada que me dixo; todo su hecho es palabras y ha mamuxerías, andá, poneos del lodo vos y ella, que su casa es regagero de putas, y no para mí, pese á tal con el judio, mirá cómo me engañaba, no se cure que á ella tengo de hacer que le pujen la casa, y á él, porque es censal de necios, le tengo de dar un dia de zapatazos. Ésta ha sido la causa que se echase mi amiga con dos hermanos, es turca, y no hay más que pedir, pues venga á monseñor con sus morcillas ó botifarros, que no quiero que su señoría coma nada de su mano; ¿compadre me queria hacer? pese á tal con la puta sin sonaderas.

Compañero Valerian. ¿Qué hacés, caballero, aquí solo? ¿Hay caza ó posta, ó sois de guardia hoy de la señora Lozana?

Ulíx. Señor, ántes estoy muy enojado con su señoranza.

Comp. Eso quiero oir; que martelo teneis, ó muncha razon.

Ulíx. Ántes muncha razon, que sé yo castigar putas lo mejor del mundo.

Val. Sois hidalgo y estais enojado, y el tiempo halla dos cosas, y ella está en Roma y se domará; ¿sabeis cómo se da la definicion á esto que dicen, Roma, la que los locos doma, y á las veces las locas? si mirais en ello, á ellos doman ellas, y á ellas doma la carreta, así que vamos por aquí, veamos que hace, que yo tambien ando tras ella por mis pecados que cada dia me promete y jamas me atiende.

Ulíx. Mirá, si imos allá, voto á Dios que tenemos de pagar la cena, segun Dios la hizo, mas no me curo por serviros, que guay de quien pone sus pleitos en manos de tales procuradores como ella.

Val. Mirá que mañana irá á informar, por eso solicitémosla hoy; tif, taf, señora Lozana, mándanos abrir.

Loz. Anda; ¿quién es, que me parece que es loco ó privado? familiares son, tira esa cuerda.

Val. ¿Qué se hace, señora?

Loz. Señores, cerner y amasar, y ordenar de pellejar.

Ulíx. Eso de pellejar que me place; pellejedes, pellejon, polléjame este cojon.

Loz. Bivas y adivas, siempre coplica.

Val. Señora, salí acá fuera, á teneros palacio venimos.

Loz. Soy contenta, si quereis jugar dos á dos.

Val. Sea ansí; mas vuestro criado se pase allá y yo aquí, y cada uno ponga.

Loz. Yo porné mi papo.

Val. ¿Cuál, señora?

Loz. Todos dos, qué hambre tengo.

Val. Pues yo porné por vuestra merced.

Loz. Yo me porné por vos á peligro donde vos sabeis.

Val. Señora, eso fuese y mañana pascua; pues pon tú.

Ramp. Só contento; prestáme, compañero.

Ulix. ¡Voto á Dios! que no me tomeis por ahí, que no quiero prestar á nadie nada.

Loz. Por mi vida, que le prestes, que yo te los pagaré en la Garza montesina.

Ulix. Dos julios le daré, que no tengo más.

Loz. Ora juga, que nosotros somos dos y vosotros veinte y cuatro, como jurados de Jaen.

MAMOTRETO XXXI.

Cómo la Lozana soñó que su criado caia en el rio, y otro dia lo llevaron en prision.

Loz. Agora me libre Dios del diablo, con este soñar que yo tengo, y si supiese con qué quitármelo, me lo quitaria; queria saber cualque encantamiento para que no me viniesen estos sobresaltos que queria haber dado cuanto tengo por no haber soñado lo que soñé esta noche; el remedio sería que no durmiese descubierta ni sobre el lado izquierdo, y dicen que cuando está el estómago vacío, que entónces el hombre sueña, y sí ansí es, lo que yo soñé no será verdad; mas muchas veces he yo soñado, y siempre ha salido verdad, y por eso estó en sospecha que no sea como la otra vez, que soñé que se me caian los dientes y moví otro dia. Y vos, cuando os metistes debaxo de mí, qué soñabades que vuestros enemigos os querian matar, ¿no vistes lo que me vino á mí aquel dia? que me querian saltear los porquerones de Torre Sabela, cuando lo del tributo, que la señora Apuleya, por reir ella y verme bravear, lo hizo. Esto que soñé no querria que fuese verdad, mirá, no vais en todo hoy al rio, no se me ensuelva el sueño.

Ramp. Yo soñaba que venía uno, y que me daba de zapatazos, y yo determinaba de matallo, y desperté.

Loz. Mirá, por eso solo meteré vuestra espada do no la halleis, que no quiero que me amancilleis, si solamente vos tuviésedes tiento y hiriésedes á uno ó á dos, no se me daria nada, que dineros y favor no faltarian, mas como comenzais, pensais que estais en la Rota de Ravena, y por el sacrosanto saco de Florencia, que si no os enmendais de tanta bravura, ¿como hago yo por no besar las manos á ruines? que más quiero que me hayan menester ellos á mí que no yo á ellos; quiero vivir de mi sudor, y no me empaché jamas con casadas ni con virgos, ni quise vender mozas, ni llevar mensaje á quien no supiese yo cierto que era puta, ni me soy metida entre hombres casados, para que sus mujeres me hagan desplacer, sino de mi oficio me quiero vivir; mirá, cuando vine en Roma, de todos los modos de vivir que habia me quise informar, y no supe lo que sé agora, que si como me entremetí entre cortesanas, me entremetiera con romanas, mejor gallo me cantára que no me canta, como hizo la de los Rios, que fué aquí en Roma peor que Celestina, y andaba á la romanesca vestida con baticulo, y entraba por todo, y el hábito la hacia licenciada, y manaba en oro, y lo que le enviaban las romanas valia más que cuanto yo gano; cuándo grano ó leña, cuando tela, cuando vino la bota entera, mas como yo no miré en ello, comencé á entrar en casas de cortesanas, y si agora entro en casa de alguna romana, tiénelo por vituperio, no porque no me hayan munchas menester, y porque só tan conocida me llaman secretamente; andá vos, comprá eso que os dixe anoche, y mirá no os engañen, que yo me voy á la judería á hablar á Trigo, por ver la mula que parió, que cualque pronóstico es parir una mula en casa de un cardenal.

Olivero. A vos, mancebo; ¿qué hace la señora Lozana?

Ramp. Señor, quiere ir fuera.

Comp. ¿Y vos, dó is?

Ramp. A comprar ciertas berengenas para hacer una pimentada.

Oliv. Pues no sea burla, que no seamos todos en ella.

Ramp. Andad acá, y compradme vos las especias y los huevos, y vení á tiempo, que yo sé que os placerán, veislas allí buenas; ¿cuántas das?

Oliv. Cómpralas todas.

Ramp. Cuanto voy de tuti.

Pecigerolo. Un carlin.

Ramp. Un groso.

Frutarolo. ¿No quieres?

Ramp. Seis bayoques.

Pecig. Señor no, lasa estar.

Ramp. ¿Quién te toca?

Pecig. Mete quí, que sé.

Ramp. Va, borracho, que no son tuyas, que yo las traia.

Pecig. ¡Pota de Santa Nula! ¿tú ne mente per la cara de la gola?

Ramp. Va daquí, puerco, y rásgame la capa, así vivas tú como son tuyas.

Pecig. Pota de mi madre, ¿io no te vidi? espeta veray si lo diro al barrachelo.

Barrachelo. Espera, espera, español, no huyas, tómalo, y llévalo en Torre de Nona, ¿de aqueste modo compras tú y robas al pobre hombre? va dentro no te cures, va di tú al capitan que lo meta en secreta.

Esbir. ¿En qué secreta?

Barr. En la mazmorra ó en el forno.

Galindo. Hecho es.

MAMOTRETO XXXII.

Cómo vino el otro su compañero corriendo, y avisó la Lozana, y va ella radiando buscando favor.

Comp. Señora Lozana, á vuestro criado llevan en prision.

Loz. ¡Ay! ¿qué me decis? que no se me habia de ensolver mi sueño, ¿y cuántos mató?

Comp. Señora, eso no sé yo cuántos ha él muerto, por un revendedor creo que le llevan.

Loz. ¡Ay, amarga de mí, que tambien tenía tema con regateros! Es un diablo travieso, infernal, que si no fuese por mí ciento habria muerto; mas, como yo le tengo limpio, no encuentra con sus enemigos, no querría que nadie se atravesase con él, porque no cata ni pone, sino como toro es cuando está comigo, mirá qué hará por allá fuera, es que no es osado á relevar; si lo supistes el otro dia cuando se le cayó la capa que no le dexaron cabello en la cabeza, y guay dellos si le esperáran, aunque no los conoció, con la priesa que traia, y si yo no viniera, ya estaba debaxo la cama buscando su espada; señor, yo voy aquí en casa de un señor que lo haga sacar.

Oliv. Pues mire vuestra merced, si fuere menester favor, á monseñor mio pornemos en ello.

Loz. Señor, ya lo sé, salen los cautivos cuando son vivos; ¡ay pecadora de mí! bien digo yo, á mi hijo Lozano no me lo cerquen cuatro.

Malsin. Mirá cómo viene la trujamana de la Lozana, voto á Dios, no parece sino que va á informar auditores, y que vienen las audiencias tras ella; ¿qué es eso, señora Lozana? ¿qué rabanillo es ése?

Loz. ¡Toma! que noramala para quien me la tornare, no mirais vos como yo vengo, amarga como la retama, que me quieren ahorcar á mi criado.

Mals. Tenés, señora, razon, tal mazorcon y cetera para que no esteis amarga si lo perdiésedes, allá va la puta Lozana, ella nos dará que hacer hoy. ¿Veis, no lo dije yo? monseñor quiere cavalgar, para putas sobra caridad, si fuera un pobre no fuéramos hasta despues de comer, ¡oh pese á tal con la puta que la parió, que la mula me ha pisado! ahorcado sea el barachelo si no lo ahorcáre ántes que lleguemos, no parará nuestro amo hasta que se lo demande al senador; caminad, que deciende monseñor y la Lozana.

Mons. Señora Lozana, perdé cuidado, que yo lo traeré

conmigo, aunque sean cuatro los muertos.

Loz. Monseñor, sí, que yo voy á casa de la señora Velasca para que haga que vaya el abad luégo á Su Santidad, por si fueren más los muertos que cuatro, que á mi criado yo lo conozco, que no se contentó con los enemigos, sino que si se llegó alguno á despartir, tambien los llevaria á todos por un rasero.

Polidoro. Señora Lozana, ¿qué es esto, que is enojada?

Loz. Señor, mi criado, que me mete en estos pleitos.

Pol. ¿En qué, señora mia?

Loz. Que lo quieren ahorcar por castigador de bellacos.

Pol. Pues no fatigueis, que yo os puedo informar mejor lo que sentí decir delante de Su Santidad.

Loz. ¿Y qué, señor, por mi vida? que soy yo toda vuestra, y os haré cavalgar de balde putas honestas.

Pol. Soy contento; el arzobispo, y el abad, y el capitan que envió la señora Julia demandaban al senador de merced vuestro criado, y que no lo ahorcasen, ya su excelencia era contento que fuese en galera, y mandó llamar al Barrachelo, y se quiso informar de lo que habia hecho, si merecia ser ahorcado: el Barrachelo se rió, su excelencia dixo, ¿pues qué hizo? dixo el Barrachelo que estando comprando merenzane ó berengenas, hurtó cuatro, y ansí todos se rieron, y su excelencia mandó que luégo lo sacasen, por eso no esteis de mala voluntad.

Loz. Señor, ¡guay de quién poco puede! si yo me hallára allí, por la leche que mamé, que al Barrachelo yo le hiciera que mirára con quién vivia mi criado; soy vuestra, perdóneme que quiero ir á mi casa, y si es venido mi criado, enviallo he al Barrachelo que lo bese en el tranchallo él y sus zaphos.

MAMOTRETO XXXIII.

Cómo la Lozana vido venir á su criado, y fueron á casa, y cayó él en una privada por más señas.

Loz. ¿Salistes, chinchirinbache? ¿cómo fué la cosa? no me quereis vos á mí creer, siempre lo tuvo el malogrado ramazote de vuestro agüelo, caminá, mudaos, que yo verné luégo.

Ramp. Venid á casa, ¿dó quereis ir? ¿fuistes á la judería?

Loz. Sí que fuí, mas estaban en pascua los judíos, ya les dixe que mala pascua les dé Dios, y ni la mula parida, lo que parió muerto.

Trinchante. Señora Lozana, ¿qué es eso? alegre viene vuestra merced.

Loz. Señor, veislo aquí, que cada dia es menester hacer paces con tres ó con dos, que á todos quiere matar, y sábeme mal mudar mozos, que de otra manera no me curaria.

Trinch. El bellaco Diego Mazorca como sale gordo.

Loz. Señor la gavia lo hizo, eran todos amigos mios, por eso se dice el tuyo allégate á la peña, mas no te despeña; entra y mira la casa, que con este señor quiero hablar largo, y tan largo que le quiero contar lo que pasó anoche el embaxador de Francia con una dama corsaria que esta mañana, cuando se levantaba, la puso tres coronas en la mano, ella no se contentaba, y él dixo: ¿cómo, señora? ¿sírvese al Rey un mes por tres coronas, y vos no me serviréis á mí una noche? dámelas acá.

Trinch. Voto á Dios, que tuvo razon, que por mí ha pasado, que las putas no se quieren contentar con tres julios por una vez, como que no fuese plata; pues, voto á Dios que oro no lo tengo de dar sino á quien lo meresciere á ojos vistas, poné mientes que esas tales vienen á cuatro torneses ó á dos sueldos, ó diez cuatrines, ó tres maravedís. Señora, yo siento rumor en vuestra casa.

Loz. Ay amarga, ¿si vino álguien por los tejados y lo mata mi criado? sobí, señor.

Trinch. ¿Qué cosa, qué cosa? sobí, señora, que siento llamar, y no sé dónde.

Loz. ¡Ay de mí! agora subió mi criado, ¿dónde está? escucha, ¿dónde estais? Adalí, Fodolí.

Trinch. Para el cuerpo de mí, que lo siento, señora, mirá allá dentro.

Loz. Señor, ya he mirado y no está en toda la cámara, que aquí está su espada.

Trinch. Pues, voto á Dios, que no se lo comió la papa resolla, que yo lo siento. Mirá, cuerpo de Dios, está en la privada y andámoslo á buscar, sorbe, no te ahogues, dad acá una cuerda, ¿estás en la mierda?

Ramp. Tirá, tirá más.

Trinch. Asete pese á tal contigo, que agora saliste de prision y veniste á caer en la mierda.

Ramp. Así, bien, ¿qué haceis? tirá, tirá.

Trinch. Tira tú como bellaco, traga tajadas, vení acá, señora, ayudáme á tirar este puerco.

Ramp. Tirá más, que me desvaro, tirá bien, no soltés.

Trinch. Va allá, pese á tal con quien te parió, que no te lavarás con cuanta agua hay en Tíber, dalde en que se envuelva el Conde de Carrion.

Loz. ¿Cómo caiste?

Ramp. Por apartarme de una rata grande caí.

Trinch. Señora, voto á Dios, que esto vale mill ducados, salir de prision y caer en la melcocha, por no morir malogrado á las uñas de aquella leona.

Loz. Señor, es desgraciado y torpe el mal aventurado.

Trinch. Yo me voy, váyase á lavar al rio.

Loz. Vení, señor, y tomá un poco de letuario.

Trinch. No puedo, que tengo de trinchar á mi amo.

Loz. Buen olor llevais vos para trinchar, is oliendo á mierda perfeta, trinchá lo que vos quisiéredes, por eso no dexo de ser vuestra.

Trinch. Yo, de vuestra merced, y acuérdese.

Loz. Soy contenta; veisla, está á la gelosía, cara de rosa, yo quiero ir aquí á casa de una mi perrochiana, luégo torno.

Salamanquina. Por mi vida, Lozana, que no paseis sin entrar, que os he menester.

Loz. Señora, voy de priesa.

Sal. Por vida de la Lozana, que vengais para tomar un consejo de vos.

Loz. Si entro, me estaré aquí más de quince dias, que no tengo casa.

Sal. Mira puta, que compré, y más espero, siéntate, y estáme de buena gana, que ya sé que tu criado es salido, que no te costó nada, que el abad lo sacó, que él pasó por aquí y me lo dixo, y le pesó porque no estaba por otra cosa más, para que vieras tú lo que hiciera.

Loz. A vos lo agradezco, mas no queda por eso, que más de diez ducados me cuesta la burla.

Sal. Yo te los sacaré mañana cuando jugaren, al primer resto; sús, comamos y triunfemos, que esto nos ganarémos, ¿de cuanto trabajamos qué será? ellos á hoder, y nosotras á comer como soldados que están alojados á discricion; el despachar de las buldas lo pagará todo, ó cualque minuta, ya sabes, Lozana, cómo vienen dos mill ducados del abadía, los mill son mios, y el resto poco á poco.

MAMOTRETO XXXIV.

Cómo va buscando casa la Lozana.

Escudero. ¿Qué buscais, señora Lozana? ¿hay en que pueda el hombre servir á vuestra merced? mirá por los vuestros, y servíos dellos.

Loz. Señor, no busco á vos, ni os he menester, que teneis mala lengua vos y todos los desa casa, que parece que os preciais en decir mal de cuantas pasan, pensá que sois tenidos por maldicientes, que ya no se osa pasar por esta calle por vuestras malsinerías, que á todas quereis pasar por la maldita, reprochando cuanto llevan encima, y todos vosotros no sois para servir á una sino á usanza de putería, el dinero en la una mano, y en la otra el tú me entiendes, y oxalá fuese ansí; cada uno de vosotros piensa tener un duque en el cuerpo, y por eso no hay puta que os quiera servir ni oir, pensá cuánta fatiga paso con ellas, cuando quiero hacer que os sirvan, que mill veces soy estada por dar con la carga en tierra, y no oso por no venir en vuestras lenguas.

Esc. Señora Lozana, ¿tan cruel sois? ¿por dos ó tres que dicen mal nos meteis á todos vuestros servidores? catad que la juventud no puede pasar sin vos, porque la pobreza la acompaña, y es menester ayuda de vecinos.

Loz. No digan mal, si quieren coño de balde.

Esc. Señora, mirá que se dice que á nadie hace injuria quien honestamente dice su razon, dexemos esto. ¿Dónde se va que gocés?

Loz. A empeñar estos anillos y estos corales, y buscar casa á mi propósito.

Esc. ¿Y por qué quiere vuestra merced dexar su vecindad?

Loz. Señor, quien se muda Dios lo ayuda.

Esc. No se enmohecerán vuestras baratijas, ni vuestras palomas fetarán.

Loz. No me curo, que no soy yo la primera, las putas cada tres meses se mudan por parecer fruta nueva.

Esc. Verdad es, mas las favoridas no se mudan.

Loz. Pues yo no só favorida, y quiero buscar favor.

Esc. Señora Lozana, buscais lo que vos podeis dar, ¿quién puede favorecer al género masculino ni al femenino mejor que vos? y podeis tomar para vos la flor.

Loz. Ya pasó solia, y vino tan buen tiempo, que se dice pesa y paga, éste es todo el favor que os harán todas las putas, hállase que en ellas se expenden ciento mil ducados, y no lo tomés en burla, que un banquero principal lo dió por cuenta á Su Santidad.

Esc. Son prestameras holgadas, no es maravilla, para ellas litigamos el dia por reposar la noche, son dineros de beneficios sin cura.

Loz. Y áun pinsiones rematadas entre putas.

Esc. ¿A qué modo se les da tanto dinero, ó para qué?

Loz. Yo os diré, en pinsiones ó alquiler de casas, la una ha envidia á la otra, y dexan pagada aquélla por cuatro ó cinco meses, y todo lo pierden por mudar su fantasía, y en comer, y en mozos, y en vestir y calzar, y leña y otras provisiones, y en infantescas, que no hay cortesana, por baxa que sea, que no tenga su infantesca, y no pueden mantenerse á sí, y todavía procuran de tenerla buena ó mala; y las siervas, como han sido putas, sacan por partido que quieren tener un amigo que cada noche venga á dormir con ellas, y ansí roban cuanto pueden.

Esc. Señora, el año de veinte y siete ellas serán fantescas á sus criadas, y perdonáme que os he detenido, porque no querria jamas carecer de vuestra vista, mirá que allí ví yo esta mañana puesta una locanda, y es bonica casa, aparejada para que cuando pasen puedan entrar sin ser vistas vuestras feligresas.

Loz. Callá, malsín; queríades vos allí para que entrasen por contadero, yo sé lo que me cumple.

Esc. ¡Oh qué preciosa es este diablo! yo queria expedir gratis, mas es taimada andaluza, y si quiere hacer por uno, vale más estar en su gracia que en la del gran Soldan. Mirá cuál va su criado tras ella; adiós, Zarpilla.

Ramp. Me recomiendo, cavallero: el cavallo no se comprará ogaño, piensan estos puercos revestidos de chamelotes hidalgos de Cantalapiedra, villanos, atestados de paja cevadaza, que porque se alaben de grandes caramillos, por eso les han de dar de cavalgar las pobres mujeres; voto á San Junco, que á éstos yo los haria pagar mejor, como dixo un loco en Porcuna, este monte no es para asnos.

Julio. ¿Qué es eso, Rodrigo Roido? ¿hay negocios? ¿con quién las habeis?

Ramp. No, con nadie, sino serviros; ¿habeis visto la Lozana?

Jul. Decí vuestra ama, no os avergonceis, andá, que allí entró, hacelda salir, que la espero, y decí que le quiero dar dineros, porque salga presto.

Talillo. ¿Quién es?

Ramp. Yo só; ¿está acá ella?

Tal. ¿Quién ella? decid, duelos os vengan, vuestra ama la señora Lozana, y esperá, cabron. Señora Lozana, vuestro criado llama.

Loz. Abrildo, mi alma, que él no habrá comido, y veréis cuál lo paro.

Tal. Sube, Abenamar.

Loz. ¿Qué quereis? ¿por dineros venis? pues tan blanco el ojo caminá, ¿no os dí ayer tres julios? ¿ya los gastastes? ¿so yo vuestra puta? andá, tornaos á casa.

Oropesa. Señora Lozana, llamaldo, que yo le daré dineros que expenda, vén acá, Jacómina, va, saca diez julios, y dáselos que coma, que su ama aquí se estará esta semana, y dale á comer, no se vaya. Vén acá, Rampin, va, come allí con aquellos mozos, duelos te vengan, vosotros no llamaréis á nadie por comer y reventar.

Mozos. Señora, venga, que él de casa es; vén acá, come, pues que veniste tarde, que milagro fué quedar este bocado del jamon, corta y come, y beberás.

Ramp. Ya he comido, no quiero sino beber.

Tal. Pues, cuerpo de tal contigo, ¿en ayunas quieres beber, como bestia? Señora Lozana, mandalde que coma, que ha vergüenza.

Loz. Come presto un bocado, y despacha el cuerpo de la salud.

Tal. ¿Qué esperas? come, pese á tal con quien te parió, ¿piensas que te tenemos de rogar? ves ahí vino en esa taza de plata, paso, paso, ¿qué diablos has? ¡oh, pese á tal contigo! ¿y las tripas echas? sal allá, que no es atriaca, ved aquí, oh cuerpo de Dios con quien te bautizó, que no te ahogó por grande que fueras, y ¿no te podias apartar? sino manteles y platos y tazas todo lo llenó este vuestro criado, cara de repelon trasnochado.

Loz. ¿Qué es esto de que reviesa? algo vido sucio, que él tiene el estómago liviano.

Tal. ¿Qué es eso que echa? ¿son lombrices?

Mozos. Agora, mi padre, son los bofes en sentir el tocino.

Loz. Dénle unas pasas para que se le quite el hipar, no se ahogue.

Mozos. Guay dél si comiera más, Dios quiso que no fué sino un bocado.

Orop. No será nada.

Loz. Señora, no querria que le quebrase en ciciones, porque su padre las tuvo siete años, de una vez que lo gustó.

Tal. ¡Amarga de tí, Guadalajara! Señora Lozana, no es nada, que lleva la cresta hinchada.

Loz. Hijo mio, ¿tocino comes? guay de mi casa, no te me ahogues.

Tal. ¡Quemado sea el venerable tocino!

MAMOTRETO XXXV.

Cómo yendo en casa de otra cortesana vino su criado, y lo hizo vestir entre sus conocidos.

Loz. Mira, Jacómina, no despiertes á la señora, déxala dormir, que el abad no la dexó dormir esta noche, ya se fué á cancillería por dineros, allá desollará cualque pobre por estar en gracia de tu ama. Yo me salí pasico, cierra la puerta y mira si me demanda di que fuí á mi casa.

Jacómina. Sí haré, mas acordaos de mí.

Loz. ¿De qué?

Jacóm. Que me traigais aquello para quitar el paño de la cara.

Loz. Y ¿qué piensas? ¿por dos julios te habian de dar los porcelletes, y limon, y agraz estilado, y otras cosas que van dentro? hermana, es menester más dineros si quieres que te traiga buena cosa.

Jacóm. Toma veis ahí cinco julios, y no lo sepa mi señora, que mi vizcaíno me dará más si fueren menester.

Loz. ¿Por qué no le dices tú á ese tu vizcaíno que me hable? que yo te lo haré manso, que te dará más, y no le digas que me has dado nada, que yo le haré que pague el agua y la fatiga, y á mi mozo quiero que le dé una espada de dos manos liviana; mañana te lo trairé, que para una romana lo tengo de hacer, que es muy morena, y me ha de dar uvas para colgar, y más que sacaré calla callando, y tú, si quieres ser hermosa, no seas mísera de lo que puedes ser larga; saca dese tu namorado lo que pudieres, que en mi casa te lo hallarás, y de tu señora me puedes dar mill cosas que ella lo tome en placer. Ansí se ayudan las amigas, ¿quién sabe si tú algun tiempo me habrás menester?

que las amas se mueren y las amigas no faltan, que tu serás aún con el tiempo cortesana, que ese lunar sobre los dientes dice que serás señora de tus parientes, y todos te ayudarémos, que ventura no te faltará, sino que tú estás ciega con este vizcaíno, y yo sé lo que me sé, y lo que más de dos me han dicho, sino que no quiero que salga de mí, que yo sé dónde serías tú señora, y mandarías y no serías mandada, y me vó que tengo que hacer, aquí verná mi mozo, dale tú aquello que sabes que escondimos; veslo, aquí viene, ¿venís? ¿es hora, merdohem? entrá allá con Jacómina, y despues id á casa, y cerrá bien, y vení que me hallaréis en casa de la señora del solacio.

Blason. Señora Lozana, ¿dónde, dónde tan de priesa?

Loz. Ya podeis pensar, mujer que es estada cuatro sábados mala, y sin ayuda de nadie, mirá si tengo de darme priesa á rehacer el tiempo perdido; ¿qué pensais? ¿que me tengo de mantener del viento, como camaleon? no tengo quien se duela de mí, que vosotros sois palabras de presente y no más.

Blas. ¡Oh señora Lozana! sabe bien vuestra merced que yo soy palabras de pretérito y futuro, servidor vuestro, mas mirando la ingratitud de aquella que vos sabeis, diré yo lo que dixo aquel lastimado, _patria ingrata, non habebis ossa mea_, que quiere decir, *puta ingrata, non intrabis in corpore meo*, ¿cómo, señora Lozana, si yo le doy lo que vos misma mandastes, y más, como se ve que no son venidos los dineros de mis beneficios cuando se los echo encima, y le pago todas las deudas, porque aquella mujer no ha de mirar que yo no soy lazarillo, el que cavalgó á su agüela, que me trata peor, voto á Dios?

Loz. En eso tiene vuestra merced razon, mas mirá que con el grande amor que os tiene, ella hace lo que hace, y no puede más, que ella me lo dixo, y si no fuese porque voy agora de priesa á buscar unos dineros prestados para comprar á mi criado una capa mediana sin ribete, yo haria estas paces.

Blas. Señora Lozana, no quiero que sean paces, porque yo determino de no vella en toda mi vida; mas por ver que dice, y en qué términos anda la cosa, os ruego que vais allá, y mireis por mi honra, como vos, señora, soleis, que yo quiero dar á vuestro criado una capa de Perpiñan que no me sirvo della, y es nueva, y á vuestra merced le enviaré una cintura napolitana.

Loz. ¿Y cuándo?

Blas. Luégo, si luégo viene vuestro criado.

Loz. Veislo, viene; caminá, alvanir de putas, que veis ahí vuestro sueño suelto, este señor os quiere honrar, id con él, y vení donde os dixe.

Blas. Señora, hacé el oficio como soleis.

Loz. Andá, perdé cuidado, que ya sé lo que vos quereis; basta, basta.

Sustituto. Señora Lozana, acá, acá; pese al turco si en toda mi vida os hube menester, agora más que nunca.

Loz. Ya sé que me quereis, yo no puedo serviros, porque pienso en mis necesidades, que no hay quien las piense por mí, que yo y mi criado no tenemos pelo de calza ni con qué defendernos del frio.

Sust. Señora Lozana, eso es poca cosa para vuestra merced, yo daré una cana de medida de estameña fina, y zapatos y chapines, y dexáme luégo la medida, que mañana, ántes que vos, señora, os levanteis, os lo llevarán, y vuestro mozo envíamelo aquí, que yo le daré la devisa de mi señora y mi vida, aunque ella no me quiere ver.

Loz. ¿Y de cuándo acá no os quiere ver? que no dice ella eso, que si eso fuera, no me rogára ella á mí que fuese con ella disimulada á dar de chapinazos á la otra con quien os habeis envuelto, mas no con mi consejo, que para eso no me llama vuestra merced á mí, porque hay diferencia della á la señora Virgilia, y mirá, señor, ésa es puta salida, que en toda su casa no hay alhaja que pueda decir por esta gracia de Dios, que todo está empeñado y se lo come la usura, que Trigo me lo dixo: quiere vuestra merced poner una alcatraza con aquélla, que su gracia y su reposo y su casa lleva, y su saber basta para hacer tornar locos á los sabios, y si vuestra merced dará la devisa á mi mozo, será menester que yo me empeñe para dalle jubon de la misma devisa.

Sust. Andá, señora Lozana, que no suelo yo dar devisa que no dé todo; en esto verá que no la tengo olvidada á mi señora Virgilia, que voto á Dios, que mejor sé lo que tengo en ella, que no lo que tengo en mi casa. Veis, aquí viene el malogrado de vuestro criado con capa, parece al superbio de Perusa, que á nadie estima; quédese él aquí, y vaya vuestra merced buen viaje.

Loz. ¡Cuántas maneras hay en vosotros los hombres por sujetar á las sujetas, y matar á quien muere! allá esperaré al señor mi criado, por ver cómo le dice la librea de la señora Virgilia.

MAMOTRETO XXXVI.

Cómo un caballero iba con un embaxador napolitano travestidos, y vieron de léxos á la Lozana, y se la dió á conocer el caballero al embajador.

Caballero. Monseñor, ¿ve vuestra señoría aquella mujer que llama allí?

Embaxador. Sí.

Cab. Corramos y tomémosla en medio, y gozará vuestra señoría la más excelente mujer que jamas vido, para que tenga vuestra señoría que contar si la goza por entero, y si toma conosciencia con ella, no habrá menester otro solacio, ni quien le diga mejor cuantas hermosas hay, y cada una que es hermosa, que tiene el mejor ver y judicar que jamas se vido, porque bebió y pasó el rio de Nilo, y conoce sin espejo, porque ella lo es, y como las tiene en plática, sabe cada una en qué puede ser loada, y es muy universal en todas las otras cosas que para esto de amores se requieren, y mírela en tal ojo que para la condicion de vuestra señoría es una perla, desta se puede muy bien decir: _Mulier que fuit in urbe habens septem mecanicas artes_. Pues á las liberales jamas le faltó retórica ni lógica para responder á quien las estudió, el mirable ingenio que tiene da que hacer á los que la oyen. Monseñor, vamos desta parte, esperemos á ver si me conoce.

Embax. Al cuerpo de mí esta dona yo la vi en Bancos que parlaba, muy dulce y con audacia, que parecia un Séneca.

Cab. Es parienta del ropero, conterránea de Séneca, Lucano, Marcial y Avicena, la tierra lo lleva, está in agilibus, no hay su par, y tiene otra excelencia, que lustravit provincias.

Embax. ¿Es posible? como riguarda in qua.

Loz. Ya, ya conocido es vuestra merced, por mi vida, que aunque se cubra, que no aprovecha, que ya sé que es mi señor, por mi vida, tantico la cara, que ya sé que es de ver y de gozar, ese señor no lo conozco, más bien veo que debe ser gran señor. A seguridad le suplico que me perdone, que yo lo quiero forzar, por mi vida, que son matadores esos ojos, ¿quién es ese señor? que lo sirva yo, por vida de vuestra merced, y de su tio, y mi señor.

Cab. Señora Lozana, este señor os suplica que le metais debaxo de vuestra caparela, y entrará á ver la señora Angelina porque vea si tengo razon en decir que es la más acabada dama que hay en esta tierra.

Loz. A vuestra señoría metelle he yo encima, no debaxo, mas yo lo trabajaré, esperen aquí, que si su merced está sola, yo la haré poner á la ventana, y si más mandaren, yo verné abaxo, bien estaré media hora, paséense un poco, porque les tengo de rogar primero que haga un poco por mí, que estoy en gran necesidad, que me echan de la casa, y no tengo de qué pagar, que el borracho del patron no quiere ménos de seis meses pagados ántes.

Cab. Pues no os detengais en nada deso, que la casa se pagará; enviáme vos á vuestro criado á mi posada, que yo le daré con qué pague la casa, porque su señoría no es persona que debe esperar.

Loz. ¿Quién es, por mi vida?

Cab. Andá, señora Lozana, que persona es, que no perderéis nada con su señoría.

Loz. Sin eso y con eso sirvo yo á los buenos, esperen.

Cab. Monseñor, ¿qué le parece de la señora Lozana? Sus inxertos siempre toman.

Embax. Me parece que es astuta, que cierto ha de la sierpe é de la paloma. Esta mujer sin lágrimas parará más insidias que todas las mujeres con lágrimas; por vida del visorey, que mañana coma comigo, que yo le quiero dar un brial.

Cab. Mírela vuestra señoría á la ventana, no hay tal Lozana en el mundo, ya abre, veamos qué dice, cabecea que entremos, donde ni fierro ni fuego á la virtud empece.

Embax. Qua piu bella la madre que la filla.

Cab. Monseñor, ésta es cárcel de amor; aquí idolatró Calixto, aquí no se estima Melibea, aquí poco vale Celestina.

MAMOTRETO XXXVII.

Cómo de allí se despidió la Lozana, y se fué en casa de un hidalgo que la buscaba, y estando solos se lo hizo porque diese fe á otra que lo sabía hacer.

Loz. Señores, no hay más que hacer, la prision es segurísima, la prisionera piadosa, la libertad no se compra, la sujecion aquí se estima, porque hay merecimiento para todo, vuestra señoría sea muy bien venido, y vuestra merced me tenga la promesa, que esta tarde, irá mi criado á su posada, y si vuestra merced manda que le lleve una prenda de oro ó una toca tunici, la llevará, porque yo no falte de mi palabra, que prometí por todo hoy, á este señor yo lo visitaré.

Cab. Señora Lozana, no envieis prenda, que entre vos y mí no se pueden perder sino los barriles; enviá, como os dixe, y no cureis de más, y mirá que quiere su señoría que mañana vengais á verlo.

Loz. Beso sus manos y vuestros piés, mas mañana no podrá

ser, porque tengo mi guarnelo lavado, y no tengo qué me vestir.

Cab. No cureis, que su señoría os quiere vestir á su modo y al vuestro, veni ansí como estais, que os convida á comer, y no haga esperar, que su señoría come de mañana.

Loz. Por la luz de Dios, no estuviese sin besar tal cara como ésa, aunque supiese enojar á quien lo ve.

Angelina. Ansí, Lozana, no cureis, andá, dexaldo, que me enojaré, aunque su merced no me quiere ver.

Cab. Señora, deseoso yo servir, por tanto le suplico que á monseñor mio le muestre su casa y sus joyas, porque su señoría tiene muchas y buenas, que puede servir á vuestra merced; señora Lozana, mañana no se os olvide de venir.

Loz. No sé si se me olvidará, que soy desmemoriada despues que moví, que si tengo de hacer una cosa es menester ponerme una señal en el dedo.

Cab. Pues vení acá, tomá este anillo, y mirá que es un esmeralda, no se os caiga.

Loz. Sus manos beso, que más la estimo que si me la diera la señora Angelina dada.

Ang. Andá, que os la dó, y traelda por mi amor.

Loz. No se esperaba ménos desa cara de luna llena; ay, señora Angelina, míreme, que parezco obispo, por vida de vuestra merced y mia, que no estoy más aquí, vén á cerrar, Matehuelo, que me esperan allí aquellos mozos del desposado de Hornachuelos, que no hay quien lo quiera, y él porfiar y con todas se casa, y ninguna sirve de buena tinta.

Matehuelo. Cerrar y abriros, todo á un tiempo.

Mozos. Vení, señora Lozana, caminá, cuerpo de mí, que mi amo se desmaya y os espera, y vos todavía queda, sin vos no valemos nada, porque mi amo nunca se rie sino cuando os ve, y por eso mirá por nosotros y sednos favorable, agora que le son venidos dineros, ántes que se los huelan las bagasas, que voto á Dios, con putas y rufianas y tabaqueras no podemos medrar, por eso ayúdenos vuestra merced, y haga cuenta que tiene dos esclavos.

Loz. Callá, dexá hacer á mí, que yo lo porné del lodo á dos manos, vuestro amo es como el otro que dicen, cantar mal y porfiar, él se piensa ser Pedro Aguilocho, y no lo pueden ver putas más que al diablo, unas me dicen que no es para nada, otras que lo tiene tan luengo que parece anadon, otras que arma y no desarma, otras que es mísero, y aquí firmaré yo que primero que me dé lo que le demando, me canso, y al cabo saco de la mitad de lo que le pido, que es trato cordobés; él quiere que me esté allí con él, y yo no quiero perder mis ganancias que tengo en otra parte, y mirá qué teson ha tenido comigo, que no he podido sacar dél, que como me daba un julio por cada hora que estoy allí, que me dé dos, que más pierdo yo en otras partes, que no vine yo de entrada, como el que tiene veinte piezas las mejores de Cataluña, y no sé en qué se las expende, que no relucen, y siempre me cuenta deudas; pues mándole yo que putas lo han de comer á él y á ello todo, no curés, que ya le voy cayendo en el rastro; ¿veis el otro mozo dó viene?

Marzoco. ¿Qué es eso? ¿dó is, señora?

Loz. A veros.

Marz. Hago saber á vuestra merced que tengo tanta penca de cara de ajo.

Loz. Ésa sea la primera alhaja que falte en tu casa, y áun como á tí llevó la landre; tente allá, bellaco, andando se te caiga.

Marz. Señor, ya viene la Lozana.

Patron. Bien venga el mal si viene solo, que ella siempre vendrá con cualque demanda.

Loz. ¿Qué se hace, caballeros? ¿Háblase aquí de cosas de amores ó de mí, ó de cualque señora á quien sirvamos todos? por mi vida, que se me diga, porque si es cosa á que yo pueda remediar, lo remediaré, porque mi señor amo no tome pasion, como suele por demas, y por no decir la verdad á los médicos: ¿qué es eso? ¿no me quiere hablar? ya me vó, que ansí como ansí aquí no gano nada.

Moz. Vení acá, señora Lozana, que su merced os hablará y os pagará.

Loz. No, no, que ya no quiero ser boba, si no me promete dos julios cada hora.

Marz. Vení, que es contento, porque más mereceis, máxime si le socorreis, que está amorado.

Loz. ¿Y de quién? catá que me corro si de otra se enamoró, mas como todo es viento su amor, yo huelgo que ame y no sea amado.

Marz. ¿Cómo, señora Lozana, y quién es aquel que ama y no es amado?

Loz. ¿Quién? su merced.

Marz. ¿Y por qué?

Loz. Eso yo me lo sé, no lo diré sino á su merced solo.

Marz. Pues ya me voy, vuestras cien monedas agora, Dios lo dixo.

Loz. Andá, que ya no es el tiempo de Mari-Castaña.

Patron. Dexá decir, señora Lozana, que no tienen respeto á nadie, entendamos en otro: yo muero por la señora Angelina, y le daré seis ducados cada mes, y no quiero sino dos noches cada semana, ved vos si merece más, y por lo que vos dixéredes me regiré.

Loz. Señor, digo que no es muncho aunque le diese la metad de vuestro oficio de penitencería; mas ¿cómo harémos? que si vuestra merced tiene ciertos defectos que dicen, será vuestra merced perder los ducados y yo mis pasos.

Pat. ¿Cómo, señora Lozana? ¿y suelo yo pagar mal á vuestra merced? Tomá, veis ahí un par de ducados, y hacé que sea la cosa de sola signatura.

Loz. Soy contenta, mas no me entiende vuestra merced.

Pat. ¿Qué cosa?

Loz. Digo que si vuestra merced no tiene de hacer sino besar, que me bese á mí.

Pat. ¿Cómo besar? que la quiero cavalgar.

Loz. ¿Y dónde quiere ir á caballar?

Pat. Andá para puta, zagala, burlais.

Loz. No burlo, por vida de la señora honrada á quien vos quereis cavalgar y armar, y no desarmar.

Pat. ¡Oh pese á tal! ¿Y eso decís? por vida de tal que lo habeis de probar, porque tengais qué contar.

Loz. ¡Ay, ay! por el siglo de vuestro padre que no me hagais mal, que ya basta.

Pat. Mal le haga Dios á quien no os lo metiere todo, aunque sepa ahogaros, y veréis si estoy ligado, y mirá cómo desarmo.

Loz. ¿Tal frojolon tenés? esta vez no lo quisiera perder aunque supiera hallar mi anillo, que perdí agora cuando venía.

Pat. Tomá, veis aquí uno que fué de monseñor mio, que ni á mí se me olvidará, ni á vos se os irá de la memoria de hablar á esa señora, y decilde lo que sé hacer.

Loz. Por mi vida, señor, que como testigo de vista, diré el aprieto en que me ví; ¡ay, ay! y desos sois, desde aquí voy derecho á contar á su merced vuestras virtudes.

Pat. Sí, mas no está, que tomará celos su porfía.

Loz. Muncho hará á vuestro propósito, aunque estais ciego, que segun yo sé y he visto, esa señora que pensais que es á vuestra vista hermosa, no se va al lecho sin cena.

Pat. ¿Cómo? por vida de la Lozana.

Loz. Que su cara está en mudas cada noche, y las mudas tienen esto, que si se dejan una noche de poner qué no valen nada, por eso se dice que cada noche daba de cená á la cara.

Pat. ¿Y estas mudas qué son?

Loz. Cerillas hechas de uvas asadas, mas si la veis debaxo de los paños, lagartixa parece.

Pat. Callá, señora Lozana, que tiene gracia en aquel menear de ojos.

Loz. Eso yo me lo tengo, que no soy puta, cuánto más ella que vive deso.

Pat. Quien á otra ha de decir puta, ha de ser ella muy buena mujer, como agora vos.

MAMOTRETO XXXVIII.

Cómo la Lozana entra en la baratería de los gentiles hombres y dice:

Loz. Algo tengo yo aquí, que el otro dia cuando vine por no tener favor, con seis ducadillos me fuí, de un resto que hizo el faraute, mi señor; mas agora que es el campo mio, restos y resto mio serán.

Octavio. Señora Lozana, resto quexoso será el mio.

Loz. Andá, señor, que no de mí.

Aurelio. Vení acá, señora Lozana, que aquí se os dará el resto y la suerte principal.

Loz. Viva esa cara de rosa, que con esa magnificencia las hacés esclavas siendo libres, que el resto dicen que es poco.

Aur. ¿Cómo poco? tanto, sin mentir.

Loz. Crezca de dia en dia, porque gocés tan florida mocedad.

Aur. Y vos, señora Lozana, goceis de lo que bien quereis.

Loz. Yo, señor, quiero bien á los buenos y caballeros que me ayudan á pasar mi vida sin decir ni hacer mal á nadie

Oct. Eso tal sea este resto, porque es para vos, tomaldo, que para vos se ganó.

Loz. ¿Sepamos cuánto es?

Oct. Andá, callá y cogé, que todos dicen *Amén,* sino quien perdió, que calla.

Loz. Soy yo capellana de todos, y más de su señoría.

Oracio. Cogé, señora Lozana, que si los pierdo, en habellos vos los gano, aunque el otro dia me motejaste delante de una dama.

Loz. Yo, señor, lo que dixe entónces digo ahora, que ellas me lo han dicho, que diz que teneis un diablo que parece conjuro de sacar espíritus.

Orac. ¡Oh pese á tal! ¿y eso dicen ellas? no saben bien la materia.

Loz. Si no saben la materia, saben la forma.

Orac. No hay ninguno malo, mozas.

Loz. Señor, no, sino que unos tienen más fuerza que otros.

Milio. Señora Lozana, hacé parte á todos de lo que sabeis; ¿de mí qué dicen, que no me quieren ver ni oir?

Loz. Hay pecador sobre que dicen que vuestra merced es el que muncho hizo.

Salustio. ¿Y yo, señora Lozana?

Loz. Vuestra merced el que poco y bueno, como de razon.

Camilo. ¿A mí, señora Lozana, qué?

Loz. Vos, señor, el que no hizo nada que se pareciese.

Cam. Porque cayó en mala tierra, que son putas insaciables. ¿No le basta á una puta una y dos, y un beso tres, y una palmadica cuatro, y un ducado cinco? ¿son piltracas?

Loz. Sí para vos, mas no para nos; ¿no sabés que uno que es bueno, para sí es bueno, más mejor es si su bondad aprovecha á munchos?

Cam. Verdad decís, señora Lozana, mas el pecado callado, medio perdonado.

Loz. Si por ahí tirais, callaré, mas siempre oí decir que las cosas de amor avivan el ingenio, y tambien quieren plática, el amor sin conversacion es bachiller sin repetidor, y voyme, que tengo que hacer.

Aur. Mirá, señora Lozana, que á vos encomiendo mis amores.

Loz. Y si no sé quién son.

Aur. Yo os lo diré si vos mandais, que cerca están, y yo léxos.

Loz. Pues dexáme agora, que voy á ver si puedo hallar quien me preste otros dos ducados para pagar mi casa.

Aur. Voto á Dios, que si los tuviera que os los diera, mas dexé la bolsa en casa por no perder, y tambien porque se me quebraron los cerraderos, mas sed cierta que eso y más os dexaré en mi testamento.

Loz. ¿Cuándo? soy vuestra sin eso y con eso, véngase á mi casa esta noche y jugarémos castañas, y probará mi vino, que raspa; sea á cená, y haré una cazuela de pexe, que dicen que venden unas azedias frescas vivas, y no tengo quien me vaya por ellas y por un cardo.

Aur. Pues yo enviaré á mi mozo esta tarde con todo.

Loz. Vuestra merced será muy bien venido; nunca me encuentra Dios sino con míseros lacerados, él caerá, que para la luz de Dios, que bobo y hidalgo es.

Guardian. ¿Qué se dice, señora Lozana? ¿dó buena?

Loz. Señor, á mi casa.

Guard. Llegaos aquí al sol, y sacáme un arador, y contáme cómo os va con los galanes deste tiempo, que no hay tantos bobos como en mis tiempos, y ellas creo que tambien se retiran.

Loz. ¿Y cómo? si bien supiese vuestra merced, no hay puta que valga un maravedí, ni dé de comer á un gato, y ellos, como no hay saco de Génova, no tienen sino el maullar, y los que algo tienen piensan que les ha de faltar para comer, y á las veces sería mejor hoder poco que comer muncho, cuantos he visto enfermos de los riñones por miseria de no expender, y otros que piensan que por cesar han de vivir, mas es al contrario, que *semel in setimana* no hizo mal á nadie.

Alcaide. Por mi vida, señora Lozana, que yo *semel in mense* y *bis in anno*.

Loz. Andá ya, que ya lo sé, que vuestra merced hace como viejo y paga como mozo.

Guard. Eso del pagar, mal pecado, nunca acabó, porque cuando era mozo pagaba por entrar, y agora por salir.

Loz. Viva vuestra merced muchos años, que tiene del peribon; por eso dadme un alfiler, que yo os quiero sacar diez aradores.

Alc. Pues sacá, que por cada uno os daré un grueso.

Loz. Ya sé que vuestra merced lo tiene grueso, que á su puta beata lo oí, que le metiades las paredes adentro, dámelo de argento.

Alc. Por vida de mi amiga, que si yo los hubiese de comprar, que diese un ducado por cada uno, que uno que retuve me costó más de ciento.

Loz. Sofa sería ése, no hace para mí, quiérome ir con mi honra.

Alc. Vení acá, traidora, sacáme uno no más de la palma.

Loz. No sé sacar de la palma ni del codo.

Guard. ¿Y de la punta de la picarazada?

Loz. De ahí sí, buscallo, mas no hallarlo.

Guard. ¡Oh cuerpo de mí, señora Lozana, que no sabeis de la palma y estais en tierra, que los sacan de las nalgas con putarólo, y no sabeis vos sacallos al sol con buen aguja!

Loz. Sin aguja los saco yo cuando son de oro ó de plata, que de otras suertes ó maneras no me entiendo; mejor hará vuestra merced darme un barril de mosto para hacer arrope.

Guard. De buena gana, enviá por ello y por leña para hacello, y por membrillos que cozais dentro, y mirá si mandais más, que á vuestro servicio está todo.

Loz. Soy yo suya toda.

Alc. Y yo vuestro hasta las trencas.

———

MAMOTRETO XXXIX.

Cómo la señora Terencia vido pasar á la Lozana y la manda llamar.

Terencia. Ves allí la Lozana que va de priesa, Migallejo, va, asómate y llámala.

Migallejo. ¿Señora Lozana? ¿ah, señora Lozana? mi señora le ruega que se llegue aquí.

Loz. ¿Quién es la señora?

Migall. La del capitan.

Loz. ¿Aquí se ha pasado su merced? yo huelgo con tal vecina; las manos, señora Terencia.

Ter. Las vuestras vea yo en la picota, y á vos encorozada sin proceso, que ya sin pecado lo merece, mas para su vejez se le guarda; miralda cuál viene, que parece corralario de putas y xarahoz de necios, díle que suba.

Migall. Sobí, señora.

Loz. Ay qué cansada que vengo, y sin provecho, señora, ¿cómo está vuestra merced?

Ter. A la fe, señora Lozana, enojada, que no me salen mis cosas como yo querria, dí á hilar, y hame costado los ojos de la cara porque el capitan no lo sienta, y agora no tengo trama.

Loz. Señora, no os maravilleis, que cada tela quiere trama, el otro dia no quisistes oir lo que yo os decia, que de allí sacárades trama.

Ter. Callá, que sale el capitan.

Capitan. ¿Qué es, señora?

Loz. Señor, servir á vuestra merced.

Cap. ¿Qué mundo corre?

Loz. Señor, bueno, sino que todo vale caro, que compran los pobres y venden los ricos, duelos tienen las repúblicas cuando son los señores mercadantes y los ricos revenden. Este poco de culantro seco me cuesta un bayoque.

Cap. Hi, hi, hi, comprándolo vos cada dia se sube, mas decíme qué mercado hay agora de putas.

Loz. Bueno, que no hay hambre dellas, mas todas son míseras, y cada una quiere avanzar para el cielo, señor, no quiero más putas, que harta estó dellas, si me quisieren en mi casa estaré, como hacia Galazo, que á puente Sixto moraba, y allí le iban á buscar las putas, para que las aconchase, y si él tenía buena mano, yo la tengo mejor, y él era hombre y mujer, que tenía dos naturas, la de hombre como muleto, y la de mujer como de vaca, dicen que usaba la una, la otra no sé, salvo que lo conocí que hacia este oficio de aconchar, al cual yo le sabré dar la manera mejor, porque tengo más conversacion que no cuantas han sido en esta tierra.

Cap. Dexá eso; decíme cómo os va, que muncha más conversacion tiene el Zopin que no vos, que cada dia lo veo con vestidos nuevos y con libreas, y siempre va medrado, no sé lo que hace, que toda su conversacion es á Torre sanguína.

Loz. Señor, maravíllome de vuestra merced, quererme igualar con el Zopin, que es fiscal de putas, y barrachel de regantío y rufian magro, y el año pasado le dieron un treinton como á puta, no pensé que vuestra merced me tenía en esta posesion, yo puedo ir con mi cara descubierta por todo, que no hice jamas vileza, ni alcagüetería ni mensaje á persona vil; á caballeros y á putas de reputacion, con mi honra procuré de interponer palabras, y amansar iras, y reconciliar las partes, y hacer paces y quitar rencores, examinando partes, quitar martelos viejos, haciendo mi persona albardon por comer pan, y esto se dirá de mí, si alguno me querrá poner en fábula: muncho supo la Lozana, más que no demostraba.

Cap. Señora Lozana, ¿cuántos años puede ser una mujer puta?

Loz. Dende doce años hasta cuarenta.

Cap. ¿Veinte y ocho años?

Loz. Señor, sí, hartarse hasta reventar, y perdonadme, señora Terencia.

MAMOTRETO XL.

Cómo yendo su camino encuentra con tres mujeres, y despues con dos hombres que la conocen de luengo tiempo.

Loz. ¿Para qué es tanto ataparse? que ya veo que no pudo el baño hacer más que primero habia, salvo lavar lo limpio, y encender color donde no fué menester arrebol.

Hi, hi, hi; vuestra casa buscamos, y si no os encontrábamos perdiamos tiempo, que imos á cená á una viña, y si no pasamos por vuestra mano, no valemos nada, porque tenemos de ser miradas, y van otras dos venecianas, y es menester que vos, señora Lozana, pongais en nosotras todo vuestro saber, y pagaos; ansí mismo vaya vuestro criado con nosotras, y verná cargado de todo cuanto en el banquete se diere, y avisaldo que se sepa ayudar, porque cuando venga traiga qué rozar.

Loz. Señoras mias, en fuerte tiempo me tomais, que en toda mi casa no hay cuatrin ni maravedí, ni cosa aparejada para serviros, mas por vuestro amor, y por comenzar á aviar la gente á casa, yo iré y buscaré las cosas necesarias para de presto serviros, mi criado irá, más por haceros placer que por lo que puede traer, y vosotras miráme bien por él, y no querria que hiciese quistion con ninguno, porque tiene la mano pesada, y el remedio es que cuando se enciende como berraco, quien se halla allí más presto le ponga la mano en el cerro, y luégo amansa, y torna como un manso; veislo viene. Anade, anda, ¿qué cosa? ¿qué cosa? ¿en qué están las alcavalas? como se vé vestido, que parece dominguillo de higueral, no estima el resto; volveos, andá derecho, ansí relumbre la luna en el rollo como este mi novio, andá á casa, y tenémela limpia, y guardá no rompais vos esa librea, colgadla; señoras, id á mi casa, que allí moro junto al rio, pasada la via Asinaria más abaxo, yo voy aquí á una especiería por ciertas cosas para vuestro servicio, aunque sepa dexar una prenda.

Griega. Señora Lozana, tomá, no dexeis prenda, que despues contarémos, caminá.

Loz. ¡Ay pecadora de mí! ¿quién son éstos? aquí me ternán dos horas, ya los conozco, ¡oxalá me muriera cuando ellos me conocieron! ¡beata la muerte cuando viene despues de bien vivir! Andar, siempre oí decir que en las adversidades se conocen las personas fuertes; ¿qué tengo de hacer? haré cara, y mostraré que tengo ánimo para saberme valer en el tiempo adverso.

Giraldo. Señora Lozana, ¿cómo esta vuestra merced? no ménos poderosa ni hermosa os conocí siempre, y si entónces, mejor agora os suplicamos nos tengais por hermanos, y muy aparejados para vuestro servicio.

Loz. Señores, ¿cuándo dexé yo de ser presta para servir esas caras honradas? que agora y en todo tiempo tuvieron merecimiento para ser de mí muy honrados, y no solamente agora que estoy en mi libertad, mas siendo sujeta no me faltaba inclinacion para serles muy aficionada, bien que yo y mi casa seamos pobres, al ménos aparejada siempre para lo que sus mercedes me quisieren mandar.

Gir. Señora, servir.

Loz. Señores, beso las manos de vuestras mercedes mill veces, y suplícoles que se sirvan de mi pobreza, pues saben que soy toda suya. Por vida del Rey, que no me la vayan penar al otro mundo los puercos, que les he hecho mill honras cuando estábamos en Damiata y en Túnez de Berbería, y agora con palabras prestadas me han pagado, Dios les dé el mal año, quisiera yo, pese al diablo, que metieran la mano á la bolsa por cualque docena de ducados, como hacia yo en aquel tiempo, y si no los tenía se los hacia dar á mi señor Diomedes, y á sus criados los hacia vestir, y agora á mala pena me conocen, porque sembré en porcuna, bien me decia Diomedes, guárdate, que éstos á quien tú haces bien te han de hacer mal. Mirá qué canes reñegados, villanos secretos, capotes de terciopelo, por estos tales se debia decir, si te ví no me acuerdo, quien sirve á munchos no sirve á ninguno.

MAMOTRETO XLI.

Aquí comienza la tercera parte del retrato, y serán más

graciosas cosas que lo pasado. Cómo tornó á casa y afeitó con lo que traia las sobredichas, y cómo se fueron, y su criado con ellas, y quedó sola, y contaba todo lo que habia menester para su trato, que queria comenzar, y de aquí adelante le darémos fin.

Loz. Agora que me arremangué á poner trato en mi casa, vale todo caro, andar, pase por agora por contentar estas putas, que despues yo sabré lo que tengo de hacer.

Griega. Mirámela cuál viene que le nazcan barbas, narices de medalla.

Loz. Parece mi casa atalaya de putas; más puse del mio que no me distes.

Julia. Sus, á mí primero, señora Lozana.

Loz. Andá, no cureis, que eso hace primero para esto que á la postre, vení acá vos, Gaitero, id con ellas y mirá que es convite de catalanes, una vez en vida y otra en muerte, apañá lo que pudiéredes, que licencia tenés plomada destas señoras putas, que sus copos lo pagarán todo, garveá y traer á casa cara y no palos, caminá delante, id cantando.

Ramp. ¿Qué dirán que guardo, Malogrado, Qué dirán que guardo?

Loz. Bueno, por mi vida, bueno como almotacen de mi tierra, aquí me quedo sola, deseo tenía de venir á mi casa, que, como dicen, mi casa y mi hogar cien ducados val, ya no quiero andar tras el rabo de putas. Hasta agora no he perdido nada, de aquí adelante quiero que ellas me busquen, no quiero que de mí se diga puta de todo trance alcatara á la fin, yo quiero de aquí adelante mirar por mi honra, que, como dicen, á los audaces la fortuna les ayuda, primeramente yo tengo buena mano ligera para quitar cejas, y sélo hacer mejor que yo me pienso, y tengo aquí esta casa al paso, y tengo este hombre que mira por mi casa, y me escalienta, y me da dentro con buen ánimo, y no se sabe sino que sea mi mozo, y nunca me demanda celos, y es como un siervo ligero, asimismo tengo mucha plática con quien yo tengo de usar este oficio, yo soy querida y amada de cuantas cortesanas favoridas hay, yo só conocida así en Roma como en el vulgo y fuera de Roma de munchos á quien yo he favorecido, y me traerán presentes de fuera, que terné mi casa abastecida, y si amuestro favor á villanos vernán sus mujeres, y porque las enseñe cómo se han de hacer bellas me traerán paxitas de higos y otras mill cosas como la tionlesa por el cuatrin del sublimato que le vendí, y como le prometí que otra vez le daria otra cosa mejor, porque secretamente se afeitase, pensó que hurtaba bogas, y envióme olivas y muchas manzanas y granadas que de Baena no podian ser mejores; pues si una villana me conoce, ¿qué haré cuando todas me tomen en plática? que mi casa será colmena, y tambien si yo asiento en mi casa no me faltarán muchos que yo tengo ya domados, y mitirillo por encarnazar, y será más á mi honra y á mi provecho, que no tomo sabor en casa de otrie, y si quisiere comer en mi casa, será á costa de otrie y sabráme mejor. Que no verná hombre aquí que no saque dél cuando de la leña, otro el carbon y otro el vino, y otro el pan, y otro la carne, y ansí de mano en mano sacaré la expesa, que no se sentirá, y esto riendo y burlando, que cada uno será contento de dar para estas cosas, porque no parece que sean nada cuando el hombre demanda un bayoque para peras, y como les sea poquedad sacar un bayoque, sacarán un julio y un carlin, y por ruin se tiene quien saca un groso. Ansí que si yo quiero saber vivir, es menester que muestre no querer tanto cuanto me dan, y ellos no querrán tomar el demas, y ansí se quedará todo en casa; otros vernán que traerán el seso en la punta del caramillo, y con éstos se ganará más, porque no tienen tiento hasta variar su pasion, y demandándoles darán cuanto tienen, y vernán otros que, con el amor que tienen, no comen, y hacelles hé comprar de comer, y pagar lo comprado, y hacelles hé que coste, y comeré yo y mi criado, y así se castigan los necios, y vernán otros que no serán Salomones, y afrentallos luégo en dos ó tres julios para cartas, y vernán otros novicios que agora vuelan, á estos tales no demandalles nada, sino fingir que si ellos tuviesen que yo no pasaria necesidad, y darme han fin á las bragas, y cuanto más si los alabo de valientes y que son amados de la tal, y que no vinieron á tiempo, y que el enamorado ha de ser gastador como el tal, y no mísero como el tal, y alabarlos que tienen gran cosa, que es esto para muchachos hacelles reyes, y á todos mirar de qué grado y condicion son, y en qué los puedo yo coger, y á qué se extiende su facultad, y ansí sacaré provecho y pagamiento, si no en dineros, en otras cosas, como de pajes rapiña, y de hijos de mercaderes robayna, y ansí daré á todos melecina; yo sé que si me dispongo á no tener empacho, y vo por la calle con mi cestillo, y llevo en él todos los aparejos que se requieren para aconchar, que no me faltará la merced del señor, y si soy vergonzosa seré pobre, y como dicen, mejor es tener que no demandar, así que si tengo de hacer este oficio, quiero que se diga que no fué otra que mejor lo hiciese que yo. ¿Qué vale á ninguno lo que sabe si no lo procura saber y hacer mejor que otrie? ejemplo gratia, si uno no es buen jugador, ¿no pierde? ¿si es ladron bueno, sábese guardar que no lo tomen? ha de poner el hombre en lo que hace gran diligencia, y poca vergüenza y rota conciencia para salir con su empresa al corrillo de la gente.

MAMOTRETO XLII.

Cómo estando la Lozana sola diciendo qué le convenia hacer para tratar y platicar en esta tierra sin servir á nadie, entró el Autor callando, y disputaron los dos, y dice él:

Auctor. Si está en casa la Lozana quiero vella y demandalla un poco de algalia para mi huéspeda, que está sorda. En casa está, dame con quien habla, voto á mí que debe de estar enojada con cualque puta, y agora todo lo que dice será nada, que despues serán amigas ántes que sea noche, porque ni ella sin ellas, ni ellas sin ella no pueden vivir, sabello tengo; que cualque cosa no le han querido dar, y por esto son todas estas braverías ó braveaduras. ¿Quién mató la Leona? ¿quién la mató? matóla vuestro yerno, marido de vuestra hija, así será esta quistion, su criado habrá muerto cualque raton, y pensará que sea leona; otra cosa es, agora lo entiendo, ¿qué dice de sueños? tambien sabe de agüeros, y no sé qué otra cosa dixo de urracas y de tordos que saben hablar y que ella sabria vivir; el Perseo he oido, ¡oh pese á san con la puta astuta! y no le bastaba Ovidio, sino Perseo, quiero sobir, que no es de perder, sino de gozar, de sus desparates, y quiero atar bien la bolsa ántes que suba, que tiene mala boca, y siempre mira allí, creo que sus ojos se hicieron de bolsa ajena, aunque yo siempre oí decir que los ojos de las mujeres se hicieron de la bragueta del hombre, porque siempre miran allí, y ésta á la bolsa, de manera que para con ella no basta un ñudo en la bolsa y dos gordos en la boca, porque huele los dineros donde están. Señora Lozana, ¿tiene algo de bueno á que me convide? que vengo cansado, y parecióme que no hacia mi deber si no entraba á veros, que, como vos sabeis, os quiero yo muncho por ser de hácia mi tierra; bien sabeis que los dias pasados me hicistes pagar unas calzas á la Maya, y no queria yo aquello, sino cualque viuda que me hiciese un hijo y pagalla bien, y vos que no perdiésedes nada en avisarme de cosa limpia sobre todo, y harémos un depósito que cualquier mujer se contente, y vos primero.

Loz. Señor, á todo hay remedio sino á la muerte, asentaos, y harémos colacion con esto que ha traido mi criado, y despues hablarémos. Va por vino, ¿qué dices? ¡oh buen grado haya tu agüelo! ¿y de dos julios no tienes cuatrin? pues busca, que yo no tengo sino dos cuatrines.

Auctor. Dexá estar; toma, cambia, y trae lo que has de traer.

Loz. Por mi vida, no le deis nada, que él buscará, desa manera no le faltará á él qué jugar, caminá pues, vení presto; sabeis, señor, que he pensado, que quizá Dios os ha traido hoy por aquí, á mí me ha venido mi camisa, y quiero ir esta tarde al estufa, y como venga, que peguemos con ello, y yo soy desta complision, que como yo quiero, luégo encaxo, y mirá, llegar y pegar todo será uno, y bástame á mí que lo hagais criar vos, que no quiero otro depósito, y sea mañana, y veníos acá, y comerémos un medio cabrito, que sé yo hacer apedreado.

Auctor. Hi, hi; veis, viene el vino *in quo est luxuria.*

Loz. Dame á beber, y da el resto del ducado á su dueño.

Ramp. ¿Qué resto? veislo ahí, todo es guarnacha y malvasía de Candía, que cuesta dos julios el bocal, ¿y quereis resto?

Loz. Mirá el borracho, y por fuerza habeis vos de traer guarnacha, traxerades corso ó griego, y no expendieras tanto.

Auctor. Andá, hermano, qué bien hicistes traer siempre de lo mejor, toma, tráeme un poco de papel y tinta, que quiero notar aquí una cosa que se me recordó agora.

Loz. Mirá, mancebo, sea ese julio como el ducado, hacé de las vuestras; señor, si él mete á jugar no torna acá hoy, que yo lo conozco.

Auctor. ¿En qué pasais tiempo, mi señora?

Loz. Cuando vino vuestra merced estaba diciendo el modo que tengo de tener para vivir, que quien veza á los papagayos á hablar, me vezará á mí á ganar. Yo sé ensalmar, y encomendar y santiguar, cuando alguno está ahojado, que una vieja me vezó, que era saludadera y buena como yo, sé quitar ahitos, sé para lombrices, sé encantar la terciana, sé remedio para las cuartanas y para el mal de la madre, sé cortar frenillos de bobos y no bobos, sé hacer que no duelan los riñones y sanar las renes, y sé medicar la natura de la mujer y la del hombre, sé sanar la sordera y sé ensolver sueños, sé conocer en la frente la phisionomía, y la chiromancía en la mano, y prenosticar.

Auctor. Señora Lozana, á todo quiero callar, mas á esto de los sueños ni mirar en abusiones no lo quiero comportar, y pues sois mujer de ingenio, notá que el hombre cuando duerme sin cuidado, y bien cubierto y harto el estómago, nunca sueña, y al contrario, asimismo, cuando duerme el hombre sobre el lado del corazon, sueña cosas de gran tormento, y cuando despierta y se halla que no cayó de tan alto como soñaba, está muy contento, y si mirais en ello, veréis que sea verdad; y otras veces sueña el hombre que comia ó dormia con la tal persona, que há gran tiempo que no la vido, y otro dia verála ó hablarán de ella, y piensa que aquello sea lo que soñó, y son los humos del estómago, que fueron á la cabeza, y por eso conforman los otros sentidos con la memoria; ansí que, como dicen los maestros que vezan los niños en las materias, muchas veces acaece quel muchacho sueña dineros, y á la mañana se le ensuelven en azotes; tambien decís que hay aojados, esto quiero que os quiteis de la fantasía, porque no hay ojo malo, y si me decis cómo yo ví una mujer que dixo á un niño que su madre criaba muy lindo, y dixo la otra, ¡ay qué lindo hijo y qué gordico! y al hora el niño no alzó cabeza, esto no era mal ojo, mas mala lengua, y dañada intencion y venenosa malicia, como sierpe que trae el veneno en los dientes, que si dixera, ¡Dios sea loado que lo crió! no le pudiera empecer; y si me decís cómo aquella mujer lo pudo empecer con tan dulce palabra, digo que la culebra con la lengua hace caricias, y da el veneno con la cola y con los dientes, y notá, habeis de saber que todas vosotras, por la mayor parte, sois más prestas al mal y á la envidia que no al bien, y si la malicia no reinase más en unas que en otras, no conoceriamos nosotros el remedio que es signarnos con el signo de la † contra la malicia y dañada intencion de aquéllas, digo, que lícitamente se podrian decir miembros del diablo; á lo que de los agüeros y de las suertes decís, digo que si tal vos mirais, que haceis mal, vos y quien tal cree, y para esto notá que munchos de los agüeros en que miran, por la mayor parte son alimañas ó aves que vuelan, á esto digo que es suciedad creer que una criatura criada tenga poder de hacer lo que puede hacer su Criador, que tú que viste aquel animal que se desperezó, y has miedo, mira que si quieres, en virtud de su Criador, le mandarás que reviente y reventará, y por esto tú debes creer en el tu Criador, que es Omnipotente, y da la potencia y la virtud, y no á su criatura; ansí que, señora, la † sana con el romero, no el romero sin la †, que ninguna criatura os puede empecer, tanto cuanto la † os puede defender y ayudar, por tanto os ruego me digais vuestra intencion.

Loz. Cuanto vos me habeis dicho es santo y bueno, mas mirá bien mi respuesta, y es que para ganar de comer tengo de decir que sé muncho más que no sé, y afirmar la mentira con ingenio, por sacar la verdad, ¿pensais vos que si yo digo á una mujer un sueño, que no le saco primero cuanto tiene en el buche? y digo luégo cualque cosa, que veo yo que allí tiene ella ojo, y tal vuelta el anima apasionada no se acuerda de sí misma, y yo dígole lo que ella otra vez ha dicho, y como ve que yo acierto en una cosa, piensa que todo es ansí, que de otra manera no ganaria nada. Mirá el prenóstico que hice cuando murió el emperador Maximiliano, que decian quién sería emperador, dixe, yo oí aquel loco que pasaba diciendo: oliva despaña, despaña, despaña, que más de un año turó, que otra cosa no decian sino despaña, despaña. Y agora que há un año que parece que no se dice otro sino carne, carne, carne salata, yo digo que gran carnecería se ha de hacer en Roma.

Auctor. Señora Lozana, ya me quiero ir, y estó siempre á vuestro servicio, y digo que es verdad un dicho que munchas veces leí, que, *quidquid agunt homines, intentio salvat omnes*, donde se ve claro que vuestra intencion es buscar la vida en diversas maneras, de tal modo, que otro cria las gallinas y vos comeis los pollos sin prejudicio ni sin fatiga. Felice Lozana, que no habria putas si no hubiese rufianas que las inxiriesen á las buenas con las malas.

MAMOTRETO XLIII.

Cómo salia el Auctor de casa de la Lozana, y encontró una fantesca cargada y un villano, con dos asnos cargados uno de cebollas y otro de castañas, y despues se fué el Autor con un su amigo, contándole las cosas de la Lozana.

Auctor. ¿Qué cosa es esto que traés, señoreta?

Jacómina. Bastimento para la cena, que viene aquí mi señora y un su amigo notario, y agora verná su mozo, que trae dos cargas de leña; señor, ¿es vuestra merced de casa? ayúdeme á descargar, que se me cae el bote de la mostaza.

Auctor. Sube, que arriba está la Lozana; ¿qué quieres? ¿tú, vendes esas cebollas?

Villano. Señor, no sé, son para presentar á una señora que se llama la Fresca, que mora aquí, porque me sanó á mi hijo del ahito.

Auctor. Llamá, que ahí está, esas castañas son para que se ahite ella, y tú con sus pedos.

Villano. Micer, sí.

Auctor. Pues voto á Dios, que no hay letrado en Valladolid que tantos cliéntulos tenga, pues aquellas ocultas allá van, que por ella demandan, y no me partiré de aquí sin ver el trato que esta mujer tiene, allá entra la una y la otra mujer con dos ánades, aquélla no es puta, sino mal de madre, yo lo sabré al salir; ya se va el villano, ya viene la leña para la cena, milagros hace, que la quiere menuda, ya van por más leña, dice que sea seca, al mozo envia que traiga especias y azúcar, y que sean hartas y sin moler, que traiga candelas de sebo de las gordas, y que traiga hartas por su amor, que será tarde, que han de jugar, yo me maravillaba si no lo sabía decir á mi fidamani, que ella cene más de tres noches con candelas de notario y á costa de cualque monitorio; ¿veis dó sale la de los anadones? quiero saber qué cosa es; decíme, madre, ¿cómo os llamais?

Vitoria. Fijo, Vitoria, enferma de la madre, y esta señora española me ha dado aqueste cerote para poner al ombligo.

Auctor. Decidme, señora, ¿qué mete dentro, si vistes?

Vit. Yo os lo diré, balbano y armoniaco, que consuma la ventosidad, y perdonáme, que tengo priesa.

Auctor. Andate en buen hora, yo me quiero estar aquí y ver aquel palafranero á qué entra allá, que no estará muncho, que ya viene el notario ó novio, que será cardico, y moxama le trae el ladron; bueno, pues entra, que ahí te quiero yo, que mejor notario es ella que tú, que ya está matriculada, ya sale el otro, italiano es, más bien habla español y es mi conocido; á vos, Penacho, ¿qué se dice? ¿sois servicial á la señora Lozana? ¿qué cosa es eso que llevais?

Penacho. ¡Juro á Dios! cosas buenas para el rabo, guarda que tú no lo dices á otro, questo es para la hemorroide que tiene monseñor mio, adio.

Auctor. Va norabuena, que aquí viene quien yo deseaba; si vuestra merced viniera más presto viera maravillas, y entre las otras cosas oyera un remedio que la señora Lozana ha dado para cierta enfermedad.

Silvano. Pues deso me quiero reir, que os maravilleis vos de sus remedios, sabiendo vos que remedia la Lozana á todos de cualquier mal ó bien; á los que á ella venian no sé agora cómo hace, mas en aquel tiempo que yo la conocí, embaucaba las gentes con sus palabras, y por cierto que dos cosas le vi hacer, la una á un señor que habia comido tósigo, y ella majó presto un rábano sin las hojas, y metiólo en vinagre fuerte, y púsoselo sobre el corazon y pulsos; y cuando fué la peste ella en Velitre, hizo esto mismo en vino bueno, y que tomase siempre placer, y que no se curase de otras píldoras ni purgas. Cada mes de Mayo come una culebra, por eso está gorda y fresca la traidora, aunque ella de suyo lo era.

Auctor. ¿No veis qué prisa se dan á entrar y salir putas y notarios?

Silv. Vámonos que ya son vacaciones, pues que cierran la puerta.

MAMOTRETO XLIV.

Cómo fué otro dia á visitarla este su conocido Silvano, y las cosas que allí contaron.

Silv. Señora Lozana, no se maraville, que quien viene no viene tarde, y el deseo grande vuestro me ha traido, y tambien por ver si hay páxaros en los nidos de antaño.

Loz. Señor, nunca faltan palomas al palomar, y á quien bien os quiere no le faltarán palominos que os dar.

Silv. No sean de camisa, que todo cuanto vos me decis os creo, Dios os bendiga, que gorda estais.

Loz. Hermano, como á mis expesas y sábeme bien, y no tengo envidia al Papa, y gánolo, y osténtolo, y quiéromelo gozar y triunfar, y mal año para putas, que ya las he dado de mano, que por la luz de Dios, que si me han menester, que vienen cayendo, que ya no soy la que solia; mirá qué casa, y en qué lugar, y qué paramentos, y qué lecho que tengo, salvo que ese bellaco me lo gasta cada noche que no duerme seguro, y yo que nunca estoy queda, y vos que me entendeis que somos tres; hi, hi, acordaisos de aquellos tiempos pasados cómo triunfábamos, y habia otros modos de vivir, y eran las putas más francas, y los galanes de aquel tiempo no compraban oficios ni escuderatos como agora, que todo lo expendian con putas y en placeres y convites, agora no hay sino maullantes overo, como dicen en esta tierra, totivento, que todo el año hacen hebrero, y ansí se pasan, no como cuando yo me recuerdo que venía yo cada sábado con una docena de ducados ganados en ménos tiempo que no há que venistes, y agora cuando traigo doce julios es muncho, pues Sábado Santo me recuerdo venir tan cansada, que estaba toda la Pascua sin ir á estaciones, ni á ver parientas ni amigas, y agora este Sábado Santo con negros ocho ducadillos me encerré, que me maravillo cómo no me ahorqué, pues las navidades de aquel tiempo, los aguinaldos y las manchas que me daban como agora cierto, nunca tan gran estrechura se vido en Cataluña ni en Florencia como agora hay en Roma; y si mirais en ello, entónces traian unas mangas bobas, y agora todos las traen á la perdalesca, no sé, por mí lo digo, que me maravillo cómo pueden vivir munchas pobres mujeres que han servido esta córte con sus haciendas y honras, y puesto su vida al tablero por honrar la córte y pelear y batallar, que no las bastaban puertas de hierro, y ponian sus copos por broquel y sus oidos por capacetes, combatiendo á sus expesas y á sus acostamientos de noche y de dia, y agora ¿qué mérito les dan? salvo que unas rotos sus brazos, otras gastadas sus personas y bienes, otras señaladas y con dolores, otras paridas y desmamparadas, otras que siendo señoras son agora siervas, otras estacioneras, otras lavanderas, otras estableras, otras cabestro de símiles, otras alcahuetas, otras parteras, otras cámara locanda, otras que hilan y no son pagadas, otras que piden á quien pidió y sirven á quien sirvió, otras que ayunan por no tener, otras por no poder, ansí que todas esperan que el Senado las provea á cada una segun el tiempo que sirvió y los méritos que debe haber, que sean satisfechas, y segun piensan y creen que harán una taberna meritoria como antiguamente solian tener los romanos y agora la tienen venecianos, en la cual todos aquellos que habian servido ó combatido por el Senado romano si venian á ser viejos ó quedaban lisiados de sus miembros por las armas, ó por la defension del pueblo, les daban la dicha taberna meritoria, en la cual les proveian del vito é vestito, esto al hora era bueno que el Senado cobraba fama y los combatientes tenian esta esperanza, la cual causaba en ellos ánimo y lealtad, y no solamente entónces, mas agora se espera que se dará á las combatientas en las cuales ha quedado el arte militario, y máxime á las que con buen ánimo han servido y sirven en esta alma cibdad, las cuales, como dixe, pusieron sus personas y fatigas al carro del triunfo pasado por mantener la tierra y tenella abastada y honrada con sus personas viniendo de léxos, y luengas partidas y de diversas naciones y lenguajes, que si bien se mira en ello, no hay tantos lenguajes en Babilonia, adonde yo soy estada en mi juventud; ansí que si esto se hiciese, munchas más vernian, y sería como en las batallas cuando echan delante la gente armada, y á la postre cuando van faltando éstos, los peones y hombres darmas, y esles fuerza pelear á ellos y á los otros que esperaban seguir victoria, que si bien vencen el campo, no hay quien lo regocije como en la de Ravena, ni quien favorezca el placer que consiguen por ser pocos y solos, que no tienen quien los ayude á levantar, y así esperan la luna de Boloña, que es como el socorro de Escalona; ansí que tornando al propósito, quiero decir que cuando á las perdidas y lisiadas y pobres y en senetud constitutas no les dan el premio ó mérito que merecen, serán causa que no vengan munchas que vinieran á relevar á las naturales las fatigas y cansancios y combates, y esto causará la ingratitud que con las pasadas usaron, y de aquí redundará que los galanes requieran á las casadas y á las vírgenes desta tierra, y ellas darán de sus casas, joyas, dinero y cuanto ternán á quien las encubra y á quien las quiera, de modo que quedarán los naturales ligeros como siervos asentados á la sombra del alcornoque, y ellas contentas y pobres, porque se quiere dexar hacer el tal oficio á quien lo sabe menear.

———

MAMOTRETO XLV.

Una respuesta que hace este Silvano, su conocido de la Lozana.

Silv. Por mi vida, señora Lozana, que creo que si fuérades vos la misma teoría no dixérades más de lo dicho, mas quiero que sepais que la taberna meritoria para esas señoras ya está hecha archihospital, y la honra, ayuda y triunfo que ellas dan al Senato es como el grano que siembran sobre las piedras, que como nace se seca, y si oistes decir que antiguamente cuando venía un romano ó emperador con victoria, lo llevaban en un carro triunfante por toda la ciudad de Roma, y esto era gran honra, y en señal de forteza una corona de hojas de roble, y él asentado encima, y si alguna señal tenía de las heridas que en las batallas y combates hobiese rescebido, la mostraba públicamente, de manera que entónces el carro y la corona y las heridas eran su gloria, y despues su renombre, fama y gloria. ¿Qué mejor ni más largo os lo puedo yo dar á entender, señora Lozana, de lo que vos misma podeis ver? que como se hacen francesas ó grimanas, es necesario que en muerte ó en vida vayan á Santiago de las Carretas, y allí el carro y la corona de flores y las heridas serán su mérito y renombre á las que vernán, las cuales tomarán _audibilia pro visibilia_; ansí que, señora Lozana, á vos no ha de faltar sin ellas de comer, que ayer hablando con un mi amigo hablamos de lo que vos alcanzais á saber, porque me recordé cuando nos rompistes las agallas á mí y á cuantos estábamos en el banco de ginoveses.

Loz. Y si entónces las agallas, agora los agallones, y oidme dos razones.

MAMOTRETO XLVI.

Respuesta que da la Lozana en su laude.

Loz. Aquel es loado que mira y nota y á tiempo manifiesta, yo he andado en mi juventud por Levante, só estada en Nigroponte, y he visto y oido munchas cosas, y entónces notaba, y agora saco de lo que entónces guardé; ¿no se os acuerda cuándo estaba por ama de aquel hijo de vuestro amo, qué concurrencia tenía de aquellos villanos que me tenían por médica, y venían todos á mí, y yo les decia, andaos á vuestra casa y echáos un ayuda, y sanaban? Aconteció que una vieja habia perdido una gallina, que muchos dias habia que ponia huevos sobre una pared, y como se encocló, echóse sobrellos, y vino la vieja á mí que le dixese de aquella gallina, y yo estaba enoxada, y díxele: andá, id á vuestra casa, y traéme la yerba canilla que nace en los tejados, y díxeselo porque era vieja, pensando que no subiria, en fin, subió, y halló la gallina, y publicóme que yo sabía hacer hallar lo perdido, y así un villano perdió una borrica, vino á mí que se la encomendase, porque no la comiesen lobos, mandéle que se hiciese un cristel de agua fria, y que la fuese á buscar, él hízolo, y entrando en un higueral á andar del cuerpo, halló su borrica, y desta manera tenía yo más presentes que no el juez. Decíme, por mi vida, ¿quién es ese vuestro amigo que decis que ayer hablaba de mí? ¿conózcolo yo? reisos, quiérolo yo muncho, porque me contrahace tan natural mis ménos y autos, y cómo quito las cejas, y cómo hablo con mi criado, y cómo lo echo de casa, y cómo le decia cuando estaba mala, anda por esas estaciones, y mira esas putas cómo llevan las cejas, y cómo bravea él por mis duelos, y cómo hago yo que le hayan todos miedo, y cómo lo hago moler todo el dia soliman, y el otro dia no sé quién se lo dixo, que mi criado hacia quistion con tres, y yo, porque no los matase, salí y metílo en casa, y cerré la puerta, y él metióse debaxo del lecho á buscar la espada, y como yo estaba afanada porque se fuesen ante quél saliese, entré y busquélo, y él tiene una condicion, que cuando tiene enojo, si no lo desmuele, luégo se duerme, y como lo veo dormido debaxo de la cama, me alegré, y digo, en este medio los otros huiran; y cómo lo halago, que no se me vaya, y cómo reñimos porque metió el otro dia el suyo en una olla que yo la tenía media de agua de Mayo, y cómo arma dentro por causa del agua, traia la olla colgada, y yo quise más perder la olla y el agua, que no que se le hiciese mal; y el otro dia que estaban aquí dos mochachas como hechas de oro, parece que el bellaco arma, y tal armada, que todas dos agujetas de la bragueta rompió, que eran de gato soriano, y cómo yo lo hago dormir á los piés, y él cómo se sube poco á poco, y otras mil cosas que cuando yo lo ví contrahacerme, me parecia que yo era. Si vos lo viéredes aquí cuando me vino á ver que estaba yo mala, que dixe á ese cabron de Rampin que fuese aquí á una mi vecina, que me prestase unos manteles, dixo que no los tenía, dixe yo simplemente, mira qué borracha, que está ella sin manteles, toma, vé, cómprame una libra de lino, que yo me los hilaré, y ansí no la habré menester. Señor, yo lo dixe, y él lo oyó, no fué menester más, como él há tiempo, cuando yo no pensaba en ello, me contrahizo, que quedé espantada

---

MAMOTRETO XLVII.

Cómo se despide el conocido de la señora Lozana, y de las señas de la patria del Autor.

Silv. Señora Lozana, quisiera que acabáramos la materia comenzada de la meritoria, mas como no tuvo réplica, manda vuestra merced que digamos reliqua, para que se sienten y vayan reposadas, donde la rueda de la carreta las acabará, y tornando á responderos de aquel señor que de vuestras cosas hace un retrato, quiero que sepais que só estado en su tierra, y daréos señas della. Es una villa cercada, y cabeza del maestrazgo de Calatrava, y antiguamente fué muy gran cibdad, dedicada al dios ó planeta Marte, como dice Apuleyo; cuando el planeta Mercurio andaba en el cielo, el dios Marte, que aquella peña era su trono y ara, de donde tomó nombre la Peña de Marte, y al presente de los Martes, porque cada uno de los que allí moran son un Marte en batalla, que son hombres inclinados al arte de la milicia y á la agricultura, porque remedan á los romanos, que reedificaron donde agora se habita, al pié de la dicha peña, porque allí era sacrificado el dios de las batallas; y ansí son los hombres de aquella tierra muy aptos para armas, como si oisteis decir lo que hicieron los Covos de Mártos en el reino de Granada, por tanto que decian los moros que el Covo viejo y sus cinco hijos eran de hierro y áun de acero, bien que no sabian la causa, del planeta Marte, que en aquella tierra reinaba de nombre y de hecho, porque allí puso Hércules la tercera piedra ó colona que al presente es puesta en el templo; hallóse el año M.D.IIII: y la Peña de Mártos nunca la pudo tomar Alejandro Magno ni su gente, porque es inexpunabile á quien la quisiese por fuerza, ha sido siempre honra y defension de toda Castilla. En aquella tierra hay las señales de su antigua grandeza en abundancia, esta fortísima peña es tan alta que se ve Córdova, que está catorce leguas de allí, ésta fué sacristía y conserva cuando se perdió España, al pié de la cual se han hallado atautes de plomo y marmóreos escritos de letras gódicas é de egipciacas; y hay una puerta que se llama la Puerta del Sol, que guarda al Oriente, dedicada al planeta Febo, hay otra puerta, La Ventosilla, que quiere decir que allí era la silla del solícito elemento Mercurio, y la otra puerta del Viento dedicada á este tan fuerte elemento aéreo, por tanto el fortísimo Marte dedicó á este elemento dos puertas que guardasen su altar, todas dos puertas de Mercurio guardan al Poniente, hay un albollon que quiere decir salida de agua al baluarte do reposa la diosa Cereza, hay dos fortalezas, una en la altísima peña, y otra dentro en la villa, y el Almedina, que es otra fortaleza que hace cuarenta fuegos, y la villa de Santa María, que es otra fortaleza que hace cien fuegos, y toda la tierra hace mil y quinientos; y tiene buenos vinos toronteses y albillos y haloques, tiene gran campiña, donde la diosa Cereza se huelga, tiene monte, donde se coge muncha grana, y grandes términos y muy buenas aguas vivas, y en la plaza un altar de la Madalena, y una fuente, y un alamillo, y otro álamo delante de la puerta de una iglesia, que se llama la solícita y fortísima y santísima Martha, huéspeda de Cristo. En esta iglesia está una capilla que fué de los Templares, que se dice de San Benito, dicen que antiguamente se decia Roma la Vieja; todas estas cosas demuestran su antigua grandeza, máxime que todas las ciudades famosas del Andalucía tienen la puerta Mártos, que dice su antigua fortaleza, salvo Granada, porque mudó la puerta Elvira; tiene asimismo una fuente marmórea, con cinco pilares á la puerta de la villa, edificada por arte mágica, en tanto espacio cuanto cantó un gallo, el agua de la cual es salutífera, está en la via que va á la cibdad de Mentesa, alias Jaen, tiene otra al pié de Malvecino, donde Marte abrevaba sus caballos, que agora se nombra la fuente Santa Martha, salutífera contra la fiebre, la mañana de San Juan sale en ella la cabelluda, que quiere decir, que allí muchas veces apareció la Madalena, y más arriba está la peña de la Sierpe, donde se ha visto Santa Martha defensora, la cual allí miraculosamente mató un ferocísimo serpiente, el cual devoraba los habitantes de la cibdad de Marte, y ésta fué la principal causa de su despoblacion. Por tanto, el templo lapídeo y fortísima ara de Marte fué y es al presente consagrado á la fortísima Santa Martha, donde los romanos, por conservar sus mujeres en tanto que ellos eran á las batallas, otra vez la fortificaron, de modo que toda la honestidad y castidad y bondad que han de tener las mujeres, las tienen las de aquel lugar, porque traen el orígine de las castísimas romanas, donde munchas y munchas son con un solo marido contentas. Y si en aquel lugar, de poco acá, reina alguna invidia ó malicia, es por causa de tantos forasteros que corren allí por dos cosas, la una porque abundan los torculares y los copiosos graneros, juntamente con todos los otros géneros de vituallas, porque tiene cuarenta millas de términos, que no le falta, salvo tener el mar á torno; la segunda, que en todo el mundo no hay tanta caridad, hospitalidad y amor proximal cuanto en aquel lugar, y cáusalo la caritativa huéspeda de Cristo. Allí poco léxos está la sierra de Aillo, ántes de Alchahudete.

Loz. Alcahudete el que hace los cornudos á ojos vistas.

Silv. Finalmente, es una felice patria, donde siendo el Rey personalmente, mandó despeñar los dos hermanos Caravajales, hombres animosísimos, acusados falsamente de tiranos, la cuya sepultura ó mausoleo permanece en la capilla de Todos Santos, que antiguamente se decia la *Sancta Sanctorum*, y son en la dicha capilla los huesos de fortísimos reyes y animosos maestres de la dicha órden de Calatrava.

Loz. Señor Silvano, ¿qué quiere decir que el Auctor de mi retrato no se llama Cordovés, pues su padre lo fué, y él nació en la diócesi?

Silv. Porque su castísima madre y su cuna fué en Mártos, y como dicen, no donde naces, sino con quien paces. Señora Lozana, veo que viene gente, y si estoy aquí os daré empacho, dadme licencia, y mirá cuándo mandais que venga á serviros.

Loz. Mi señor, no sea mañana ni el sábado, que terné priesa, pero sea el domingo á cená y todo el lúnes, porque quiero que me leais, vos que teneis gracia, las coplas de Fajardo y la comedia Tinalaria y á Celestina, que huelgo de oir leer estas cosas muncho.

Silv. ¿Tiénela vuestra merced en casa?

Loz. Señor, vedla aquí, mas no me la leen á mi modo, como haréis vos, y traé vuestra vihuela y sonarémos mi pandero.

Silv. Contémplame esa muerte.

MAMOTRETO XLVIII.

Cómo vinieron diez cortesanas á se afeitar, y lo que pasaron, y despues otras dos casadas sus amigas, camiseras.

Dorotea. Señora Lozana, más cara sois vos de haber, que la muerte cuando es deseada, mirá cuántas venimos á serviros, porque vos no os dexais ver despues que os enriquecistes, y habemos de comer y dormir todas con vos.

Loz. Sea norabuena, que cuando amanece, para todo el mundo amanece, ¿quién diria de no á tales convidadas? por mi vida, que se os parece que estais pellejadas de mano de otrie que de la Lozana, así lo quiero yo, que me conozcais, que pagais á otrie bien por mal pelar; por vida de Rampin, que no tengo de perdonar á hija de madre, sino que me quiero bien pagar. Mirá qué ceja ésta, no hay pelo con pelo, y quien gastó tal ceja como ésta, por vida del Rey, que merecia una cuchillada por la cara, porque otra vuelta mirase lo que hacia, mirá si hubiera un mes que yo estuviera en la cama, cuando en quince dias os han puesto del lodo; y vos, señora, ¿qué paño es ese que teneis? ésa agua fuerte y soliman crudo fué, y vuestra prima ¿qué es aquello que todos los cabellos se le salen? la Judía anda por aquí, no me curo, que por eso se dice á rio vuelto ganancia de pescadores; vení acá vos, ¿qué manos son ésas? entrá allá, y dáme aquel botecillo de oro, y manos eran éstas para dexar gastar, tomá y teneldo hasta mañana, y veréis qué manos sacaréis; el domingo, si estuviera aquí mi criado, enviaré á comprar ciertas cosas para vosotras, mas torná por aquí, que yo lo enviaré á comprar si me dexais dineros, que á deciros la verdad, éstos que me habeis dado bien los he ganado, y áun es poco, que cuando os afeito cada sábado me dais un julio y agora merecia dos, por haber emendado lo que las otras os gastaron.

Teresa Narbaez. Mirá bien y contá mejor, que no hay entre todas nosotras quien os haya dado ménos de dos.

Loz. Bien, mas no contais vosotras lo que yo he puesto de mi casa, á vos aceite de adormideras y ólio de almendras amargas perfectísimo, y á ella unto de culebra, y á cada una segund vi que tenía menester; por mi honra que quiero que las que yo afeito vayan por todo el mundo sin vergüenza y sean miradas; por el siglo de vuestro padre, señora Dorotea, ¿qué os parece qué cara llevan todas? y á vos cómo se os ha pasado el fuego que traiades en la cara con el ólio de calabaza que yo os puse; id en buen hora, que no quiero para con vosotras estar en un ducado, que otro dia lo ganaré que vernés mejor apercebidas.

Narbaez. ¡Oh qué cara! ¿es éste diablo? ésta y nunca más, si las jodías me pelan por medio carlin, ¿por qué ésta ha de comer de mi sudor? pues ántes de un año Teresa Narbaez quiere saber más que no ella.

Loz. ¿Quién son estas que vienen á la romanesca, que ya acá vienen?

Leonor. Abrí, puta vieja, que á saco os tenemos de dar, ¿paréceos bien que há un mes que no visitais á vuestras amigas? en puntos estamos de daros de masculillo, ¡hay qué gorda está esta putana! bien parece que come y bebe y triunfa, y tiene quien bien la cabalgue para el otro mundo.

Loz. Tomá una higa, porque no me ahojeis, ¿qué viento fué este que por acá os echó? mañana queria ir á Pozoblanco á veros.

Leon. Mirá, hermana, tenemos de ir á unas bodas de la hija de Paniagua con el Izquierdo, y no valemos nada sin tí, tú has de poner aquí toda tu ciencia, y más que no puedo comportar á mi marido los sobacos, dame cualque menjunge que le ponga, y vézanos á mí y á esta mi prima como nos rapemos los pendejos, que nuestros maridos lo quieren ansí, que no quieren que parezcamos á las romanas que jamas se los rapan, y págate á tu modo, ves aquí cinco julios, y despues te enviarémos el resto.

Loz. Las romanas tienen razon, que no hay en el mundo mujeres tan castas ni tan honestas; andá, quitá allá vuestros julios, que no quiero de vosotras nada, enviá á comprar lo que es necesario, y dexá poner á mí el trabajo.

Leon. Pues sea ansí, enviemos á vuestro mozo que lo compre.

Loz. Bien será menester otro julio, que no se lo darán ménos de seis.

Leon. Tomá, veis ahí, vaya presto.

Loz. ¿Cómo estais por allá? por acá muy ruinmente lo pasamos, por mí lo digo que no gano nada, mejor fuera que me casára.

Leon. ¡Ay, señora, no lo digais, que sois reina ansí como estais! ¿sabeis que decia mi señor padre? en requia sea su alma, que la mujer que sabía texer era esclava á su marido, y quel marido no la habia de tener sujeta sino en la cama, y con esto nos queremos ir, que es tarde, y el Señor os dé salud á vos y á Rampin, y os lo dexe ver Barrachel de campaña, Amén.

Loz. Ansí veais de lo que más quereis, que si no fuera aquella desgracia quel otro dia le vino, ya fuera él alcalde de la hermandad de Belitre, y si soy viva el año que viene, yo lo haré porqueron de Bacano, que no le falta ánimo y manera para ser eso y más; andad sanas y encomendáme toda la ralea.

MAMOTRETO XLIX.

Cómo vinieron á llamar á la Lozana que fuese á ver un gentil-hombre nuevamente venido, que estaba malo, y dice ella entre sí, por las que se partieron:

Loz. Yo doy munchas gracias á Dios porque me formó en Córdoba más que en otra tierra, y me hizo mujer sabida y no bestia, y de nacion española y no de otra; miraldas cuáles van despues de la Ceca y la Meca y la Valdandorra, por eso se dice, sea marido aunque sea de palo, que por ruin que sea es marido; éstas están ricas, y no tienen sus maridos, salvo el uno una pluma y el otro una aguja, y trabajar de dia y de noche, porque se den sus mujeres buen tiempo, y ellos tRamp.ear, y de una aguja hacer tres y ellas al reves; yo me recuerdo haber oido en Levante á los christianos de la cintura, que contaban cómo los moros reprendian á los christianos en tres cosas: la primera que sabian escrebir y daban dineros á notarios y á quien escribiese sus secretos, y la otra que daban á guardar sus dineros y hacian ricos á los cambiadores, la otra, que hacian fiesta la tercera parte del año, las cuales son para hacer al hombre siempre en pobreza, y enriquecer á otrie que se rie de gozar lo ajeno, y no me curo, porque, como dicen, no hay cosa nueva debaxo del sol; querria poder lo que quiero, pero como dixo Séneca, gracias hago á este señal que me dió mi fortuna, que me costriñe á no poder lo que no debo de querer, porque de otra manera yo haria que me mirasen con ojos de alinde.

Ramp. ¿Qué haceis? mirá que os llama un mozo de un novicio bisoño.

Loz. Vení arriba, mi alma, ¿qué buscais?

Herjeto. Señora, á vuestra merced, porque su fama vuela.

Loz. ¿De qué modo, por vida de quien bien quereis? que vos nunca lo hecistes sosegadamente, que el aire os lo da, y si no os diese cien besos en esos ojos negros, mi rey, decíme y ¿quién os dixo mal de mí?

Herj. Señora, en España nos dixeron mill bienes de vuestra merced, y en la nao unas mujeres que tornan acá con unas niñas que quedan en Civita Vieja, y ellas rezan á las niñas vuestro nombre, porque si se perdieren, que vengan á vos, porque no tienen otro mamparo y vienen á ver el año santo, que segun dicen han visto dos, y con éste serán tres, y creo que esperan el otro por tornar contentas.

Loz. Deben de ser mis amigas, y por eso saben que mi casa es alhóndiga para servirlas, y habrán dicho su bondad.

Herj. Señora Lozana, mi amo viene de camino y no está bueno, él os ruega que le vais á ver, que es hombre que pagará cualquier servicio que vuestra merced le hiciere.

Loz. Vamos, mi amor, á vos, digo, Rampin, no os partais, que habeis de dar aquellos trapos á la galan portuguesa.

Ramp. Sí haré, vení presto.

Loz. Mi amor, ¿dó posais?

Herj. Señora, hasta agora yo y mi amo habemos posado en la posada del señor don Diego ó Santiago á dormir solamente, y comer en la posada de Bartolero, que siempre salimos sospirando de sus manos; pero tienen esto, que siempre sirven bien, y allí es otro estudio de Salamanca, y otra Sapiencia de París, y otras Gradas de Sevilla, y otra Lonja de Valencia, y otro Drageto ó Rialto en Venecia, y otra barbería de cada tierra, y otro Chorrillo de Nápoles, que más nuevas se cuentan allí que en ninguna parte destas que he dicho, por munchas que se digan en Bancos. En fin, hemos tenido una *vita dulcedo*, y agora mi amo está aquí en casa de una que creo que tiene bulda firmada de la Cancillería de Valladolid, para decir mentiras y loarse, y decir que fué y que fué, y voto á Dios que se podia decir de quince años como Elena.

Loz. ¿Y á qué es venido vuestro amo á esta tierra?

Herj. Señora, por corona; decíme, señora, ¿quién es aquella galan portuguesa que vos dexistes?

Loz. Fué una mujer que mandaba en la mar y en la tierra, y señoreó á Nápoles, tiempo del gran Capitan, y tuvo dineros más que no quiso, y vesla allí asentada demandando limosna á los que pasan.

Herj. Aquélla el temor me pone á mí, cuanto más á las que ansí viven, y mirá, señora Lozana, como dicen en latin: _Non proposuerunt Deum ante conspectum suum_, que quiere decir que no pusieron á Dios las tales delante á sus ojos, y nótelo vuestra merced esto.

Loz. Sí haré, entremos presto, que tengo que hacer. ¿Aquí posais casa desa puta vieja, lengua doca?

Herj. Doña Ines, zagala como espada del Cornadillo.

Loz. Ésta sacó de pila á la doncella Teodor.

MAMOTRETO L.

Cómo la Lozana va á ver este gentil-hombre, y dice subiendo:

Loz. Más sabe quien muncho anda que quien muncho vive, porque quien muncho vive, cada dia oye cosas nuevas, y quien muncho anda, ve lo que ha de oir; ¿es aquí la estancia?

Herj. Señora, sí, entrá en aquella cámara, que está mi amo en el lecho.

Loz. Señor mio, no conociéndoos quise venir, por ver gente de mi tierra.

Trujillo. Señora Lozana, vuestra merced me perdone, que yo habia de ir á homillarme delante de vuestra real persona, y la pasion corporal es tanta, que puedo decir que es interlineal, y por esto me atreví á suplicalla me visitase malo porque yo la visite á ella cuando sea bueno, y con su visitacion sane. Va tú, compra confites para esta señora.

Loz. Nunca en tal me vi, mas veré en qué paran estas longuerías castellanas.

Truj. Señora, alléguese acá, y contalle he mi mal.

Loz. Diga, señor, y en lo que dixere veré su mal, aunque debe ser luengo.

Truj. Señora, más es ancho que luengo, yo, señora, oí decir que vuestra casa era aduana, y para despachar mi mercadancia, quiero ponella en vuestras manos para que entre esas señoras vuestras contemporáneas me hagais conocer para desempachar y hacer mis hechos, y como yo, señora, no estó bueno munchos dias há, habeis de saber que tengo lo mío tamaño, y despues que venistes se me ha alargado dos ó tres dedos.

Loz. En boca de un perro, señor; si el mal que vos teneis es natural no hay ensalme para él, mas si es accidental, ya se remediará.

Truj. Señora, querría aduanallo por no perdello, meté la mano, y veréis si hay remedio.

Loz. ¡Ay triste! ¿de verdad teneis esto malo? y cómo está valiente.

Truj. Señora, yo he oido que teneis vos muy lindo lo vuestro, y quiérolo ver por sanar.

Loz. Mis pecados me metieron aquí; señor, si con vello entendeis sanar, veislo aquí, mas á mí porque vine, y á vos por cuerdo, nos habian descobar.

Truj. Señora, no hay que escobetear, que mi huéspeda escobeteó esta mañana mi ropa, lléguese vuestra merced acá, que se vean bien, porque el mio es tuerto y se despereza.

Loz. Bien se ven si quieren.

Truj. Señora, bésense.

Loz. Basta haberse visto.

Truj. Señora, los tocos y el tacto es el que sana, que así lo dixo Santa Nefixa, la que murió de amor suave.

MAMOTRETO LI.

Cómo se fué la Lozana corrida, y decia muy enojada:

Loz. Esta venida á ver este guillote me porná escarmiento para cuanto viviere, nunca más perro á molino, porque era más el miedo que tenía que no el gozo que hube, que no osaba ni sabía á qué parte me echase, éste fué el mayor aprieto que en mi vida pasé, no queria que se supiese por mi honra, y dicen que vienen de España muy groseros, á la fe éste más supo que yo; es trujillano, por eso dicen perusino en Italia, y trujillano en España á todas naciones engaña, este majadero ha querido descargar en mí por no pagar pontaje, y veréis que á todas hará desta manera, y á ninguna pagará, yo callaré por amor del tiempo; la vejez de la pimienta le venga, engañó á la Lozana, como que fuera yo Santa Nefixa, que daba á todos de cabalgar en limosna, pues no lo supiera ansí hordir Hernan Centeno, si yo esto no lo platicase con alguno, no sería ni valdria nada si no lo celebrásemos al dios de la risa, porque yo sola me sonrio toda de cómo me tomó á manos, y mirá que si yo entendiera á su criado, bien claro me lo dixo, que bien mirado, ¿qué me podia á mí dar uno que es estado en la posada del señor don Diego, sino fruta de hospital pobre? en fin, la codicia rompe el saco, otro dia no me engañaré, aunque bien me supo, más quisiera comer semejante bocado en placer y en gasajo; Pedro de Hurdemalas no supiera mejor enredar como ha hecho este bellacazo, desflorador de coños, las paredes me metió adentro. Ansí me vea yo gran señora, que pensé que tenía mal en lo suyo, y dixe, aquí mi ducadillo no me puede faltar, y él pensaba en otro; no me curo, que en ál va el engaño, pues me quedan las paredes enhiestas, quiero pensar qué diré á mi criado para que mire por él, mas no lo vi vestido, ¿qué señas daré dél? salvo que á él le sobra en la cara lo que á mí me falta.

Ramp. Caminá, que es venida madona Divicia, que viene de la feria de Requenate, y trae tantos cuchillos, que es una cosa de ver.

Loz. ¿Qué los quiere hacer?

Ramp. Dice que grátis se los dieron, y grátis los quiere dar.

Loz. Veis aquí, lo que con unos se pierde con otros se gana.

MAMOTRETO LII.

Cómo la Lozana encontró, ántes que entrase en su casa, con un vagamundo, llamado Sagüeso, el cual tenía por oficio jugar y cabalgar de balde, y dice:

Sagüeso. Si como yo tengo á Celidonia la del vulgo de mi mano, tuviese á esta traidora colmena de putas, yo sería duque del todo, mas aquel acemilon de su criado es causa que pierda yo y otros tales el susidio desta alcatara de putas y alcancía de bobas y alambique de cortesanas. Juro á Dios que la tengo de hacer dar á los leones, que quiero decir que Celidonia sabe más que no ella, y es más rica y vale más, aunque no es maestra de enxambres.

Loz. ¿Dónde is vos por aquí? ¿hay algo que malsinar ó que baratar? ya es muerto el duque Valentin, que mantenia los haraganes y vagamundos.

Sag. Señora Lozana, siempre lo tovistes de decir lo que

quereis; es porque demostrais el amor que teneis á los vuestros servidores, máxime á quien os desea servir hasta la muerte. Vengo, que me arrastran estas cejas.

Loz. Agora te creo ménos, yo deseo ver dos cosas en Roma ántes que muera, y la una es que los amigos fuesen amigos en la prosperidad y en la adversidad, y la otra, que la caridad sea exercitada, y no oficiada, porque, como veis, va en oficio y no en exercicio, y nunca se ve sino escrita ó pintada, ó por oidas.

Sag. En eso y en todo teneis razon; mas ya me parece que la señora Celidonia os sobrepuja casi en el todo, porque en el vulgo no hay casa tan frecuentada como la suya, y está rica, que no sabe lo que tiene, que ayer solamente, porque hizo vender un sueño á uno, le dieron de corretaje cuatro ducados.

Loz. ¿Sabes con que me consuelo? con lo que dixo Rampin, mi criado, que en dinero y en riquezas me pueden llevar, mas no en linaje ni en sangre.

Sag. Voto á mí, que teneis razon; mas para saber lo cierto, será menester sangrar á todas dos, para ver cuál es mejor sangre, pero una cosa veo, que tiene gran fama, que dicen que no es nacida ni nacerá quien se la pueda comparar á la Celidonia, porque Celestina la sacó de pila.

Loz. Deso me querria yo reir, de la puta cari-acuchillada en la cuna, que no me fuese á mí tributaria la puta vieja otogenaria; será menester hacer con ella como hicieron los romanos con el pópulo de Hierusalem.

Sag. ¿Qué, por vuestra vida, señora Lozana?

Loz. Cuando los romanos vencieron y señorearon toda la tierra de Levante, ordenaron que en señal de tributo, les enviasen doce hijos primogénitos, los cuales, viniendo muy adornados de joyas y vestidos, traian sus banderas en las manos, y por armas un letrero que decia en latin: *Quis major unquam Israel*, y ansí lo cantaban los niños hierosolimitanos, los romanos, como sintieran la cancion, hicieron salir sus niños vestidos á la antigua, y con las banderas del Senado en las manos, y como los romanos no tenian sino una † blanca en campo roxo, que Constantino les dió por armas, hacen poner debaxo de la † una S. y una P. y una R., de manera que, como ellos decian, ¿quién fué jamas mayor que el pueblo israelítico? estotros les respondieron con sus armas, diciendo: *Senatus Populusque Romanus*; ansí que, como vos decís, que quién se halla mayor que la Celidonia, yo digo: Lozana y Rampin en Roma.

Sag. Por vida del gran maestro de Ródas, que me convideis á comer sólo por estar debaxo de vuestra bandera.

Loz. ¿Por qué no? entrá en vuestra casa y mia, y de todos los buenos, que más ventura teneis que seso, pero entrá cantando: ¿Quién mayor que la Celidonia?

Lozana y Rampin en Roma.

Sag. Soy contento, y áun bailar como oso en colmenar, alojado á discrecion.

Loz. Calla, loco, caxcos de agua, que está arriba madona Divicia, y alojarás tu caballo.

Sag. Beso las manos de sus alfardillas, que, voto á Dios, que os arrastra la caridad como gramalla de luto.

Loz. Y á tí la ventura, que naciste de pié.

Sag. Voto á mí que nací con lo mio delante.

Loz. Bien se te parece en ese remolino, cierra la puerta y sube pasico, y ten discrecion.

Sag. Así goce yo de vos, que esta mañana me la hallé, que me sobra y se me cae á pedazos.

MAMOTRETO LIII.

Lo que pasan entre todos tres, y dice la Lozana á Divicia.

Loz. Ay cómo vienes fresca puta, haste dado solacio y buen tiempo por allá, ¿y los dientes de plata? ¿qué son dellos?

Divicia. Aquí los traigo en la bolsa que me hicieron éstos de hueso de ciervo, y son mejores, que como con ellos.

Loz. ¡Por la luz de Dios, que se te parece la feria! ¿chamelotes son ésos y qué?

Div. Mira, hermana, más es el deseo que traigo de verte, que cuanto gané; siéntate y comamos, que por el camino coheché estas dos liebres; dime, hermana, ¿quién es este que sube?

Loz. Un hombre de bien, que comerá con nosotras.

Sag. Esté norabuena esta galan compañía.

Loz. Mira, Sagüeso, qué pierna de puta y vieja.

Div. Está quéda, puta Lozana, que no lo conozco, y quieres que me vea.

Loz. Mira qué ombligo, por el siglo de tu padre, que se lo beses; mira qué duro tiene el vientre.

Sag. Como hierba de cien hojas.

Loz. Mira si son sesenta años éstos.

Div. Por cierto que paso, que cuando vino el rey Carlo á

Nápoles, que comenzó el mal incurable el año de mil y cuatrocientos y ochenta y ocho, vine yo á Italia, y agora estoy consumida del cabalgar, que jamas tengo ya de salir de Roma sino para mi tierra.

Loz. Anda, puta refata; ¿agora quieres ir á tu tierra á que te digan puta jubilada, y no querrán que traigas mantillo? si no vernia, gózate, puta, que agora viene lo mejor, y no seas tú como la otra, que decia despues de cuarenta años que habia estado á la mancebía: si de aquí salgo con mi honra, nunca más al burdel, que ya estoy harta.

Sag. Agora está vuestra merced en el adolescencia, que es cuando apuntan las barbas, que en vuestra puericia otrie gozó de vos, y agora vos de nos.

Div. ¡Ay, señor, que tres enfermedades que tuve siendo niña me desmedraron! porque en Medina ni en Búrgos no habia quien se me comparase, pues en Zaragoza más ganaba yo que puta que fuese en aquel tiempo, que por excelencia me llevaron al publique de Valencia, y allí combatieron por mí cuatro rufianes y fuí libre, y desde entónces tomé reputacion, y si hubiese guardado lo ganado, ternía más riquezas que Feliciana.

Sag. Harta riqueza teneis, señora, en estar sana.

Loz. Yo queria saber cuánto há que no comí salmorejo mejor hecho.

Sag. De tal mano está hecho, y por Dios, que no me querria morir hasta que comiese de su mano una capirotada ó una lebrada, aunque en esta tierra no se toma sabor ni en el comer ni en el hoder, que en mi tierra es más dulce que el cantar de la serena.

Div. Pues yo os convido para mañana.

Sag. Mi sueño ensuelto.

Loz. ¿Quiéreslo vender?

Sag. No, voto á Dios.

Loz. Guarda, que tengo buena mano, que el otro dia vino aquí un escobador de palacio, y dixo que soñó que era muerto un canónigo de su tierra, y estaba allí un solicitador, y hice yo que se lo comprase, y que le dixese el nombre del canónigo que soñó, y fué el solicitador, y demandó este canonigado, y diéronselo, y á cabo de quince dias vino el aviso al escobador, y teníalo ya el otro y quedóse con él, y yo con una caparela.

Sag. Dexáme beber, y despues hablarémos.

Loz. Siéntate para beber, que te temblarán las manos.

Sag. ¿Y deso viene el temblar de las manos? no lo sabía; y cuando tiembla la cabeza ¿de qué viene?

Loz. Eso viene de hacer aquella cosa en pié.

Sag. ¡Oh, pese á tal! ¿y si no puede habello el hombre de otra manera?

Loz. Dime, Sagüeso, ¿por qué no estás con un amo, que te haria bien?

Sag. ¿Qué mejor amo que tenellos á todos por señores, y á vos y á las putas por amas, que me den leche, y yo á ellas suero? yo, señora Lozana, soy gallego, y criado en Mogollon, y quiero que me sirvan á mí, y no servir á quien cuando esté enfermo me envie al hospital, que yo me sé ir sin que me envien; yo tengo en Roma sesenta canavarios por amigos, que es revolucion por dos meses.

Loz. Mira cómo se te durmió Divicia encima de la pierna.

Sag. Mira la mano dó la tiene.

Loz. Fuésele ahí, es señal que te quiere bien, tómala tú, y llévala á esotra cámara y échala sobre el lecho, que su usanza es dormir sobre el pasto; espera, te ayudaré yo, que pesa.

Sag. ¡Oh pese á mí, que no me la llevaré espetada por más pesada que sea, cuanto más que estoy tan usado, que se me antoja que no pesa nada! ¿cómo haré, señora Lozana, que me duermo todo? ¿quereis que me éntre en vuestra cámara?

Loz. Échate cabe ella, que no se espantará.

Sag. Mirá que me llameis, porque tengo de ir á nadar, que tengo apostado que paso dos veces el rio sin descansar.

Loz. Mira no te ahogues, que este Tíber es carnicero como Tórmes, y paréceme que tiene éste más razon que no el otro.

Sag. ¿Por qué éste más que los otros?

Loz. Has de saber que esta agua que viene por aquí era partida en munchas partes, y el emperador Temperio quiso juntarla y que viniese toda junta, y por más excelencia quiso hacer que jamas no se perdiese ni faltase tan excelente agua á tan magnífica cibdad, y hizo hacer un canal de piedras y plomo debaxo á modo de artesa, y hizo que de milla á milla pusiesen una piedra, escrito de letras de oro su nombre, Temperio, y andaban dos mil hombres en la labor cada dia; y como los arquimaestros fueron á la fin que llegaban á Ostia Tiberina, ántes que acabasen vinieron que querian ser pagados. El Emperador mandó que trabajasen sin entrar en la mar, ellos no querian, porque si acababan, dubitaban lo que les vino, y demandaron que les diese su hijo primogénito, llamado Tiberio, de edad de diez y ocho años, porque de otra manera no les parecia estar seguros, el Emperador se lo dió, y por otra parte mandó soltar las aguas, y ansí el agua con su ímpetu los ahogó á maestros y laborantes y al hijo, y por esto dicen que es y tiene razon de ser carnicero Tíber á Tiberio, por eso guárdate de nadar, no pagues la manifatura.

Sag. Eso que está escrito, no creo que lo leyese ningun poeta, sino vos, que sabeis lo que está en las honduras, y Lebrixa lo que está en las alturas, excepto lo que estaba escrito en la fuerte peña de Mártos, y no alcanzo á saber el nombre de la cibdad que fué allí edificada por Hércules, sacrificando al dios Marte, y de allí le quedó el nombre Mártos á Marte fortísimo. Es esta peña hecha como un huevo, que ni tiene principio ni fin, tiene medio como el planeta que se le atribuye estar en medio del cielo, y señorear la tierra, como al presente, que no reina otro planeta en la Italia; mas vos, que sabeis, decidme qué hay debaxo de aquella peña tan fuerte.

Loz. En torno della te diré que no hay cosa mala de cuantas Dios crió sobre la tierra, porque en todas las otras tierras hay en partes lo que allí hay junto, como podrás ver, si vas allá, que es buena tierra para forasteros como Roma.

Sag. Todo me duermo, perdóname.

Loz. Guarda, no retoces esa rapaceja.

Sag. ¡Cómo duerme su antigüedad!

Loz. Quiero entender en hacer aguas y olios, porque mañana no me darán hado ni vado, que se casan ocho putas, y Madona Septuaginta querrá que yo no me parta della para decille lo que tiene de hacer; ya es tarde, quiero llamar aquel caxca-frenos, porque, como dicen, al bueno porque te honre, y á este tal porque no me deshonre, que es un atreguado y se sale con todo cuanto hace, ya me parece que los siento hablar.

Div. ¡Ay Sagüeso! ¿qué me has hecho, que dormia?

Sag. De la cintura arriba dormiades, que estábades quieta.

Div. La usanza es casi ley, soy usada á mover las partes inferiores en sintiendo una pulga.

Sag. ¡Oh, pese al verdugo! ¿y arcando con las nalgas oxeais las pulgas?

Div. Si lo que me heciste durmiendo me quieres reiterar, yo te daré un par de cuchillos que en tu vida los viste tan lindos.

Sag. Sé que no só dacero, mostrá los cuchillos.

Div. Velos aquí, y si tú quieres, en tanto que no tienes amo vén, que yo te haré triunfar, y mira por mí, y yo por lo que tú has menester.

Sag. ¿Os contento donde os llego? no será hombre que así os dé en lo vivo como yo; quedá norabuena. Señora Lozana, ¿mandais en qué os sirva?

Loz. Que no nos olvideis.

Div. No hará, que yo le haré venir aunque esté en cabo del mundo.

Loz. Siéntate, puta hechicera, que más verná por comer que por todos tus encantes.

MAMOTRETO LIV.

Cómo platicaron la Lozana y Divicia de munchas cosas.

Loz. ¡Oh Divicia! ¿oiste nunca decir entre col y col lechuga? ¿sabes qué quiere decir afanar y guardar para la vejez? que más vale dexar en la muerte á los enemigos, que no demandar en la vida á los amigos.

Div. ¿Qué quieres decir?

Loz. Quiero decir que un hortelano ponia en una haza coles, y las coles ocuparon todo el campo, y vino su mujer y dixo: marido, entre col y col lechuga, y ansí este campo nos frutará lo que dos campos nos habian de frutar; quiero decir que vos no deis lo que teneis, que si uno no os paga, que os hagais pagar de otro doblado, para que el uno frute lo que el otro goza; ¿qué pensais vos que ha de hacer aquel nacido de aquellos cuchillos? jugallos ha, y así los perderéis.

Div. No perderé, que en los mismos cuchillos van dichas tales palabras, que él tornará.

Loz. Ándate ahí, puta de Tesalia, con tus palabras y hechizos, que más sé yo que no tú ni cuantas nacieron, porque he visto moras, judías, zíngaras, griegas y cecilianas, que éstas son las que más se perdieron en estas cosas, y vi yo hacer munchas cosas de palabras y hechizos, y nunca vi cosa ninguna salir verdad, sino todas mentiras fingidas, y yo he querido saber y ver y probar como Apuleyo, y en fin hallé que todo era vanidad, y cogí poco fruto, y ansí hacen todas las que se pierden en semejantes fantasías; decíme, ¿por qué pensais que las palabras vuestras tienen efecto y llévaselas el viento? decíme, ¿para qué son las plumas de las aves, sino para volar? quitaldas y ponéoslas vos, veamos si volaréis, y ansí las palabras dichas de la boca de una ostinada vieja antigualla como vos; decíme, ¿no decis que os aconteció ganar en una noche ciento y diez y ocho cuartos abrochados? ¿por qué no les dexistes esas palabras, para que tornasen á vos sin ganallos otra vez?

Div. Y vos los pelos de las cejas, y decis las palabras en algarabía y el plomo con el cerco en tierra, y el orinal y la clara de huevo, y dais el corazon de la gallina con agujas y otras cosas semejantes.

Loz. A las bobas se dan á entender esas cosas, por comerme yo la gallina, mas por eso vos no habeis visto que saliese nada cierto, sino todo mentira, que si fuera verdad, más ganára que gallina, mas si pega, pega.

Div. Quítame este pegote ó xáquima, que el barboquejo de la barba yo me lo quitaré.

Loz. Pareces borrica enfrenada.

Div. Acaba presto, puta, que me muero de sed.

Loz. No bebas desa, que es del pozo.

Div. ¿Qué se me da?

Loz. Porque todos los pozos de Roma están entredichos, á efeto que no se beba el agua dellos.

Div. ¿Por qué?

Loz. Era muy dulce de beber, y como venian los peregrinos y no podian beber del rio, que siempre venía turbia ó sucia, demandaban por las casas agua, y por no sacalla, no se la querian dar, los pobres rogaron á Dios que el agua de los pozos no la pudiesen beber, y ansí se gastaron, y es menester que se compre el agua tiberina de los pobres, como veis, y tiene esta excelencia, que ni tiene color, ni olor, ni sabor, y cuanto más estantiva ó reposada está el agua de este rio Tíber, tanto es mejor.

Div. ¿Como yo?

Loz. No tanto, que hedería ó mufaría como el trigo y el vino romanesco, que no es bueno sino un año, que no se puede beber el vino como pasa de Setiembre, y el pan como pasa Agosto, porque no lo guarden de los pobres, y si lo guardan, ni ellos ni sus bestias lo pueden comer, porque si lo comen las gallinas mueren.

Div. Por tu vida y mia, que yo lo vi ogaño echar en el rio, y no sabía por qué.

Loz. Porque lo guardaron para el diluvio, que habia de ser este año en que estamos, de mill y quinientos y veinte y cuatro, y no fué.

Div. Hermana, ¿qué quieres que meta en estas apretaduras que hierven en seco?

Loz. Mete un poco de agua, que la retama, y la xara, y los marruvios y la piña, si no nadan en el agua no valen nada. No metas de ésa, que es de rio y alarga, mete de pozo, que aprieta, y sacá un poco y probá si os aprieta á vos, aunque teneis seis texaredecas, que ya no os habia de servir ese vuestro sino de mear.

Div. Calla, puta de *quis vel qui*.

Loz. Y tú puta de tres cuadragenas ménos una.

Div. Calla, puta de candoque, que no vales nada para venderme ni para ser rufiana.

Loz. A tal puta tal rufiana; ves, viene Aparicio tu padrino.

Div. ¿Cuál? ¿Valderas el malsin? Es de nuestra cofradía.

Loz. ¿Cofradía tenés las putas?

Div. ¿Y agora sabes tú que la cofradía de las putas es la más noble cofradía que sea, porque hay de todos los linajes buenos que hay en el mundo?

Loz. Y tú eres la priosta, va que te llama, y dexa subir aquella otra puta vieja rufiana sarracina con su batirrabo, que por apretaduras verná.

Div. Subí, madre, que arriba está la señora Lozana.

Loz. Vení acá, madona Doméstica, ¿qué buscais?

Doméstica. Hija mia, habés de saber que cerca de mi casa está una pobre mochacha, y está vírgen, la cual si pudieses ó supiésedes cualque español hombre de bien que la quisiese, que es hermosa, porque le diese algun socorro para casalla.

Loz. Vieja mala escanfarda, ¿qué español ha de querer tan gran cargo de corromper una vírgen?

Dom. Esperá, que no es muncho vírgen, que ya ha visto de los otros hombres, mas es tanto estrecha que parece del todo vírgen.

Loz. A tal persona podrias engañar con tus palabras ante pensadas, que te chinfarase á tí y á ella, ¡oh, hi de puta! ¿y á mí te vienes, que so matrera? Mirá qué zalagarda me traia pensada, va con Dios, que tengo que hacer.

Div. ¿Qué queria aquella mala sabandija?

Loz. Tres bayoques de apretaduras, ansí la azoten, conmigo quiere ganar, que la venderé yo por más vieja astuta que sea.

Div. A casa de la Celidonia va.

Loz. ¿Qué más Celidonia ó Celestina que ella? Si todas las Celidonias ó Celestinas que hay en Roma me diesen dos carlines al mes, como los médicos de Ferrara al Gonela, yo sería más rica que cuantas mujeres hay en esta tierra.

Div. Decíme eso de Gonela.

Loz. Demandó Gonela al Duque que los médicos de su tierra le diesen dos carlines al año, el Duque, como vido que no habia en toda la tierra arriba de diez, fué contento, el Gonela, ¿qué hizo? atóse un paño al pié y otro al brazo, y fuése por la tierra, cada uno le decia, ¿qué tienes? y él le respondia, tengo hinchado esto, é luégo le decian, va, toma la tal hierba y tal cosa, y póntela y sanarás, despues escrebia el nombre de cuantos le decian el remedio, y fuése al Duque, y mostróle cuantos médicos habia hallado en su tierra, y el Duque decia: ¿Has tú dicho la tal medicina á Gonela? el otro respondia, señor, sí; pues pagá dos carlines, porque sois médico nuevo en Ferrara: así querría yo hacer por saber cuántas Celidonias hay en esta tierra.

Div. Yo os diré cuantas conozco yo, son treinta mill putanas y nueve mill rufianas sin vos, contaldas. ¿Sabeis, Lozana, cuánto me han apretado aquellas apretaduras? hanme hecho lo mio como bolsico con cerraderos.

Loz. ¿Pues qué, si metieras de aquellas sorbas secas dentro? no hubiera hombre que te lo abriera por más fuerza que tuviera, aunque fuera micer puntiagudo, y en medio arcudo, y al cabo como el muslo.

Div. Yo querria, Lozana, que me rapases este pantano, que quiero salir á ver mis amigos.

Loz. Espera que venga Rampin, que él te lo raerá como frente de calvo. No viene ninguna puta, que deben xabonar el bien de Francia; dime, Divicia, ¿dónde comenzó ó fué el principio del mal frances?

Div. En Rapolo, una villa de Génova, y es puerto de mar, porque allí mataron los pobres de San Lázaro, y dieron á saco los soldados del rey Carlo Cristianísimo de Francia aquella tierra y las casas de San Lázaro, y uno que vendió un colchon por un ducado, como se lo pusieron en la mano, le salió una buba ansí redonda como el ducado, que por eso son redondas, despues aquél lo pegó á cuantos tocó con aquella mano, y luégo incontinenti se sentian los dolores acerbísimos y lunáticos, que yo me hallé allí y lo vi, que por eso se dice el Señor te guarde de su ira, que es esta plaga que el sexto ángel derramó sobre casi la metad de la tierra.

Loz. ¿Y las plagas?

Div. En Nápoles comenzaron, porque tambien me hallé allí cuando dicien que habian enfecionado los vinos y las aguas, los que las bebian luégo se aplagaban, porque habian echado la sangre de los perros y de los leprosos en las cisternas y en las cubas, y fueron tan comunes y tan invisibles, que nadie pudo pensar de donde procedian. Munchos murieron, y como allí se declaró y se pegó, la gente que despues vino de España llamábanlo mal de Nápoles, y éste fué su principio, y este año de veinte y cuatro son treinta é seis años que comenzó. Ya comienza á aplacarse con el legño de las Indias Occidentales, cuando sean sesenta años que comenzó, al hora cesará.

MAMOTRETO LV.

Cómo la Lozana vido venir un jóven desbarbado, de diez y ocho años, llamado Coridon, y le dió este consejo como supo su enfermedad.

Loz. Mi alma, ¿dó bueno? vos me pareceis un Absalon, y Dios puso en vos la hermosura del gallo, vení arriba, buey hermoso, ¿qué habeis, mi señor Coridon? decímelo, que no hay en Roma quien os remedie mejor; ¿qué me traés aquí? para comigo no era menester presente, pero porque yo os quiera más de lo que os quiero, vos, mi alma, pensais que por venirme cargado lo tengo de hacer mejor, pues no soy desas, que más haré viéndoos penado, porque sé en qué caen estas cosas, porque no solamente el amor es mal que atormenta á las criaturas racionales, mas á las bestias priva de sí mismas; sino veldo por esa gata, que há tres dias que no me dexa dormir, que ni come ni bebe, ni tiene reposo, ¿qué me hará un mochacho como vos, que os hierve la sangre, y más el amor que os tiene consumido? decíme vos á mí dónde, y cómo, y quién, y yo veré cómo os tengo de socorrer, y vos contándomelo aplacaréis y gozaréis del humo, como quien huele lo que otro guisa ó asa.

Coridon. Señora Lozana, yo me vine de mi tierra, que es Mantua, por esta causa, el primero dia de Mayo al hora cuando Jove el carro de Phetonte intorno giraba, yo venía en un caballo blanco, y vestido de seda verde, habia cogido munchas flores y rosas, y traíalas en la cabeza sin bonete como una guirnalda, que quien me veia se namoraba. Vi á una ventana de un jardin una hija de un cibdadano, ella de mí y yo della nos enamoramos, mediante Cupido, que con sus saetas nos unió haciendo de dos ánimos un solo corazon. Mi padre, sabiendo la causa de mi pena, y siendo par del padre de aquella hermosa doncella Polidora, demandóla por nuera, su parentado y el mio fueron contentos, mas la miseria vana estorbó nuestro honrado matrimonio, que un desgraciado viejo, vano de ingenio y rico de tesoro, se casó con ella descontenta, yo por no verme delante mi mal, y por excusar á ella infelice pena y tristicia, me partí por mejor, y al presente es venido aquí un espion que me dice que el viejo va en oficio de senador á otra cibdad; querria que vuestra señoría me remediase con su consejo.

Loz. Amor mio, Coridon dulce, récipe el remedio, vá, compra una veste de villana que sea blanca y unas mangas verdes, y vaiste descalzo y sucio y loqueando, que todos te llamarán loca, y di que te llaman Jaqueta, que vas por el mundo reprendiendo las cosas mal hechas, y haz á todos servicios y no tomes premio ninguno, sino pan para comer, y va muchas veces por la calle della, y coge serojas, y si su marido te mandáre algo hazlo, y viendo él que tú no tomas ni quieres salario, salvo pan, ansí te dexará en casa para fregar y cerner y xabonar, y cuando él sea partido, limpia la casa alto y baxo, y haz que seas llamada y rogada de cuantas amas terná en casa, por bien servir y á todas agradar con gentil manera, y si te vieres sola con esa tu amante Polidora, haz vista que siempre lloras, y si te demandáre por qué dile: porque jamas mi nacion fué villana, sabe que soy gentildona Breciana, y me vi que podia estar par á par con Diana, y con cualquier otra dama que en el mundo fuese estada. Ella te replicará, que tú le digas: ¿por qué vas ansí, mi cara Jaqueta? tú le dirás: cara madona, voy por el mundo reprochando las cosas mal hechas, sabed que mi padre me casó con un viejo como vuestro marido, calvo, floxo como niño, y no me dió á un jóven que me demandaba siendo doncella, el cual se fué desperado, que yo voy por el mundo á buscallo: si ella te quiere bien, luego lo verás en su hablar, y si te cuenta á tí lo mismo, dile cómo otro dia te partes á buscallo, si ella te ruega que quedes, haz que seas rogada por sus amas que su marido le dexó, y así cuando tú vieres la tuya, y siendo seguro de las otras, podrás gozar de quien tanto amas y deseas penando.

Cor. ¡Oh señora Lozana! yo os ruego que tomeis todos mis vestidos, que sean vuestros, que yo soy contento con este tan remediable consejo que me habeis dado, y suplícoos que me espereis á esta ventana, que verné por aquí y veréis á la vuestra Jaqueta cómo va loqueando á sus bodas, y reprenderé muncho más de lo que vos habeis dicho.

Loz. ¿Y á mí qué me reprenderás?

Cor. A vos no siento qué, salvo diré que vivis *arte et ingenio*.

Loz. Coridon, mira qué quiere un loco ser sabio, que cuanto dixeres é hicieres sea sin seso y bien pensado, porque á mi ver más seso quiere un loco que no tres cuerdos, porque los locos son los que dicen las verdades, di poco y verdadero y acaba riendo, y suelta siempre una ventosidad, y si soltares dos, sean sanidad, y si tres, asinidad, y qué más, ¿me dirás celestial sin tartamudear?

Cor. Ce, les, tinal.

Loz. ¡Ay, amarga, muncho tartamudeas! dí alcatara.

Cor. Al, ca, go, ta, ra.

Loz. Ay amarga, no ansí, y tanto ceceas, lengua de estropajo tienes, entendamos lo que dirás á tu amiga cuando esté sola, y dilo en italiano, que te entienda: «Eco, madona, el tuo caro amatore, se tu voy que yo mora son contento, eco colui que con perfeta fede, con lachrime, pene y estenti te à sempre amato et tenuta esculpita in suo core, yo son Coridone, tuo primo servitore, ¡oh mi cara Polidora! fame el corpo felice, y seró sempre tua Jaqueta dita Beatrice»; y así podrás hacer tu voluntad.

Cor. ¿Mirá si lo que os digo á vos está bien?

Loz. No, porque tú no piensas la malicia que otrie entenderá, haz locuras y calla, no me digas nada, que tienes trastrabada la lengua, que muncho estropajo comiste, pues no puedes decir en español arrofaldada, alcatara, celestial.

Cor. Aro, fi, a, na, da; al, ca, go, ta, ra; ce, lesti, nal.

Loz. Calla, que por decirme taimada me dixiste tabaquinara, y por decirme canestro me dices cabestro, y no me curo, que no se entiende en español qué quiere decir, mas, por la luz de Dios, que si otro me lo dixera y Rampin lo supiese, que poco tenemos que perder, y soy conocida en todo Levante y Poniente, y tan buen cuatrin de pan nos hacen allá como acá; Coridon, esto podrás decir, que es cosa que se ve claro: Vittoria, Vittoria, el Emperador y rey de las Españas habrá gran gloria.

Cor. No queria ofender á nadie.

Loz. No se ofende, porque, como ves, Dios y la fortuna le es favorable, antiguo dicho es, teme á Dios y honra tu rey, mira que prenóstico tan claro, que ya no se usan vestes ni escarpes franceses, que todo se usa á la española.

Cor. ¿Qué podria decir como ignorante?

Loz. Di que sanarás el mal frances, y te judicarán por loco del todo, que ésta es la mejor locura que uno puede decir, salvo que el legño es salutífero.

MAMOTRETO LVI.

Cómo la Lozana estaba á su ventana, y dos galanes vieron salir dos mujeres, y les demandaron qué era lo que negociaban.

Ovidio. Mirámela, cual está atalayando putas, mirá el alfaquí de su foxco marido que compra grullos, ella parece que escandaliza truenos, ya no se desgarra como solia, que parecia trasegadora de putas en bodegas comunes, estemos á ver qué quieren aquellas que llaman, que ella de todo sabe tanto que revienta, como *Petrus in cunctis*, y tiene del natural y del positivo, y es universal *in agibilibus*.

Galan. ¿No veis su criado negociando, que parece enforto de almiherez? librea trae fantástiga, parece almorafan en cinto de cuero.

Ovid. Calla, que no parece sino cairel de puta pobre, que es deseada aunque gorda, ya sale una mujer, ¿cómo harémos para saber qué negocio?

Gal. Vamos, y dejámela interrogar á mí; madona, ¿sois española?

Prudencia. Fillolo, no, mas sempre o voluto ben á spañoli, questa española me ha posto ólio de ruda para la sordera.

Gal. Madona, ¿cómo os demandais?

Prud. Fillolo, me demando Prudenza.

Gal. Madona Prudenza, andá en buen hora.

Ovid. ¿Qué os parece si la señora Lozana adorna esta tierra? en España no fuera ni valiera nada; veis, sale la otra con un mochacho en brazos, por allá va, salgamos á esa otra calle.

Gal. ¡Ah! ¿vos, señora, sois española?

Cristina._ Señor, sí; de Cecilia á vuestro comando.

Ovid. Queriamos saber quién queda con la señora Lozana.

Crist. Señor, su marido, ó criado pretérito, ó amigo secreto, ó esposo futuro, porque mejor me entendais, yo soy ida á su casa no á far mal, sino bien, que una mi vecina, cuya es esta criatura, me rogó que yo veniese á pedille de merced que santiguase este su hijo, que está aojado, y ella lo hizo por su virtud, y no queria tomar unos huevos y unas granadas que le traxe.

Gal. Decínos, señora, que vos bien habréis notado las palabras que dixo.

Crist. Señores, yo os diré, dixo: si te dió en la cabeza, válate Santa Elena, si te dió en los hombros, válante los Apóstoles todos, si te dió en el corazon válgate el Salvador; y mandóme que lo sahumase con romero, y ansí lo haré por contentar á su madre, y por dalle ganancia á la Lozana, que en esta quemadura me ha puesto leche de narices.

Gal. Mas no de las suyas.

Crist. Y vuestras mercedes queden con *Dios*.

Ovid. Señora Cristina, somos á vuestro servicio, id con la paz de Dios.

Gal. Quien no se arriesga no gana nada; son venidas á Roma mil españolas, que saben hacer de sus manos maravillas, y no tienen un pan que comer, y esta plemática de putas y arancel de comunidades, que voto á Dios que no sabe hilar, y nunca la ví coser de dos puntos arriba, su mozo friega y barre, á todos da que hacer, y nunca entiende sino ¿qué guisarémos, que será bueno para comer? la tal cosa yo la sé hacer, y el tal manjar cómprelo vuestra merced, que es bueno, y daca especia, azúcar, trae canela, miel, manteca, vé por huevos, trae tuétanos de vaca, azafran, y mira si venden culantro verde; no ceja jamas, y todo de bolsa ajena.

Ovid. Oh pese al turco; pues veis que no siembra y coge, no tiene ganado y tiene quesos, que aquella vieja se los trajo, y la otra granadas sin tener huerto, y huevos sin tener gallinas, y otras muchas cosas, que su audacia y su no tener la hacen afortunada.

Gal. Es porque no tiene pleitos ni letigios que le turen de una audencia á la otra, como nosotros, que no bastan las bibalías que damos á notarios y procuradores, que tambien es menester el su solicitar para nuestros negocios acabar.

Ovid. Es alquimio de putas, y trae definiciones con sentencias, oxalá sin dilaciones, y de esta manera no batiendo moneda la tiene, y huerta, y pegujar, y roza sin rozar, como hacen munchos, que como no saben sino expender lo ganado de sus pasados, cuando se ven sin arte y sin pecunia métense frailes por comer en comun.

―――――――

MAMOTRETO LVII.

Cómo salió la Lozana con su canastillo debaxo, con diversas cosas para su oficio, y fué en casa de cuatro cortesanas favoridas, y sacó de cada una, en partes, provision de quien más podia.

Loz. ¿Quién son aquellos tres galanes que están allí? cúbranse cuanto quisieren, que de saber tengo si son pleiteantes. Andá ya, ¿por mi vida para mí todas esas cosas? descubrí que lo sirva yo, que un beso ganarés.

Gal. ¿Y yo? señora Lozana.

Loz. Y vos beso y abracijo; ¿qué cosa es ésta? ¿quién os dixo que yo habia de ir á casa de la señora Xerezana? ya sé que le distes anoche música de flautas de aciprés, porque huelan, y no sea menester que intervenga yo á poner bemol; hacé cuanto quisiéredes, que á las manos me vernés.

Ovid. ¿Cuándo?

Loz. Luégo, vengan vuestras mercedes cuando yo sea entrada, que me tengo de salir presto, que es hoy sábado, y tengo de tornar á casa, que si vienen algunas putas orientales y no me hallan, se van enojadas, y no las quiero perder, que no valgo nada sin ellas, y máxime agora que son pocas y locas.

Gal. Señora Lozana, decí á la señora Xerezana que nos abra, y terciá vos lo que pudiéredes, y veis aquí la turquina que me demandastes.

Loz. Pues miren vuestras mercedes, que si fuere cosa que podeis entrar, yo porné este mi paño listado á la ventana, y entónces llamá.

Gal. Sea ansí; alegre va la puta vieja encrucijada, voto á Dios, mejor cosa no hice en mi vida que dalle esta turquina, que ésta es la hora que me hace entrar en su gracia, cosa que no podia acabar con cuanto he dado á sus mozos y fantescas, que no me han aprovechado nada, tanto como hará agora la Lozana, que es la mejor acordante que nunca nació, y parece que no pone mano en ello; vello hemos, ya llamá, y la señora está á la ventana, vámonos por acá, que volverémos.

Xerezana. Hola, mozos, abrí allí, que viene la Lozana y sus adherentes; mirá, vosotros id abaxo y hacelda rabiar, y decí que es estada aquí una jodía, que me afeitó, y que agora se vá, y que va en casa de la su favorida la Pimpinela, si queremos ver lidia de toros, y yo diré que porque se tardó pensé que no viniera.

Corillon. ¿Quién es? paso, paso, que no somos sordos; señora Lozana, ¿y vos sois? vengais norabuena y tan tarde, que la señora quiere ir fuera.

Loz. ¿Y dó quiere ir su merced? ¿no esperará hasta que la

afeite?

Cor. No lo digo por eso, que ya está afeitada, que una jodía la afeitó, y si ántes viniérades la hallárades aquí, que agora se vá á casa de la Pimpinela.

Loz. Mal año para tí y para ella, que no fuese más tu vida, como dices la verdad, la Pimpinela me tiene pagada por un año, mirá cómo se dexará afeitar de una jodía, mas si la señora se ha dejado tocar y gastar, que no podia ser ménos, por la luz de Dios ella se arrepentirá, mas yo quiero ver esta afeitadura cómo está; díme, ¿su merced está sola?

Cor. Sí, que quiere ir en casa de monseñor, que ya está vestida de regazo, y va á pié.

Altobelo. Señora Lozana, sobí, que su merced os demanda, que os quiere hablar ántes que se parta.

Loz. ¿Dónde está la señora? ¿en la anticámara, ó en la recámara?

Altob. Entrá allá á la loja, que allá está sola.

Loz. Señora, ¿qué quiere decir que vuestra merced hace estas novedades? ¡cómo! ¿he yo servido á vuestra merced desde que venistes á Roma, y á vuestra madre hasta que murió, que era ansí linda cortesana, como en sus tiempos se vido, y por una vuelta que me tardo llamais á quien más presto os gasten la cara, que no adornen, como hago yo? mas no me curo, que no son cosas que turan, que su fin se traen como cada cosa, ésta me porná sal en la mollera, y á la jodía yo le daré su merecer.

Xer. Vení acá, Lozana, no os vais, que esos bellacos os deben haber dicho cualque cosa por enojaros, ¿quién me suele á mí afeitar sino vos? dexá decir, que como habeis tardado un poco os dixeron eso, no os cureis, que yo me contento; ¿quereis que nos salgamos allá á la sala?

Loz. Señora, sí, que traigo este paño listado mojado, y lo meteré á la finestra.

Xer. Pues sea ansí; ¿qué es esto que traés aquí en esta garrafeta?

Loz. Señora, es un agua para lustrar la cara, que me la mandó hacer la señora Montesina, que cuesta más de tres ducados, y yo no la queria hacer, y ella la pagó, y me prometió una carretada de leña y dos barriles de vino dulce para esta invernada.

Xer. ¿Tenés más que ésta?

Loz. Señora, no.

Xer. Pues ésta quiero yo, y pagalda, veis aquí los dineros, y enviá por una bota de vino, y hacé decir á los mulateros de monseñor que toda esta semana vayan á descargar á vuestra casa.

Loz. ¡Ay, señora! que soy perdida, que me prometió que si era perfeta que me daria un sayo para mi criado.

Xer. Mirá, Lozana, sayo no tengo, aquella capa de monseñor es buena para vuestro criado, tomalda, y andá norabuena, y vení más presto otro dia.

Loz. Señora, no sé quien llama, miren quién es, por cuando yo salgo no éntre alguno.

Xer. Vá, mirá quién es.

Montoya. Señora, los dos señores janiceros.

Xer. Dí que no só en casa.

Loz. Haga, señora, que entren y contarán á vuestra merced cómo les fué en el convite que hizo la Flaminia á cuantos fueron con ella, que es cosa de oir.

Xer. ¿Qué podia ser poco más ó ménos? que sabemos sus cosas della.

Loz. Mande vuestra merced que entren y oirá maravillas.

Xer. Ora, sús, por contentar á la Lozana, va, ábrelos.

MAMOTRETO LVIII.

Cómo va la Lozana en casa de la Garza Montesina, y encuentra con dos rufianes napolitanos, y lo que le dicen.

Rufian. Pese al diablo con tanta justicia como se hace de los que poco pueden, que vos ni habíades de ser para ganarme de comer, mas como va el mundo al reves, no se osa el hombre alargar, sino quitaros el bonete, y con gran reverencia poneros sobre mi cabeza.

Loz. Quitaos allá, hermanos, ¿qué cosas son ésas? ya soy casada, no os cale burlar, que castigan á los locos.

Ruf. Señora, perdoná, que razon teneis, mas en el bosque de Belitre os quisiera hacer un convite.

Loz. Mirá si quereis algo de mí, que voy de priesa.

Ruf. Señora, somos todos vuestros servidores, y máxime si nos dais remedio á un accidente que tenemos, que toda la noche no desarmamos.

Loz. Cortados y puestos al pescuezo por lomina, que ésa es sobra de sanidad; á Puente Sisto te he visto.

Ruf. Ahí os querria tener para mi servicio por ganar la romana perdonanza; decínos, señora Lozana, quién son agora las más altas y más grandes señoras entre todas las cortesanas, y luégo os iréis.

Loz. Mirá qué pregunta tan necia, quien más puede y más gana.

Ruf. Pues eso queremos saber, si es la Xerezana como más galana.

Loz. Si miramos en galanerías y hermosura, ésa y la Garza Montesina pujan á las otras, mas decíme, de favor ó pompa, y fausto y riquezas, callen todas con madona Clarina, la favorida, y con madona Aviñonesa, que es rica y poderosa, y vosotros, ladrones, cortados tengais los compañones, y quedáos aquí.

Ruf. Válala el que lleva los pollos, y qué preciosa que es, allá va á casa de la Garza Montesina.

Montesina. Señora Lozana, sobí, que á vos espero, ya os pasábades, ¿no sabeis que hoy es mio? ¿dónde íbades?

Loz. Señora, luégo tornára, que iba á dar una cosa aquí á una mi amiga.

Mont. ¿Qué cosa, y á quién por mi vida, si me quereis bien?

Loz. No se puede saber, asiéntese vuestra merced más acá á la lumbre, que me da el sol en los ojos.

Mont. Por mi vida, Lozana, que no lleveis de aquí el canestico si no me lo decís.

Loz. Paso, señora, no me derrame lo que está dentro, que yo se lo diré.

Mont. Pues decímelo luégo, que estó preñada, ¿qué es esto que está aquí dentro en este botecico de cristal?

Loz. Paso, señora, que no es cosa para vuestra merced, que ya sois vos harto garrida.

Mont. Mirá, Lozana, catá que lo quebraré si no me lo decís.

Loz. Pardios, más niña es vuestra merced que su ñetecica, dexe estar lo que no es para ella.

Mont. Agora lo verés, sacaldo de mi cofre, y séase vuestro.

Loz. Sáquelo vuestra merced, que quiero ir á llevallo á su dueño, que es un licor para la cara, que quien se lo pone no envejece jamas, y madona Clarina, la favorida, há más de cuatro meses que lo espera y agora se acabó de estilar, y se lo quiero llevar por no perder lo que me prometió por mi fatiga, que ayer me envió dos ducados para que lo acabase más presto.

Mont. Y ¿cómo, Lozana, soy yo ménos, ó puede pagallo ella mejor que yo? ¿quédaos algo en vuestra casa de este licor?

Loz. Señora, no, que no se puede hacer si las culebras que se estilan no son del mes de Mayo, y soy perdida, porque como es tan favorida, si sabe que di á otrie este licor habiendo ella hecho traer las culebras cerbunas, y gobernádolas del Mayo acá, y más el carbon que me ha enviado, y todo lo vendí cuando estuve mala, que si lo tuviera dixera que las culebras se me habian huido, y como viera el carbon me creyera.

Mont. Dexá hacer á mí, que yo sabré remediar á todo. Vén aquí, Gasparejo, va, dí á tu señor que luégo me envie diez cargas de carbon muy bueno del salvático, y mira, ve tú con el que lo truxere, y hazlo descargar á la puerta de la Lozana. Esperá, Lozana, que otra paga será ésta que no la suya, veis ahí seis ducados, y llamá dos mozos que os lleven estos cuatro barriles ó toneles á vuestra casa, éste es semulela, y éste de fideos cecilianos, y éste de alcaparras alejandrinas, y éste de almendras ambrosinas, y tomá, veis ahí dos cofines de pasas de Almuñécar que me dió el provisor de Guadix; vén aquí, Margarita, va, descuelga dos presutos y dos somados, y de la guardarropa dos quesos mallorquinos y dos parmesanos, y presto vosotras lleváselo á su casa.

Loz. Señora, ¿quién osará ir á mi casa, que luégo me matará mi criado, que le prometió ella misma una capa?

Mont. Capa no la hay en casa que se le pueda dar, mas mirá si le verná bueno este sayo, que fué del protonotario.

Loz. Señora, llévemela el mozo, porque no vaya yo cargada, no se me ensuelva el sueño en todo, que esta noche soñaba que caia en manos de ladrones.

Mont. Andá, no mireis en sueños, que cuando veníades acá os vi yo hablar con cuatro.

Loz. Buen paraíso haya quien acá os dexó, que verdad es, esclava soy á vuestra merced, porque no basta ser hermosa y linda, mas cuanto dice hermosea y adorna con su saber. Quien supiera hoy hacerme callar, y amansar mi deseo que tenía de ver qué me habia de dar madona Clarina, la favorida, por mi trabajo y fatiga, la cual vuestra merced ha satisfecho en parte, y como dicen, la buena voluntad con que vuestra merced me lo ha dado vale más que lo muncho más que ella me diera, y sobre todo sé yo que vuestra merced no me será ingrata, y bésole las manos, que es tarde: mírese vuestra merced al espejo y verá que no só pagada segun lo que merezco.

MAMOTRETO LIX.

Cómo la Lozana fué á casa de madona Clarina, favorida, y encontró con dos médicos, y el uno era cirúgico, y todos dos dicen:

Físico. Señora Lozana, ¿dónde se va? ¿qué especieria es esa que debaxo llevais? ¿ay curas? ¿ay curas? danos parte.

Loz. Señores mios, la parte por el todo, y el todo por la parte, y yo que soy presta para sus servicios.

Físico. Señora Lozana, habeis de saber que si todos los médicos que al presente nos hallamos en Roma nos juntásemos de acuerdo, que debiamos hacer lo que antiguamente hicieron nuestros antecesores: en la via de San Sebastian estaban unas tres fosas llenas de agua, la cual agua era natural y tenía esta virtud, que cuantas personas tenian mal de la cintura abaxo iban allí tres veces una semana, y entraban en aquellas fosas de piés, y estaban allí dos horas por vuelta, y ansí sanaban de cualquier mal que tuviesen en las partes inferiores, de modo que los médicos de aquel tiempo no podian medicar sino de la cintura arriba; visto esto, fueron todos y cegaron estos fosos ó manantíos, y hicieron que un arroyo que iba por otra parte que pasase por encima porque no se hallasen, y agora aquel arroyo tiene la misma virtud para los caballos y mulas represas, y finalmente, á todas las bestias represas que allí meten sanan, como habeis visto si habeis pasado por allí: esto digo que debíamos hacer, pues que ni de la cintura arriba ni de la cintura abajo no nos dais parte.

Cirúgico. Señora Lozana, nosotros debiamos hacer con vos como hizo aquel médico pobre que entró en Andújar, que como vido y probó los munchos y buenos rábanos que allí nacen, se salió y se fué á otra tierra, porque allí no podia él medicar, que los rábanos defendian las enfermedades; digo que me habeis llevado de las manos más de seis personas que yo curaba, que como no les duelen las plagas, con lo que vos les habes dicho no vienen á nosotros, y nosotros, si no duelen las heridas, metemos con que duelan y escuezgan, porque vean que sabemos algo cuando les quitamos aquel dolor, ansimismo á otros ponemos ungüento egipciaco, que tiene vinagre.

Loz. Como á caballos, ungüento de albéitares.

Médico. A los dientes no hay remedio sino pesallos á cera, y vos mandais que traigan mascando el almástiga, y que se los limpien con raíces de malvas cochas en vino, y mandaislos lavar con agua fria, que no hay mejor cosa para ellos, y para la cara y manos lavar con fria y no caliente, mas si lo dicimos nosotros, no lo tomarán los pacientes, y así es menester que huyamos de vos, porque no concuerda vuestra medicacion con nuestra cúpida intencion.

Loz. Señores mios, ya veo que me quereis motejar, mis melecinas son: si pega, pega, y míroles á las manos como hace quien algo sabe, señores, concluí, que el médico y la medicina los sabios se sirven de él y de ella, mas no hay tan asno médico como el que quiere sanar el griñimon que Dios lo puso en su disposicion. Si vuestras mercedes quieren un poco de favor con madona Clarina en pago de mi maleficio, esperen aquí, y haré á su señoría que hable á vuestras mercedes, que no será poco, y si tiene que medicarse en su fuente, entrarán vuestras mercedes aunque sea de rodillas.

Cir. Pues sea ansí, señora Lozana, diga barba que haga. No querria que más valiese mi capa de lo que ésta gana, ya es entrada, esperemos, y verémos la clareza que Dios puso en esta italiana, que dicen que cuando bebe se le parece el agua y se le pueden contar las venas; veislas las dos, hable vuestra merced, que yo no sé qué le decir.

Méd. Madona Clarina, séale recomendada la señora Lozana.

Clar. Oida, me recomiendo; dime, Lozana, ¿quién son aquéllos?

Loz. Señora, el uno es de Orgaz y el otro de Jamilena, que medicaba y iba por leña, y metia todas las orinas juntas, por saber el mal de la comunidad; señora, vamos á la loja.

Clar. Andemos; decíme, ¿qué cosa hay aquí en aquesta escátula?

Loz. Madona, unos polvos para los dientes, que no se caigan jamas.

Clar. ¿Y esto?

Loz. Para los ojos.

Clar. Díme, española, ¿es para mí?

Loz. Madona no, que es para madona Alvina, la de Aviñon.

Clar. Vaya á la horca, dámelo á mí.

Loz. No lo hagais, señora, que si vos supiésedes lo que á ella le cuesta, que dos cueros de ólio se han gastado, que ella compró, que eran de más de cien años, por hacer esto poquito.

Clar. No te curar, Lozana, que non vollo que lei sea da tanto que habia questo, que yo te daro olio de ducenti ani, que me donó á mí micer incornato mio trovato sota terra; díme, ¿ha ella casa ni viña como que ho yo?

Loz. Sea desta manera, tomad vos un poco, y dadme á mí otro poco que le lleve, porque yo no pierda lo que me ha prometido, que la pólvora no se halla ansí á quien la quiere, que se hace en el Paraíso terrenal, y me la dió un mi caro amante que yo tuve, que fué mi señor Diomédes, el segundo amor que yo tuve en este mundo, y á él se la dieron los turcos, que van y vienen casi á la contínua; y piense vuestra señoría que tal pólvora como ésa no me la quitaria yo de mí por dalla á otrie, si no tuviese gran necesidad, que no tengo pedazo de camisa ni de sábanas, y sobre toda la necesidad que tengo de un pabellon y de un tornalecho, que si no fuese esto que ella me prometió para cuando se lo llevase, no sería yo osada á quitar de mí una pólvora tan excelente, que si los dientes están bien apretados con ella, no se caerán jamas.

Clar. Vení acá Lozana, abrí aquella caxa grande, tomá dos piezas de tela romanesca para un pabellon, va, abre aquel forcel, e tomá dos piezas de tela de Lodi para hacer sábanas, y tomá hilo malfetano para coserlo todo, va, abre el otro forcel, y toma dos piezas de cortinela para que hagais camisas, y toma otra pieza de tela romanesca para hacer camisas á vuestro nuevo marido.

Loz. Madona, mire vuestra señoría que yo de todo esto me contento; mas ¿cómo harémos, que el poltron de mi pretérito criado me descubrirá? porque ella misma le prometió unas calzas y un jubon.

Clar. Bien, va, abre aquella otra caxa y toma un par de calzas nuevas y un jubon de raso, que hallarás cuatro, toma el mejor, y llama la Esclavona, que tome un canestro y vaya con vos á llevaros estas cosas á vuestra casa, y id presto, porque aquel acemilero no os tome el ólio, que se podria hacer bálsamo, tanto es bueno, y guarda, española, que no des á nadie de esto que me has dado á mí.

Loz. Madona, no; mas haré desta manera, que juntaré el almáciga y la grana y el alumbre, y se lo daré, y diré que sea esa misma, y haré un poco de ólio de habas, y diré que se lo ponga con el colirio, que es apropiado para los ojos, y ansí no sabrá que vuestra señoría tiene lo más perfeto.

Clar. Andá, y hacé ansí por mi amor, y no de otro modo, y recomendáme á vuestro marido micer Rampin.

MAMOTRETO LX.

Cómo fué la Lozana en casa de la Imperia Aviñonesa, y cómo encontró con dos juristas letrados que ella conocia, que se habian hecho cursores ó emplazadores.

Loz. Estos dos que vienen aquí, si estuviesen en sus tierras serian alcaldes, y aquí son mandatarios, solicitadores que emplazan, y si fuesen sus hermanas casadas con quien hiciese aquel oficio, dirian que más las querian ver putas que no de aquella manera casadas, porque ellos fueron letrados ó buitres de rapiña; todo su saber no vale nada, á lo que yo veo, que más ganan ellos con aquellas varillas negras que con cuanto estudiaron en jure. Pues yo no estudié, y sé mejor el jure cevil que traigo en este mi canastillo, que no ellos, en cuantos capítulos tiene el cevil y el criminal; como dixo Apuleyo, bestias letrados.

Juristas. Aquí, aquí somos todos, señora Lozana, *hodie hora vigessima*, en casa vuestra.

Loz. No sé si seré á tiempo, mas traé que rozar, que allá está mi Rampin que lo guise, y mirá no faltés, porque de buena razon ellas han de venir hoy que es sábado, mas yo creo que vosotros ya debeis y no os deben.

Jur. ¿Qué cosa es eso deber ó que nos deben? cuerpo del mundo, ¿el otro dia no llevamos buen pexe y buen vino, y más dormimos con ellas y las pagamos muy bien?

Loz. No lo digo por eso, que ya sé que traxistes todo eso, y que bebistes hasta que os emborrachastes, mas otra cosa es menester que traer y beber, que eso de jure antiguo se está, sino que os deben ó debeis, quiere decir que era una jodía vieja de noventa años, y tenía dos nueras mujeres burlonas, y venian á su suegra cada mañana, y decian: buenos dias, señora, y respondia ella, vosotras teneis los buenos dias y habeis las buenas noches, y como ellas veian esta respuesta siempre, dixeron á sus maridos, vuestra madre se quiere casar, y decian ellos, ¿cómo es posible? decian ellas, casalda y vello heis que no dice de no. Fueron, y casáronla con un jodío viejo y médico, ¿qué hicieron las nueras? rogaron al jodío que no la cabalgase dos noches, él hízolo ansí, que toda la noche no hizo sino contalle sus deudas que tenía; vinieron las nueras otro dia, y dixo la vieja: ¿qué quiero hacer deste viejo, que no es bueno sino para comer, y tiene más deudas que no dineros, y será menester que me destruya á mí y á mis hijos? fueron las nueras al jodío, y dixéronle que hiciese aquella noche lo que pudiese, y él, como era viejo, caminó, y pasó tres colchones; viniendo la mañana vienen las nueras, y dicen á la suegra, señora, albricias, que vuestros hijos os quieren quitar este jodío, pues que tanto debe, respondió la vieja: mirad, hijas, la vejez es causa de la sordedad, que yo no oyo bien qué le deben á él, que le deben, que él no debe nada: así que, señores, ¿vosotros debés, ó deben os?

Jur. ¡Voto á Dios! que á mí que me deben desa manera más que no es de menester, acá á mi compañero no sé, demandaldo á ella, que bien creo que pasa todos los dedos, y áun las tablas de la cama.

Curzor. No me curo, que la obra es la que alaba al maestro; señora Lozana, torná presto por vuestra fe, que nosotros vamos á pescaría.

Loz. Gente hay en casa de la señora Imperia, mejor para mí, que pescaré yo aquí sin jure; ¿qué haces ahí, Medaldo? va, abre, que vó á casa.

Medaldo. Andá, que Nicolete es de guardia, y él os abrirá, llamá.

Loz. Nicolete, hijo mio, ¿qué haces?

Nicolete. Soy de guardia, y mirá, Lozana, qué pedazo de caramillo que tengo.

Loz. ¡Ay triste! ¿y estás loco? está quédo, beodo, que nos oirán.

Nicol. Callá, que todos están arriba; sacá los calzones, que yo os daré unos nuevos de raso encarnado.

Loz. Haz á placer, que vengo cansada, que otro que calzones quiero.

Nicol. Que, mi vida, de cara arriba.

Loz. Yo te lo diré despues.

Nicol. No, sino agora; no, sino agora; no, sino agora.

Loz. ¡Oh qué bellaco que eres! vá arriba y di á la señora cómo estoy aquí.

Nicol. Sobí vos, y tomallos, es sobre tabla, y harés colacion.

Loz. Por munchos años y buenos halle yo esas presencias juntas. ¿Qué Emperatriz ni gran señora tiene dos aparadores, como vuestra señoría, de contínuo aparejados á estos señores reyes del mundo?

Coronel. Española, fa colacion, aquí con nos quiero que bebés con esta copina, que sea la tua, porque quieres bien á la señora Imperia, mi patrona.

Imperia. Todo es bien empleado en mi Lozana; mozos, serví allí todos á la Lozana, y esperen las amas y los escuderos hasta que ella acabe de comer; Lozana mia, yo quiero reposar un poco, entre tanto hazte servir, pues lo sabes hacer.

Loz. Yo quiero comer este faisan, y dexar esta astarna para Nicolete, porque me abrió la puerta de abaxo; estos pasteles serán para Rampin, aunque duerme más que es menester.

MAMOTRETO LXI.

Cómo un médico familiar de la señora Imperia estuvo con la Lozana hasta que salió de reposar la Imperia.

Médico. Decí, señora Lozana, ¿cómo os va?

Loz. Señor, ya veis, fatigar y no ganar nada; estóme en mi casa, la soledad y la pobreza están mal juntas, y no se halla lino á comprar, aunque el hombre quiera hilar, por no estar ociosa, que querria hordir unos manteles, por no andar á pedir prestados cada dia.

Méd. Pues vos, señora Lozana, que haceis y dais mil remedios á villanos, ¿por qué no les encargais que os traigan lino?

Loz. Señor, porque no tomo yo nada por cuanto hago, salvo presentes.

Méd. Pues yo querria más vuestros presentes que mi ganancia, que es tan poca, que valen más las candelas que gasté estudiando que cuanto he ganado despues endevinando pulsos; mas vos, ¿qué estudiastes?

Loz. Mirá que me aconteció ayer: vinieron á mi casa una mujer piamontesa con su marido romañolo, y pensé que otra cosa era; traxeron una llave de cañuto, la cual era llena de cera y no podian abrir, y pensaron que estaban hechizados; rogáronme que lo viese yo, yo hice lo que sabía, y diéronme dos julios, y prometiéronme una gallina, que me truxeron hoy, y huevos con ella, y ansí pasaré esta semana con este presente.

Méd. Pues decíme, señora Lozana, ¿qué hecistes á la llave, cualque silogismo ó qué?

Loz. Yo os diré: como sacaron ellos la cera, no pudo ser que no se pegase cualque poca á las paredes de la llave; fuí yo presto al fuego, y escallentéla hasta que se consumió la cera, y vine abaxo, y dísela, y dixe que todo era nada; fuéronse, y abrieron, y cabalgaron, y ganéme yo aquel presente sofísticamente; decíme por qué no tengo yo de hacer lo que sé, sin perjuicio de Dios y de las gentes; mirá, vuestro saber no vale si no lo mostrais que lo sepa otrie; mirá, señor, por saber bien hablar gané agora esta copica de plata dorada, que me la dió su merced del coronel.

Méd. Ese bien hablar, adular, incónito le llamo yo.

Loz. Señor Salomon, sabé que cuatro cosas no valen nada si no son participadas ó comunicadas á menudo: el placer, y el saber, y el dinero, y el coño de la mujer, el cual no debe estar vacuo, segun la filosofía natural. Decíme, ¿qué le valdria á la Xerezana su galanería si no la participase? ¿Ni á la Montesina su hermosura, aunque la guardase otros sesenta años, que jamas muriese, si tuviese su coño puesto en la guardaropa, ni á Madona Clarina sus riquezas, si no supiese guardar lo que tiene? y á la señora Aviñonesa, ¿qué le valdrian sus tratos si no los participase y comunicase con vuestra merced y comigo, como con personas que ántes la podemos aprovechar? ¿qué otra cosa veis aquí? yo pierdo tiempo, que sé que en mi casa me están esperando, y porque la señora sé que me ha de vestir á mí y á mi criado, callo.

Méd. No puedo pensar qué remedio tener para cabalgar una mi vecina lombarda; porque es casada y está preñada.

Loz. Dexá hacer á mí.

Méd. Si hacés como á la otra, mejor os pagaré.

Loz. Esto será más fácil cosa de hacer, porque diré que á la criatura le faltan los dedos, que vuestra merced los hará.

Méd. Yo lo doy por hecho, que no es ésta la primera que vos sabés hacer.

Loz. Yo os diré: son lombardas de buena pasta; fuíme esta semana á una, y díxele, ¿cuándo viene vuestro marido, mi compadre? dice, mañana; digo yo, ¿por qué no os is al baño y acompañaros he yo? fué, y como era novicia, apañéle los anillos, y díle á entender que le eran entrados en el cuerpo; fuíme á un mi compadre, que no deseaba otra cosa, y díle los anillos, y dí órden que se los sacase uno á uno; cuando fué al último ella le rogaba que le sacase tambien un caldero que le habia caido en el pozo; en esto, el marido llamó, dixo ella al marido: en toda vuestra vida me sacastes una cosa que perdiese, como ha hecho vuestro compadre, que si no viniérades, me sacára el caldero y la cadena que se cayó el otro dia en el pozo: él, que consideró que yo habria tramado la cosa, amenazóme si no le hacia cabalgar la mujer del otro; fuíme allá diciendo que era su parienta muy cercana, á la cual demandé, diciendo que cuánto tiempo habia que era preñada, y si su marido estaba fuera; dixo que de seis meses; yo, astutamente, como quien ha gana de no verse en vergüenza, le dí á entender la criatura no tener orejas ni dedos. Ella, que estimaba el honor, rogóme que si lo sabía ó podia, que le ayudase, que sería della pagada; aquí está, digo yo, el marido de la tal, que por mi amor os servirá, y tiene excelencia en estas cosas; finalmente, que hizo dedos y orejas, cosa por cosa; y venido su marido, ella lo reprehende haber tan poca advertencia, ántes que se partiera, y no dexar acabada la criatura. Desta manera podemos serviros, máxime, que diciendo que sois físico eximio, pegará mejor vuestro engrudo.

Méd. No querria ir por lana, y que hiciésedes á mi mujer hallar una saya que esotro dia perdió.

Loz. Por el sacrosanto saco de F, que quiero otro que saya de vuestra merced.

MAMOTRETO LXII.

Cómo la señora Imperia, partido el médico, ordenó de ir á la estufa ella y la Lozana, y cómo encontraron á uno que decia Oliva, Oliva de España, el cual iba en máscara, y dice la Imperia al médico:

Imp. ¿Qué se dice, maestro Arresto? ¿retozábades á la Lozana, ó veramente haceis partido con ella que no os lleve los provechos? ya lo hará si se los pagais, por eso ántes que se parta sed de acordo con ella.

Méd. Señora, entre ella y mí el acuerdo sería que partiésemos lo ganado y participásemos de lo porvenir, mas Rampin despriva á munchos buenos que querian ser en su lugar; mas si la señora Lozana quiere, ya me puede dar una espetativa en forma comun para cuando Rampin se parta, que éntre yo en su lugar, porque, como ella dice: no esté lugar vacío, la cual razon conviene con todos los filósofos, que quieren que no haya lugar vacuo, y despues desto verná bien su conjuncion con la mia, que, como dicen, segun que es la materia que el hombre manca, ansí es más excelente el maestro que la opera; porque cierta cosa es que más excelente es el médico del cuerpo humano racional que no el albéitar, que medica el cuerpo irracional, y más excelente el miembro del ojo que no el dedo del pié, y mayor milagro hizo Dios en la cara del hombre ó de la mujer que no en todo el hombre, ni en todo el mundo, y por eso no se halla jamas que una cara sea semejante á otra en todas las partículas, porque si se parece en la nariz no se parece en la barba, y así de singulis. De manera que yo al cuerpo, y ella á la cara, como más excelente y mejor artesana de caras que en nuestros tiempos se vido. Estariamos juntos, y ganariamos para la vejez poder pasar, yo sin récipe, y ella sin hic, et hec, et hoc, el alcohol, y amigos como de ántes, y beso las manos á vuestra merced, y á mi señora Lozana la boca.

Loz. Yo la vuestra enzucarada, ¿qué me decis? cuando vos quisiéredes regar mi manantío, está presto y á vuestro servicio, que yo sería la dichosa.

Imp. Más vale asno que os lleve que no caballo que os derrueque, de Rampin haceis vos lo que quereis, y sirve de todo, y dexá razones y vamos á la estufa.

Loz. Vamos, señora, mas siempre es bueno saber, que yo tres ó cuatro cosas no sé que deseo conocer, la una qué via hacen, ó qué color tienen los cuernos de los hombres, y la otra querria leer lo que entiendo, y la otra querria que en mi tiempo se perdiese el temor y la vergüenza para que cada uno pida y haga lo que quisiere.

Imp. Eso postrero no entiendo, de temor y vergüenza.

Loz. Yo, señora, yo os lo diré; cierto es que si yo no tuviese vergüenza, que cuantos hombres pasan querria que me besasen, y si no fuese el temor, cada uno entraria y pediria lo vedado; mas el temor de ser castigados los que tal hiciesen, no se atreven, porque la ley es hecha para los transgresores, y así de la vergüenza, la cual ocupa que no se haga lo que se piensa, y si yo supiese ó viese estas tres cosas que arriba he dicho, sabria más que Juan Desperaendios. De manera que cuantas putas me viniesen á las manos, les haria las cejas á la chancilleresca, y á mi marido se los pornia verdes, que significan esperanza, porque me metió el anillo de cuerno de búfalo, y la cuarta que penitus inñoro es: ¿de quién me tengo de empreñar cuando algo me empreñe? señora, vaya Jusquina delante y lleve los aderezos. Vamos por aquí que no hay gente, señora, ¿ya comienzan las máscaras? mire vuestra merced cuál va el bellaco de Hércoles enmascarado; y Oliva, Oliva de España, aquí vienen y hacen quistion, y van cantando: agora me vezo sonar de recio. Entre vuestra merced y salgamos presto, que me vernán á buscar más de cuatro agora que andan máxcaras, que aquí ganaré yo cualque ducado para dar la parte á maestro Arresto, él debe trala, que medicó el asno, y mérito el albarda, pues vaya á la horca, que no me ha de faltar hombre, aunque lo sepa hurtar.

MAMOTRETO LXIII.

Cómo la Lozana fué á su casa, y envió por un sastre, y se vistió del paño que le dieron en casa del coronel, y lo que pasó con una boba, y dice la Lozana:

Loz. ¿Dónde meteis esa leña? ¿y el carbon está abaxo? ¿mirastes si era bueno? ¿sobistes arriba los barriles, los presutos y quesos? ¿contaste cuántas piezas de tela vinieron? ¿vistes si el olio está seguro que no se derrame? pues andá, llamá á maestro Gil, no sea para esotra semana, y mirá que ya comienzan las máxcaras á andar en torno, estas carrastollendas tenemos de ganar; torná presto, porque presteis esos vestidos á quien os lo pagáre. Veis, viene madona Pelegrina, la simple, á se afeitar, aunque es boba siempre me da un julio, y otro que le venderé de soliman serán dos. Entrá, ánima mia cara, ¿y con este tiempo venís? ánima mia, dulce, saporida; mirá qué ojos y qué dientes, bien parece que sois de buena parte. Bene mio, asentaos, que venis cansada, que vos sois española por la vida, y podria ser, que los españoles por do van siembran, que veinte años há que nos los tenés allá por esa Lombardía, ¿estais gravida, mi señora?

Pelegrina. Señora, no, mas si vos, señora Lozana, me supiésedes decir con qué me engravidase, yo os lo satisfaria muy bien, que no deseo en este mundo otro.

Loz. ¡Ay ánima mia enzucarada! récipe lo que sé que es bueno, si vos lo podeis hacer, tomá sábana de fraile que no sea quebrado, y halda de camisa de clérigo macho, y rechincháoslas á las caderas con uñas de sacristan marzolino, y veréis qué hijo haréis.

Pel. Señora Lozana, vos que sabeis en qué caen estas cosas, decíme, ¿qué quiere decir que cuando los hombres hacen aquella cosa se dan tanta prisa?

Loz. Habeis de saber que me place, porque el discípulo que no dubda ni pregunta, no sabrá jamas nada, y esta tierra hace los ingenios sotiles y vivos, máxime vos, que sois de la Marca, muncho más sabréis interrogando que no adevinando.

Habeis de saber que fué un emperador que, como viese que las mujeres tenian antiguamente cobertera en el ojo de cucharica de plata, y los hombres fuesen eunucos, mandó que de la cobertera hiciesen compañones á los hombres, y como hay una profecía que dice Merlin que ha de tornar cada cosa á su lugar, como aquellos al cufro de la mujer, por eso se dan tanta priesa por no quedar sin ellos, y beata la mujer á quien se le pegaren los primeros; por tanto, si vos me creeis, hacé desta manera: alzá las nalgas y tomaldo á él por las ancas y apretá con vos, y quedaréis con cobertera y preñada, y esto haced hasta que acerteis.

Pel. Decíme, señora Lozana, ¿qué quiere decir que los hombres tienen los compañones gordos como huevos de gallina, de paloma y de golondrina, y otros que no tienen sino uno?

Loz. Si bien los mirastes, en ellos vistes las señales; habeis de saber que los que no tienen sino uno perdieron el otro desvirgando mujeres ancianas; y los que los tienen como golondrinas, se los han disminuido malas mujeres, cuando sueltan su artillería y los que los tienen como paloma, ésos te saquen la carcoma, y los que los tienen como gallina es buena su manida.

Pel. Decíme, señora Lozana, ¿qué quiere decir que los mozos tienen más fuerza y mejor que sus amos, por más hombres de bien que sean?

Loz. Porque somos las mujeres bobas, cierta cosa es que para dormir de noche y para sudar no os haceis camisa sotil, que luégo destexe. El hombre, si está bien vestido, contenta al ver, mas no satisface la voluntad, y por esto valen más los mozos que sus amos en este caso; y la camisa sotil es buena para las fiestas, y la gorda á la contínua; que la mujer sin hombre es como fuego sin leña, y el hombre machucho que la encienda y que coma torreznos, porque le haga los mamotretos á sus tiempos, y su amo que pague el alquilé de la casa y que dé la saya; y ansí pelallos, y popallos, y cansarlos, y despues de pelados, dexallos enxugar.

MAMOTRETO LXIV.

Cómo vinieron cuatro palafreneros á la Lozana, si queria tomar en su casa un gentil-hombre que venía á negociar, y traia un asnico sardo llamado Robusto, y ensalmóles los encordios, y dice uno:

Palafrenero. Señora Lozana, nosotros, como somos huérfanos y no tenemos agüelas, venimos con nuestros tencones en las manos á que nos ensalmeis, y yo, huérfano, á que me beseis.

Loz. Amigo, este monte no es para asnos, comprá mulos; ¡qué gentileza! hacerme subir la calamita, ¡si os viera hacer eso

Rampin el bravo, que es un diablo de la peña Camasia! ¿pensais que soy yo vuestra Ginebra, que se afeita ella misma por no dar un julio á quien la haria parecer moza?

Pal. Puta ella y vos tambien, ¡guay de tí, Jerusalen!

Camarino. Señora Lozana, ensalmános estos encordios, y veis aquí esta espada y estos estafiles, vendeldos vos para melecinas.

Loz. Vení uno á uno, dexáme poner la mano.

Cam. ¡Ay! que estais fria.

Loz. Vos seréis abad, que sois medroso; vení vos, ¡oh! qué teneis de pelos en esta forma, Dios la bendiga, vería si tuviese cejas.

Pal. Señora Lozana, si tuviese tantos esclavos que vender, á vos daria el mejor.

Loz. Andá, que vos serés mercader cobdicioso; vení vos, esperá, meteré la mano.

Sarac. Meté, señora, mas mirá que estoy derecho.

Loz. Por mi vida, que sois caballero y hidalgo, aunque pobre; y si tanto derecho tuviésedes á un beneficio, sería vuestra la sentencia, esperá, diré las palabras, y tocaré, porque en el tocar está la virtud.

Sar. Pues dígalas vuestra merced alto que las oigamos.

Loz. Só contenta; Santo Ensalmo se salió, y contigo encontró, y su vista te sanó; ansí como esto es verdad, ansí sanés deste mal, amén. Andá, que no será nada; ¿qué pecado es que tengais mal en tal mandragulon?

Pal. Mayor que el rollo de Écija, servidor de putas.

Loz. Mala putería corras, como Margarita Corillon, que corrió los burdeles de Oriente y Poniente, y murió en Setentrion, sana y buena como yo.

Pal. Decinos agora, ¿cómo haréis, que dicen que habrá guerra, que ya con la peste pasada cualque cosa ganábades?

Loz. Mal lo sabeis, más quiero yo guerra que no peste, al contrario del Duque de Saboya, que quiere más peste en sus tierras que no guerra. Yo, si es peste, por huir como de lo ganado, y si hay guerra, ganaré con putas y comeré con soldados.

Pal. ¡Voto á Dios! qué bien dice el que dixo que de puta vieja y de tabernero nuevo me guarde Dios, digámosle á la señora Lozana á lo que más venimos. Vuestra merced sabrá que aquí á Roma es venido un gentilhombre y en su tierra rico, y trae consigo un asnico que entiende como una persona, y llámalo Robusto, y no querria posar sino solo, y pagará bien el servicio que á él y á Robusto le harán, y por estar cerca del rio, adonde Robusto vaya á beber, por tanto, querriamos rogar á vuestra perniquitencia que, pagándolo, fuésedes contenta por dos meses de darle posada, porque pueda negociar sus hechos más presto y mejor.

Loz. Señores, yo siempre deseé tener plática con estaferos, por munchos provechos que de ellos se pueden haber, y viendo que si hago esto que me rogais, no solamente terné á ese señor, mas á todos vosotros, por eso digo que la casa y la persona á vuestro servicio; avisaldo que si no sabe, sepa que no hay cosa tan vituperosa en el hombre como la miseria, porque la miseria es sobrina de la envidia, y en los hombres es más notada que en las mujeres, y más en los nobles que no en los comunes, y siempre la miseria daña á la persona en quien reina, y es adversa al bien comun, y es señal de natura, porque luégo se conoce el rico mísero ser de baxa condicion, y esta regla es infalible segun á mi ver; y avisaldo que no se hacen los negocios de hongos, sino con buenos dineros redondos.

MAMOTRETO LXV.

Cómo vino el asno de micer Porfirio por corona, y se graduó de bachiller, y dice entre sí mirando al Robusto, su asnico.

Porfirio. No hay en este mundo quien ponga mientes á los dichos de los viejos, que si yo me recuerdo, siempre oí decir que ni fies ni porfies, ni prometas lo incierto por lo cierto. Bien sé yo que á este Robusto le falta lo mejor, que es el leer, y si en esto lo examinan primero, no verán que sabe cantar, y ansí me lo desecharán sin grado, y yo perderé mi apuesta. Robusto, canta ut, re, mi, fa, sol, la, di comigo; más baxo, bellaco, otra vez comienza del la, sol, fa, híncate de rodillas, abaxa la cabeza, di un texto entre dientes, y luégo comerás, aza, aza, aza, ro, ro, ro, as, as, as, no, no, no, ansí comed agora y sed limpio. ¡Oh Dios mio y mi Señor! ¿como Balan hizo hablar á su asna, no haria Porfirio leer á su Robusto, que solamente la paciencia que tuve cuando le corté las orejas me hace tenelle amor? pues vestida la veste talar, y asentado y bello, como tiene las patas como el asno de oro de Apuleyo, es para que le diesen beneficios, cuanto más graduallo bacalario.

Loz. Señor Porfirio, véngase á cenar, y dígame qué pasion tiene, y por qué está ansí pensoso.

Porf. Señora, no os oso decir mi pena y tormento que tengo, porque temo que no me lo ternéis secreto.

Loz. No haya vuestra merced miedo, que yo jamas lo descubro.

Porf. Señora, bien que me veis ansí solo, no só de los ínfimos de mi tierra, mas la honra me costriñe, que si pudiese querria salir con una apuesta que con otros hice, y es que si venía á Roma con dinero, que ordenaba mi Robusto de bacalario, y siendo venido y proveido de dinero, y vezado á Robusto todas las cosas que han sido posible vezar á un su par, y agora como veo que no sabe leer, no porque le falte ingenio, mas porque no lo puede exprimir por los mismos impedimentos que Lucio Apuleyo, cuando siendo asno, retuvo siempre el intelecto de hombre racional, por ende estoy mal contento, y no querria comer ni beber, ni hacer cosa en que me fuese solacio.

Loz. Micer Porfirio, estad de buena gana, que yo os lo vezaré á leer, y os daré órden que despachés presto para que os volvais á vuestra tierra; id mañana, y haced un libro grande de pergamino, y traédmelo, y lo vezaré á leer, é yo hablaré á uno que si le untais las manos será notario, y os dará la carta del grado, y hacé vos con vuestros amigos que os busquen un caballerizo que sea pobre y jóven, y que tenga el seso en la bragueta, que yo le daré persona que se lo acabe de sacar, y desta manera vencerémos el pleito, y no dubdeis que de este modo se hacen sus pares bacalarios. Mirá, no le deis á comer al Robusto dos dias, y cuando quisiere comer, metelde la cebada entre las hojas, y ansí lo enseñarémos á buscar los granos y á boltar las hojas, que bastará, y dirémos que está turbado, y ansí el notario dará fe de lo que viere y de lo que cantando oyere. Y así _omnia per pecuniam falsa sunt_, porque creo que basta harto que lleveis la fe, que no os demandarán si lee en letras escritas con tinta ó con olio ó iluminadas con oro, y si les pareciere la voz gorda, decí que está resfriado, que es usanza de músicos, una mala noche los enronquece. Asimismo, que _Itali ululant, Hispani plangunt, Gali canunt_. Que su merced no es gallo, sino asno, como veis, que le sobra la sanidad.

MAMOTRETO LXVI.

Cómo la Lozana se fué á vivir á la ínsula de Lipari, y allí acabó muy santamente ella y su pretérito criado Rampin, y aquí se nota su fin y un sueño que soñó.

Loz. ¿Sabeis, venerable Rampin, qué he soñado? que veia á Pluton caballero sobre la Sierra Morena, y voltándome en verso la tramontana, veia venir á Marte debaxo una niebla, y era tanto el estrépito que sus ministros hacian, que casi me hacian caer las tenazuelas de la mano; yo, que consideraba qué podria suceder, sin otro ningun detenimiento cabalgaba en Mercurio, que de repente se me acostó, el cual me parecia á mí que hiciese el más seguro viaje que al presente se halle en Italia, en tal modo que navegando llegábamos en Venecia, donde Marte no puede extender su ira; finalmente desperté, y no pudiendo quietar en mí una tanta alteracion, traxe á la memoria el sueño que áun todavía la imaginativa lo retenia. Considerando consideraba como las cosas que han de estar en el profundo, como Pluton, que está sobre la Sierra Morena, y las altas se abaten al baxo, como milano, que tantas veces se abate hasta que no dexa pollo ni polla, el cual diablo de milano ya no teme espantajos, que cierto las gallinas ya no pueden hacer tantos pollos como él consuma. En conclusion, me recordé haber visto un arbol grandísimo sobre el cual era uno asentado, riendo siempre y guardando el fruto, el cual ninguno seguia, debajo del cual arbol vi una gran compaña, que cada uno queria tomar un ramo del árbol de la locura, que por bienaventurado se tenía quien podia haber una hoja ó una rameta; quién tiraba de acá, quién de allá, quién cortaba, quién rompia, quién cogia quién la corteza, quién la raíz, quién se empinaba, quién se ponia sobre las puntillas, ansí buenos como medianos y más chicos, ansí hombres como mujeres, ansí griegos como latinos, como tramontanos ó como bárbaros, ansí religiosos como seculares, ansí señores como súbditos, ansí sabios como iñorantes, cogian y querian del árbol de la vanidad; por tanto dicen que el hombre apercibido medio combatido. Ya vistes que el astrólogo nos dixo que uno de nosotros habia de ir á paraíso, porque lo halló ansí en su arismética y en nuestros pasos, y más este sueño que yo he soñado; quiero que éste sea mi testamento, yo quiero ir á paraíso, y entraré por la puerta que abierta halláre, pues tiene tres, y solicitaré que vais vos, que lo sabré hacer.

Ramp. Yo no queria estar en paraíso sin vos; mas mejor será á Nápoles á vivir, y allí vivirémos como reyes, y aprenderé yo á hacer guazamalletas, y vos venderés regalicia, y allí será el paraíso que soñastes.

Loz. Si yo vó, os escribiré lo que por el alma habeis de hacer con el primero que venga, si viniere, y si veo la Paz, que allá está contínua, la enviaré atada con este ñudo de Salomon, desátela quien la quisiere; y ésta es mi última voluntad, porque sé que tres suertes de personas acaban mal, como son: soldados y putanas y osurarios, si no ellos, sus descendientes, y por esto es bueno fuir romano por Roma, que voltadas las letras dice amor, y entendamos en dexar lo que nos ha de dexar; y luégo vamos en casa de la señora Guiomar Lopez, que mañana se parte madona Sabina, vamos con ella, que no podemos errar, al ínsula de Lipari con nuestros pares, y mudaréme yo el nombre, y diréme la Vellida, y así más de cuatro me echarán ménos, aunque no soy sola, que más de cuatro Lozanas hay en Roma, y yo seré salida de tanta fortuna pretérita, contínua y futura, y de oir palabradas de necios, que dicen que no lo hagais y no os lo dirán, que á ninguno hace injuria quien honestamente dice su razon; ya estoy harta de meter barboquexos á putas, y poner xaquimas de mi casa, y pues he visto mi ventura y desgracia, y he tenido modo y manera y conversacion para saber vivir, y veo que mi trato y plática ya me dicen que no corren como solian, haré como hace la Paz, que huye á las islas, y como no la buscan, duerme quieta y sin fastidio, pues ninguno se lo da, que todos son ocupados á romper ramos del sobrescrito árbol, y cogiendo las hojas será mi fin; estarme he reposada, y veré mundo nuevo, y no esperar qué él me dexe á mí, sino yo á él. Ansí se acabará lo pasado, y estarémos á ver lo presente, como fin de Rampin y de la Lozana.

Fenezca la historia compuesta en retrato, el más natural que el autor pudo, y acabóse hoy primero de Diciembre, año de mill y quinientos e veinte e cuatro, á laude y honra de Dios trino y uno, y porque, reprendiendo los que rompen el árbol de la vanidad, seré causa de moderar su fortuna, porque no sería quien está encima quien los truxere y conduyere, á no poder vivir sin semejantes compañías, y porque siendo por la presente obra avisados, que no ofendan á su Criador, el cual sea rogado que perdone á los pasados, y á nosotros, que decimos: *Averte, Domine, oculos meos ne videant vanitatem sine præjudiciis personarum: in alma Urbe, M.D.XXIV*.

FINIS.

COMO SE EXCUSA EL AUTOR
en la fin del retrato de la Lozana en laude de las mujeres.

Sin dubda, si ningun hombre quisiese escrebir el audacia de las mujeres, no creo que bastasen plumas de veloces escritores, y si por semejante quisiese escrebir la bondad, honestidad, devocion, charidad, castidad y lealtad que en las claras mujeres se halla, y hemos visto, porque las que son buenas no son tanto participadas en comun; por tanto, munchas virtudes están tácitas y ocultas, que serian espejo á quien las oyese contar, y como la mujer sea jardin del hombre, y no hay cosa en este mundo que tanto realegre al hombre serio, que tanto y tan presto lo regocije, porque no solamente el ánima del hombre se alegra en ver y conversar mujer, mas todos sus sentidos, pulsos y miembros se revivifican incontinente, y si hobiese en la mujer modestia, y en el hombre temperanza honesta, gozarian con temor lo que con temerosa audacia ciega la impaciencia, ansí al hombre racional como á la frágile mujer; y cierto que si este tal jardin que Dios nos dió para recreacion corporal, que si no castamente, al ménos cautamente lo gozásemos, en tal manera que naciesen en este tal jardin frutos de bendicion, porque toda obra loa y alaba á su Hacedor cuando lo precede el temor, y este tal fruto aprovecha en laude á su Criador, máxime á quien lo sabe moderar; la señora Lozana fué mujer muy audace, y como las mujeres conocen ser solacio á los hombres y ser su recreacion comun, piensan y hacen lo que no harian si tuviesen el principio de la sapiencia, que es temer al Señor, y la que alcanza esta sapiencia ó intelligencia es más preciosa que ningun diamante, y ansí, por el contrario, muy vil, y sin dubda en esto quiero dar gloria á la Lozana, que se guardaba muncho de hacer cosas que fuesen ofensa á Dios ni á sus mandamientos, porque, sin perjuicio de partes, procuraba comer y beber sin ofension ninguna, la cual se apartó con tiempo, y se fué á vivir á la ínsula de Lipari, y allí se mudó el nombre, y se llamó la Vellida, de manera que gozó de tres nombres: en España, Aldonza, y en Roma, la Lozana, y en Lipari, la Vellida. Y si alguno quisiere saber del Auctor cuál fué su intincion de retraer reprendiendo á la Lozana y á sus secaces, lean el principio del retrato, y si quisieren reprender que por qué no van munchas palabras en perfeta lengua castellana, digo que siendo andaluz y no letrado, y escribiendo para darme solacio y pasar mi fortuna, que en este tiempo el Señor me habia dado, conformaba mi hablar al sonido de mis orejas, que es la lengua materna y el comun hablar entre mujeres, y si dicen por qué puse algunas palabras en italiano, púdelo hacer escribiendo en Italia, pues Tulio escribió en latin, y dixo munchos vocablos griegos y con letras griegas; si me dicen que por qué no fuí más elegante, digo que soy iñorante, y no bachiller; si me dicen cómo alcancé á saber tantas particularidades, buenas ó malas, digo que no es muncho escrebir una vez lo que vi hacer y decir tantas veces; y si alguno quisiere decir que hay palabras maliciosas, digo que no quiera nadie glosar malicias imputándolas á mí, porque yo no pensé poner nada que no fuese claro y á ojos vistas, y si alguna palabra hobiere, digo que no es maliciosa, sino malencónica, como mi pasion ántes que sanase; y si dixeren que por qué perdí el tiempo retrayendo á la

Lozana, parecia que me espaciaba con estas vanidades: y si por ventura os veniere por las manos un otro tratado de *Consolatione infirmorum*, podeis ver en él mis pasiones, para consolar á los que la fortuna hizo apasionados como á mí; y en el tratado que hice del leño del India, sabréis el remedio mediante el cual me fué contribuida la sanidad, y conoceréis el Auctor no haber perdido todo el tiempo, porque como vi coger los ramos y las hojas del árbol de la vanidad á tantos, yo, que soy de chica estatura, no alcancé más alto, asentéme al pié hasta pasar, como pasé, mi enfermedad. Si me decis por qué en todo este retrato no puse mi nombre, digo que mi oficio me hizo noble siendo de los mínimos de mis conterráneos, y por esto callé el nombre, por no vituperar el oficio escribiendo vanidades con ménos culpa que otros que compusieron y no vieron como yo; por tanto, ruego al prudente lector, juntamente con quien este retrato viere, no me culpe, máxime, que sin venir á Roma verá lo que el vicio della causa; ansimismo, por este retrato sabrán muchas cosas que deseaban ver y oir, estándose cada uno en su patria, que cierto es una grande felicidad no estimada, y si alguno me dirá algun improperio en mi ausencia al ánima ó al cuerpo, *imperet sibi Deus*, salvo iñorante, porque yo confieso ser un asno, y no de oro: valete con perdon, y notá esta conclusion.

El ánima del hombre desea que el cuerpo le fuese par perpétuamente, por tanto, todas aquellas personas que se retraerán de caer en semejantes cosas como éstas que en este retrato son contadas, serán pares al espíritu, y no á la voluntad ni á los vicios corporales, y siendo dispares ó desiguales á semejantes personas no serán retraidas, y serán y serémos gloria y laude á aquel infinito Señor que para sí nos preservó y preservará. Amén.

———————

Son por todas las personas que hablan en todos los mamotretos ó capítulos ciento y veinte y cinco, va dividido en mamotretos sesenta é seis: quiere decir mamotreto libro que contiene diversas razones ó copilaciones ayuntadas, ansimismo porque en semejantes obras seculares no se debe poner nombre ni palabra que se apertenga á los libros de sana y santa doctrina, por tanto en todo este retrato no hay cosa ninguna que hable de religiosos, ni de santidad, ni con iglesias, ni eclesiásticos, ni otras cosas que se hacen que no son de decir: Item, ¿por qué más se fué la Lozana á vivir á la ínsula de Lipari que á otra parte? porque antiguamente aquella ínsula fué poblada de personas que no habia sus pares, de donde se dixeron li pari, los pares, y dicen en italiano: li pari loro non si trovano, que quiere decir no se hallan sus pares, y era que cuando un hombre hacia un insigne delito, no le daban la muerte, mas condenábanlo á la ínsula de Lipari. Item, ¿por qué más la llamé Lozana que otro nombre? porque Lozana es nombre más comun y comprende su nombre primero Aldonza, ó Alaroza en lengua arábiga, y Vellida lo mismo, de manera que Lozana significa lo que cada un nombre de estos otros significan, ansí que Vellida y Alaroza y Aldonza particularmente demuestran cosa garrida ó hermosa, y Lozana generalmente lozanía, hermosura, lindeza, fresqueza y belleza. Por tanto digo que para gozar de este retrato y para murmurar del Auctor, que primero lo deben bien leer y entender, *sed non legatur in escolis*. No metí la tabla, aunque estaba hecha, porque esto basta por tabla.

Esta epístola añadió el Autor, el año mill é quinientos é veinte é siete, vista la destruicion de Roma, y la gran pestilencia que sucedió, dando gracias á Dios, que le dexó ver el castigo que méritamente Dios permitió á un tanto pueblo.

¿Quién jamas pudo pensar, oh Roma ó Babilon, que tanta confusion pusiesen en tí estos tramontanos occidentales y de Aquilon, castigadores de tu error? leyendo tus libros verás lo que más merece tu poco temor. ¡Oh qué fortuna vi en tí! y hoy habiéndote visto triunfante, agora te veo y con el dedo te cuento, dime, ¿dónde son los galanes, las hermosas que con una chica fosa en diez dias cobriste y encerraste dando fin á las favoridas? pues una sábana envolvió sus cuerpos pestíferos, las que no se pudie vivir con ellas ya son sepultas, yo las vi. ¡Oh Lozana! ¿qué esperas? mira la Garza Montesina, que la llevan sobre una escalerera por no hallar, ni la hay, una tabla en toda Roma; ¿dónde es el favor? ¿cómo van sin lumbre, sin són y sin llanto? mira los galanes que se atapan las narices cuando con ellas pasan, ¡oh Dios! ¿pensólo nadie jamas tan alto y secreto juicio, como nos vino este año á los habitatores que ofendiamos á tu majestad? no te ofendieron las paredes, y por eso quedaron enhiestas, y lo que no hicieron los soldados heciste tú, Señor, pues enviastes despues del saco y de la ruina, pestilencia inaudita con carbones pésimos y sevísimos, hambre á los ricos, hechos pobres mendigos. Finalmente que ví el fin de los munchos juicios que habia visto y escrito. ¡Oh cuánta pena mereció tu libertad! y el no templarte, Roma, moderando tu ingratitud á tantos beneficios recebidos, pues eres cabeza de santidad y llave del cielo, y colegio de doctrina, y cámara de sacerdotes y patria comun, quien vido la cabeza hecha piés y los piés delante, ¡sabroso principio para amargo fin! ¡Oh vosotros que vernés tras los castigados, mirá este retrato de Roma, y nadie ó ninguno sea causa que se haga otro! mirá bien éste y su fin, que es el castigo del cielo y de la tierra, pues los elementos nos han sido contrarios, gente contra gente, terremotos, hambre, pestilencia, presura de gentes, confusion del mar, que hemos visto no solamente perseguirnos sus cursos y raptores, pero este presente diluvio de agua, que se ensoberbeció Tíber y entró por toda Roma á dias doce de Enero año de mill é quinientos y veinte é ocho, ansí que llegó al mismo señal que fué puesto el año de mill é quinientos y quince, donde están escritos estos versos:

Bis de nos menses decimo peragente Leone Idibus huc Tiberis unda Novembris adest.

No se puede huir á la Providencia divina, pues con lo sobredicho cesan los delincuentes con los tormentos, mas no cesarán sol, luna y estrellas de prenosticar la meritoria que cada uno habrá; por cierto no fuí yo el primero que dixo: ¡*Ve tibi civitas meretrix!* Por tanto, señor capitan de felicísimo exército imperial, si yo recibiese tanta merced que se dilatase demandar este retrato en público serme ha á mí disculpa, y al retrato previlegio y gracia, la cual desde agora la nobleza y caballería de vuestra merced se la otorgó, pues mereció este retrato de las cosas que en Roma pasaban presentarse á vuestra clara prudencia para darle sombra, y alas á volar sin temor de los vituperadores que más atildado lo supieran componer; mas no siendo obra, sino retrato, cada dia queda facultad para borrar y tornar á perfilarlo, segun lo que cada uno mejor verá, y no pudiendo resistir sus reproches y pinceles acutísimos de los que remirarán no estar bien pintado ó compuesto, será su defension altísima y fortísima inexpuñable el planeta Marte que al presente corre, el cual planeta contribuirá favor al retrato en nombre del Auctor, y si alguno quisiere combatir con mi poco saber el suyo muncho, mi ausencia me defenderá. Esto digo, noble señor, porque los reprochadores conozcan mi cuna, á los cuales afectuosísimamente deseo informar de las cosas retraidas, y á vuestra merced servir y darle solacio, la cual nuestro Señor próspero, sano y alegre conserve muchos y felicísimos tiempos. Ruego á quien tomáre este retrato, que lo enmiende ántes que vaya en público, porque yo lo escrebí para enmendallo por poder dar solacio y placer á letores y audientes, los cuales no miren mi poco saber, sino mi sana intencion, y entreponer el tiempo contra mi enfermedad. Soy vuestro, á vuestro servicio, por tanto todos me perdonaréis.

Carta de Excomunion Contra una Cruel Doncella de Sanidad.

De mí el vicario Cupido, de línea celestial por el dios de amor elegido y escogido en todo lo temporal, y muy gran administrador, á todas las tres edades, de cualesquier calidades donde su ley sucedió, salud y gratia, sepades: que ante mí paresció un amador que se llama de remedio despedido, el cual se me querelló de una muy graciosa dama, dice que con su beldad y con gracias muy extrañas le robó la libertad de dentro de sus entrañas, dice que le desclavó la clavada cerradura con que su sexo guardaba, y tambien que le tomó toda junta la cordura, cual fortuna le guiaba, que le mató el sosiego sin volverle ningun ruego ni saber, ni descricion, por la cual causa está ciego, y le arden en muy vivo fuego las telas del corazon. Este dios de aficion, cuyo lugar soy teniente, manda sin dilatacion que despache este acto presente. Capellanes, grandes curas deste palacio real de amor y sus alturas, haced esta denunciacion, porque no aclame cautela, desde agora apercibiendo por tres conominaciones, y porque le sean notorios los sacros derecho y vias, por término perentorio yo le asiño nueve dias, porque es término complido, como antedicho es, ya pronunciado y sabido. Del templo luégo la echeis como miembro desipado de nuestra ley tan bendita. Todos cubiertos de luto con los versos acostumbrados que se cantan al defunto, las campanas repicando y el cura diga muera su ánima en fuerte fragua, como esta lumbre de cera veréis que muere en el agua. Véngale luégo á deshora la tan grande maldicion de Sodoma y de Gomorra y de Datam y Abiron, véngale tal confusion en su dicho cuerpo, y si no en su cuerpo en conclusion como á nadie le vino, maldito lo que comiere, pan y vino y agua y sal, maldito quien se lo diere nunca la fallesca mal, y la tierra que pisáre y la cama en que durmiere, y quien luégo no lo dixere que la misma pena pene. Sus cabellos tan lucidos, ante quien el oro es feo, tornen negros y encogidos, que parezcan de guineo, y sus cejas delicadas con la resplandeciente frente, se tornen tan espantables como de un fiero serpiente, y sus ojos matadores, con que robó mis entrañas, hínchanse de aradores, que le pelen las pestañas, y su nariz delicada, con que todo el gesto arrea, se torne grande y quebrada, como de negra muy fea; y su boca tan donosa, con labrios de un coral se le torne espumosa como de gota coral; y sus dientes tan menudos y encías de un carmesí se tornen grandes y agudos, parezcan de jabalí; su garganta y su manera, talle, color y blancura se tornen de tan mal aire, como toda su figura; y sus pechos tan apuestos, testigos de cuanto digo, tornen secos y deshechos, con tetas hasta el ombligo; y sus brazos delicados, cobdiciosos de abrazar, se le tornen consumidos, no hallen de qué tomar, y lo demas y su natura (por más honesto hablar) se torne de tal figura, que dello no pueda gozar: dénle demas la cuerda que ligue su corazon. Dada mes y año del dia de vuestra querella.

Epístola de Lozana á todas las que determinaban venir á ver Campo de Flor en Roma.

Amigas, y en amor hermanas: deseando lo mismo pensé avisaros, cómo habiéndome detenido por vuestro amor, esperándoos, sucedió en Roma que entraron y nos castigaron y atormentaron y saquearon catorce mill teutónicos bárbaros, siete mill españoles sin armas, sin zapatos, con hambre y sed, italianos mill y quinientos, napolitanos reamistas dos mill, todos estos infantes; hombres darmas seiscientos, estandartes de jinetes treinta y cinco, y más los gastadores, que casi lo fueron todos, que si del todo no es destruida Roma, es por el devoto femenino sexo, y por las limosnas y el refugio que á los peregrinos se hacia agora; á todo se ha puesto entredicho, porque entraron lúnes á dias seis de Mayo de mill y quinientos y veinte y siete, que fué el escuro dia y la tenebrosa noche para quien se halló dentro, de cualquier nacion ó condicion que fuesen, por el poco respeto que á ninguno tuvieron, máxime á los perlados, sacerdotes, religiosos, religiosas, que tanta diferencia hacian de los sobredichos, como hacia yo de vosotras mis hermanas. Profanaron sin duda cuanto pudiera profanar el gran Sofi si se hallára presente, digo que no os maravillés, porque murió su capitan, por voluntad de Dios, de un tiro romano, de donde sucedió nuestro daño entrando sin pastor, donde la voluntad del Señor y la suya se conformó en tal modo, que no os cale venir, porque no hay para qué ni á qué, porque si venis por ver abades, todos están desatando sus compañones, si por mercaderes, ya son pobres; si por grandes señores, son ocupados buscando la paz, que se perdió y no se halla; si por romanos, están reedificando y plantando sus viñas; si por cortesanos, están tan cortos que no alcanzan al pan, si por triunfar, no vengais, que el triunfo fué con las pasadas; si por caridad, acá la hallarés pintada, tanta que sobra en la pared, por ende sosegad, que sin duda por munchos años podés hilar velas largas y luengas. Sed ciertas que si la Lozana pudiese festejar lo pasado, ó decir sin miedo lo presente, que no se ausentaria de vosotras ni de Roma, máxime que es patria comun, que voltando las letras dice Roma, amor.

Disgracion que Cuenta el Autor en Venecia.

Cordialísimos lectores: pienso que munchas y munchas tragedias se dirán de la entrada y salida de los soldados en Roma, donde estuvieron diez meses á discrecion, y aun sin ella, que, como dicen *amicus Socrates, amicus Plato, magis amica veritas*. Digo sin ella, porque eran inobedientes á sus nobilísimos capitanes, y crueles á sus naciones y á sus compatriotas. ¡Oh gran juicio de Dios! venir un tanto exército *sub nube* y sin temor de las maldiciones sacerdotales, porque Dios les hacia lumbre la noche y sombra el dia para castigar los habitatores romanos, y por probar sus siervos, los cuales somos muncho contentísimos de su castigo, corrigiendo nuestro malo y vicioso vivir, que si el Señor no nos amára no nos castigára por nuestro bien; mas ¡guay por quien viene el escándalo! Por tanto me aviso que he visto morir munchas buenas personas, y he visto atormentar muchos siervos de Dios como á su santa majestad le plugo. Salimos de Roma á diez dias de Febrero por no esperar las crueldades vindicativas de naturales, avisándome que de los que con el felicísimo exército salimos hombres pacíficos, no se halla, salvo yo, en Venecia esperando la paz, quien me acompañe á visitar nuestro santísimo protector, defensor fortísimo de una tanta nacion, gloriosísimo abogado de mis antecesores, Santiago y á ellos, el cual siempre me ha ayudado, que no hallé otro español en esta ínclita cibdad, y esta necesidad me compelió á dar este retrato á un estampador por remediar mi no tener ni poder, el cual retrato me valió más que otros cartapacios que yo tenía por mis legítimas obras, y éste, que no era legítimo, por ser cosas ridiculosas, me valió á tiempo, que de otra manera no lo publicára hasta despues de mis dias, y hasta que otrie que más supiera lo enmendára. Espero en el Señor eterno que será verdaderamente retrato para mis próximos, á los cuales me encomiendo, y en sus devotas oraciones, que quedo rogando á Dios por buen fin y paz y sanidad á todo el pueblo cristiano. Amén.

Refranes, Frases Proverbiales o Expresiones de Fondo Paremiológico en los 66 Mamotretos de *La Lozana Andaluza*

Apéndice tomado del ensayo 'El Aspecto Paremiilógico en El Retrato de la Lazana Andaluza de Francisco Ramírez Santacruz, Profesor de la Benemérita Universidad Autónoma de Puebla. Publicado en Estudios Humanísticos. Filología 31, (2009). 271-302 ISSN: 0313-1329

A continuación ofrezco una lista de 143 refranes, frases proverbiales o expresiones de fondo paremiológico en los 66 mamotretos de La Lozana andaluza. Obviamente muchos ya fueron identificados previamente por otros investigadores (Allaigre, Porto Bucciarelli, etc.), pero no todos. Entre paréntesis indico la fuente (Correas, Martínez-Kleiser, Rodríguez Marín, etc.) que utilizo para corroborar la versión más común. En algunas ocasiones, sin embargo, no pude comprobar la existencia del proverbio en las colecciones y lo señalo en consecuencia; si lo incluyo en la lista es porque su contenido, su sintaxis y modo de empleo sugieren una función proverbial. Además, para que el lector tenga una idea del grado de manipulación artística que sufren las paremias cito al lado de la versión más ortodoxa la de Delicado.

Mamotreto I

El hambriento no repara en salsas (Rodríguez Marín). (LOZANA: que la pobreza hace comer sin guisar, y entonces las especies, y agora el apetito).

Mamotreto III

A tu marido, muéstrale el codo [o: lo otro], mas no del todo (Correas). (TÍA: porque, como dicen, amuestra a tu marido el copo, mas no del todo).

Mamotreto V

El cibo usado es el provechoso (Rodríguez Marín). (LOZANA: que siempre oí decir que el cibo usado es el provechoso)

Mamotreto VI

En linajes luengos, alcaldes y pregoneros (Correas).
(LOZANA: le hallaron en las manos los callos tamaños, de la vara de la justicia).

Mamotreto VIII

El que las sabe las tañe (Correas). (BEATRIZ: la que las sabe las tañe).

Mamotreto IX

Dar las ovejas en guarda al lobo es de hombre bobo (Rodríguez Marín II14). (TERESA: ¿Qué pensáis que sería?: dar carne al lobo).

Mamotreto XI

Por donde vayas, de los tuyos hallas (Correas).
(NAPOLITANA: Ansí es, que no en balde se dijo: por do fueres, de los tuyos halles)

Si vives y no te mueres, ¿qué más quieres? (Rodríguez Marín II). (LOZANA: Mas, si vivimos y no nos morimos, a tiempo seremos).

Caminar por do va el buey (Rodríguez Marín). (RAMPÍN: Caminar por do va el buey).

Mamotreto XII

Ayunar o comer trucha (Correas).
(LOZANA: Cueste lo que costare, que, como dicen, ayunar o comer trucha).

Mal de munchos, gozo es (Correas). (RAMPÍN: Mal de munchos, gozo es).

14 Con "Rodríguez Marín II" me refiero a 12.600 refranes más...

Sabiduría de hombre pobre, hermosura de puta y fuerza de ganapán, nada val (Correas).
(LOZANA: Hermano, hermosura en puta y fuerza en bastajo).

¿Quién te hizo puta? –El vino y la fruta (Rodríguez Marín).
(LOZANA: Por eso se dijo: ¿Quién te hizo puta? –El vino y la fruta).

No lo encontré en las colecciones que consulté, pero parece un refrán: (RAMPÍN: Mi agüelo es mi pariente, de ciento y otros veinte).

Adónde pensáis hallar tocinos, no hay estacas (Covarrubias).
(LAVANDERA: Ningún amigo que tengáis os querrá bien si no le dais, cuándo la camisa, cuándo la capa, cuándo la gorra, cuándo los huevos frescos, y ansí de mano en mano, do pensáis que hay tocinos no hay estacas).

Amancebados a pan y cuchillo (Correas). (LOZANA: No lo digo por eso, sino a pan y vos).

Allí lo vendan en la plaza (Correas). (ESPAÑOL: ¡Esa fruta no se vende al puente!).

Bofetón en cara ajena, dinero cuesta (Correas).
(ESPAÑOL: Bofetón en cara ajena).

Mamotreto XIII

No la encontré en las colecciones que consulté, pero la expresión de Lozana parece tener un fondo paremiológico: (LOZANA: Poco sabéis, hermano; al hombre braga de hierro, a la mujer de carne).

Mamotreto XIV

Bajo mala capa yace buen bebedor (Correas).
(RAMPÍN: Anda, no curés, que debajo yace buen bebedor, como dicen).

Guárdate del mozo cuando le apunta el bozo (Correas).
(LOZANA: Por esto dicen: guárdate del mozo cuando le nace el bozo).

Por ahí va ello. Por ahí van allá (Correas). (LOZANA: Andá comigo: ¡por ahí van allá!).

Por mucho madrugar, no amanece más aína (Correas).

(LOZANA: Y mirá que por mucho madrugar, no amanece más aína).

A las clines, corredor (Rodríguez Marín).
(LOZANA: Aprieta y cava, y ahoya, y todo a un tiempo. ¡A las clines, correrredor!).

Mariquita, majemos un ajo, tú cara arriba, yo cara abajo (Correas). (LOZANA: yo apetito tengo dende que nací, sin ajo y queso).

Lechón de viuda, bien mantenido y mal criado (Correas).
(LOZANA: Señora, [dormí] muy bien, y vuestro sobrino como lechón de viuda).

Mamotreto XV

Roma, paraíso de putas e infierno de mulas (Rodríguez Marín).
(RAMPÍN: Roma, triunfo de grandes señores, paraíso de putanas, purgatorio de jóvenes, infierno de todos).

Un loco hace ciento (Correas).
(RAMPÍN: Vamos, que un loco hace ciento).

La esperanza es fruta de necios (Rodríguez Marín, II).
(LOZANA: Luego ¿vos no sabéis que se dice que la esperanza es fruta de necios como vos, y majaderos como vuestro amo?).

Mamotreto XVI

El buen judío de la paja hace oro (Rodríguez Marín).
(TRIGO: El buen jodío, de la paja hace oro).

Tiene apariencia de dicho judaico, pero no se encuentra en las colecciones que consulté:
(JODÍO: Haga buen pro, como hizo a Jacó).

Los duelos, con pan son buenos (Correas). (LOZANA: que los duelos con pan son buenos).

Otra expresión con tintes paremiológicos que no identifiqué en las colecciones: (JODÍO: Procurá vos de no haber menester a ninguno, que, como dice el judío, no me veas mal pasar, que no me verás pelear).

Mamotreto XVII

Quien siembra virtud, coge fama (Correas). (AUCTOR: El que siembra alguna virtud coge fama).

Calla callando (Correas).
(RAMPÍN: y se entraban allí, calla callando).

Tanto es Pedro de Dios, que no le medra Dios (Correas).
(RAMPÍN: ¡Tanto es Pedro de Dios...
AUCTOR: ...que no te medre Dios!).

Mamotreto XVIII

Tocado romano, vulto senés, andar florentín, y parlar boloñés (Rodríguez Marín, II). (RAMPÍN: Vulto romano y cuerpo senés, andar florentín y parlar boloñés).

Benavente, buena tierra: mala gente (Correas).
(VIEJA: Sea en buen punto con salut, mal ojo tiene; moza para Roma y vieja a Benavente).

El molino andando gana, que non estando la rueda parada (Correas).
(JODÍO: y si alguno viniere, hacé vos como la de Castañeda, que el molino andando gana).

Mamotreto XIX

La tierra que me sé, por madre me la he (Correas).
(LOZANA: Señor, diré como forastera: la tierra que me sé, por madre me la he).

El hombre, donde nace; y la mujer donde va (Rodríguez Marín).
(MACERO: ¡Juro a tal, que ha dicho bien, que el hombre donde nace y la mujer donde va!).

No es tan mal nombre el de Adraga (Correas). (LOZANA: Hadraga, ¿qué traéis?).

El ajuar de la frontera, dos estacas y una estera (Correas).
(LOZANA: y vos dormiréis arriba, sobre el ajuar de la frontera).

Como agua de mayo (Correas).

(LOZANA: Vuestra merced sea el bienvenido, como agua por mayo).

Mamotreto XX

Buena ave, la habe de tuyo (Correas).
(LOZANA: y vivir más honesto que pudiese con lo mío, que no hay tal ave como la que dicen ave del tuyo).

Puta vieja, ¿latín sabéis? —Entrad para acá, que acá lo sabréis (Correas).
(VALIJERO: Señora, ¿y latín sabéis? Reitero, reiteras, por tornároslo a hacer otra vez).

Quien ama la casada, la vida trae emprestada (Correas).
(VALIJERO: y ése [la casada] es bocado caro y sabroso y costoso y peligroso).

Mamotreto XXI

Tiene bien que heñir (Correas).
(VALIJERO: Y hay otras [prostitutas] que no tienen sino día e vito, y otras que lo ganan a heñir).

Aunque el decidor sea loco y necio, el escuchador sea cuerdo (Correas). (LOZANA: Señor, aunque el decidor sea necio, el escuchador sea cuerdo).

Mamotreto XXII

A cama dura, carajo tieso (Cejador).
(LOZANA: Entrá en coso, que yo's veo que venís como estudiante que durmió en duro).

¿Quién te enriqueció? —Quien te gobernó (Correas).
(LOZANA: Sí haré, por conocer y esperimentar, y también por comer a espesas de otrie que, como dicen, ¿quién te enriqueció? —quien te gobernó).

Con vos me entierren (Correas).
Ve do vas; como vieres, ansí haz (Correas).
Al son que me hicieres, a ése bailaré (Correas).

(TRIGO: "Con vos me entierren", que sabéis de cuenta. "Ve do vas, y como vieres, ansí haz, y como sonaren, así bailarás").

Mamotreto XXIV

No le quedará por corta o mal echada, cuando se dice y hace el deber (Correas). (COMPAÑERO: Y no perdona servicio que haga, y no le queda por corta ni por mal echada).

La puta, como es criada, y la estopa, como es hilada (Rodríguez Marín). (AUTOR: Notad: la puta cómo es criada y la estopa cómo es hilada).

Quien ha oficio, ha beneficio (Correas).
(AUTOR: Ésta comprará oficio en Roma, que beneficio ya me parece que lo tiene curado, pues no tiene chimenea, ni tiene do poner antojos).

De lo que no habéis de comer, dejaldo cocer (Covarrubias). (LOZANA: Señor, "de lo que no habéis de comer, dejaldo cocer").

Algún ciego me quisiera ver, aunque no fuera sino por tener vista (Correas). (SIETECOÑICOS: Mirá que norabuena algún ciego me querría ver).

Puta de Toro (Zamora); y trucha de Duero (Rodríguez Marín).
(SIETECOÑICOS: ¿Quién es? ¿La de Toro? Pues razón tiene, puta de Toro y trucha de Duero).

Mamotreto XXV

Aún no ha salido del cascarón, y ya tiene espolón (Correas). (LOZANA: Esta es tierra que no son salidos del cascarón y pían).

Mamotreto XXVI

En Azuaga, lechones; y en Berlanga, melones (Correas). (LOZANA: ¿Venís, Azuaga? ¿Es tiempo?).

Mamotreto XXVII

Lisboa, una y boa (Rodríguez Marín). (LOZANA: Y yo las suyas, una y boa).

A quien miel menea, miel se le pega (Correas).

(GUARDARROPA: Señora, puede ser, mas no lo creo, que quien menea la piel, panales o miel come).

A perro viejo no tus tus (Correas).
(COMENDADOR: ¿Y por ahí me tiráis? Soy perro viejo y no me dejo morder, pero si vos mandáis, sería yo vuestro por servir de todo).

Al buen callar, llaman Sancho (Correas). (LOZANA: Señor, yo me llamo Sancho).

Mamotreto XXIX

Más tira moza que soga (Correas).
(GRANADINA: a mi hija no le cuesta demandallo, y tal vuelta se entra ella misma en la guardarropa de monseñor, y toma lo que quiere y envía a casa, que, como dicen: mas tira coño que soga).

El molino andando gana, que no estando la rueda parada (Correas).
(LOZANA: Señora, aquí a peso de dineros, daca y toma, y como dicen el molino andando gana, que guayas tiene quien no puede).

La necesidad carece de ley (Correas).
(LOZANA: Todas sabemos poco, mas a la necesidad no hay ley).

Mamotreto XXX

El tiempo aclara las cosas, y el tiempo las escurece (Correas).
(VALERIÁN: Sois hidalgo y estáis enojado, y el tiempo halla las cosas, y ella está en Roma y se domará).

Roma, Roma, la que a los locos doma y a los cuerdos no perdona (Correas). (VALERIÁN: ¿Sabéis cómo se da la difinición a esto que dicen: Roma, la que los locos doma y a las veces las locas?).

Eso fuese, y mañana Pascua (Correas). (VALERIO: Señora, eso fuese y mañana Pascua).

Mamotreto XXXII

Sabe bien defender su capa (Correas).
(LOZANA: Si los supistes el otro día cuando se le cayó la capa, que no le dejaron cabello en la cabeza).

A mi hijo Lozano, no me lo cerquen cuatro (Martínez-Kleiser); A mi hijo el lindo, no me lo cerquen (Correas).
(LOZANA: Bien digo yo: a mi hijo lozano no me cerquen cuatro).

Mamotreto XXXIII

El tuyo llévate a la peña, y no te despeñe (Correas).
(LOZANA: Eran todos amigos míos, por eso se dice: el tuyo allégate a la peña, mas no te despeña).

Cada puta hile y coma, y el rufián que aspe y devane (Correas). (SALAMANQUINA: Ellos a hoder, y nosotras a comer).

Mamotreto XXXIV

Quien se muda, Dios lo ayuda (Correas). (LOZANA: Señor, quien se muda, Dios lo ayuda).

No logré identificarlo en las colecciones:
(LOZANA: Ya pasó solía, y vino tan buen tiempo que se dice pesa y paga).

Mari Gómez, ¿tocino comes? / Sal de mi casa, no te me ahogues (Correas). (LOZANA: Hijo mío, ¿tocino comes? ¡Guay de mi casa, no te me ahogues!).

Mamotreto XXXVII

De cosario a cosario no se pierden los barriles (Correas).
(CABALLERO: Señora Lozana, no enviéis prenda, que entre vos y mí no se pueden perder sino los barriles).

Los novios de Hornachuelos, ambos a cual más feos (Rodríguez Marín).
(LOZANA: Ven a cerrar, Matehuelo, que me esperan allí aquellos mozos del desposado de Hornachuelos, que no hay quien lo quiera).

Cantar mal y porfiar (Correas).
(LOZANA: Vuestro amo es como el otro que dicen: cantar

mal y porfial).

Bien vengas, mal, si vienes solo (Correas).
(PATRÓN: Bien venga el mal si viene solo, que ella siempre vendrá con cualque demanda).

Puta y pobre y buena mujer, no puede ser (Correas).
(PATRÓN: Quién a otra ha de decir puta, ha de ser ella muy buena mujer, como agora vos).

Mamotreto XXXVIII

Quien mucho abarca, poco aprieta (Rodríguez Marín).
(LOZANA: ¡Ay pecador! ¡sobre que dicen que vuestra merced es el que muncho hizo!).

Pecado encelado, es medio perdonado (Correas).
(CAMILO: Verdad decís, señora Lozana, mas el pecado callado, medio perdonado).

Mamotreto XXXIX

Cada tela quiere trama (Rodríguez Marín).
(LOZANA: Señora, no's maravilléis, que cada tela quiere trama).

El porfiado albardán comerá de tu pan (Correas).
(LOZANA: A caballeros y putas de reputación, con mi honra procuré de interponer palabras, y amansar iras, y reconciliar las partes, y hacer paces y quitar rencores, examinando partes, quitar martelos viejos, haciendo mi persona albardán por comer pan).

Mamotreto XL

En las grandes afrentas se conocen los grandes corazones (Correas).
(LOZANA: Andar, siempre oí decir que en las adversidades se conocen las personas fuertes).

Si te vi, no me acuerdo (Correas)
Quien sirve mozo, mujer y común, no sirve a ningún (Correas).
(LOZANA: Por estos tales se debía decir: si te vi no me acuerdo; quien sirve a muchos no sirve a ninguno).

Mamotreto XLI

Mi casa y mi hogar cien dobles val; o cien sueldos o mil sueldos val (Correas). (LOZANA: Deseo tenía de venir a mi casa que, como dicen: mi casa y mi hogar cien ducados val).

Mejor es tener que demandar (Rodriguez Marín II). (LOZANA: y si soy vergonzosa seré pobre, y como dicen: mejor es tener que no demandar).

Mamotreto XLII

Un ñudo a la bolsa: dos a la boca (Correas).
(AUTOR: de manera que para ella no basta un ñudo en la bolsa y dos gordos en la boca).

A todo hay maña, sino a la muerte (Correas). (LOZANA: Señor, a todo hay remedio sino a la muerte).

Mamotreto XLIII

¡Fiá en castañas! (Correas).
(AUTOR: Llamá, que ahí está. Esas castañas son para que se ahite ella, y tú con sus pedos).

Mamotreto XLIV

Quien viene, no tarda (Correas).
En los nidos de antaño, no hay pájaros hogaño (Correas).
(SILVANO: Señora Lozana, no se maraville, que quien viene no viene tarde, y el deseo grande vuestro me ha traído, y también por ver si hay pájaros en los nidos d'antaño).

Nunca faltan palomas al palomar (Rodríguez Marín).
No pidas a quien tiene, sino a quien sabe que te quiere (Rodríguez Marín).
(LOZANA: Señor, nunca faltan palomas al palomar, y a quien bien os quiere no le faltarán palominos que os dar).

Febrero, el mes de los gatos, y cayeron en la cuenta, y toman todo el año (Correas). (LOZANA: Agora no hay sino maullantes [...] que todo el año hacen hebrero, y ansí se pasan).

Mamotreto XLVII

No donde naces, sino con quien paces (Rodríguez Marín).

(SILVANO: Porque su castísima madre y su cuna fue en Martos, y como dicen: no donde naces, sino con quien paces).

Mamotreto XLVIII

Cuando amanece, para todos amanece (Correas).
(LOZANA: ¡Sea norabuena que, cuando amanece, para todo el mundo amanece!).

A río buelto, ganancia de pescadores (Correas).
(LOZANA: No me cure, que por eso se dice: a río vuelto, ganancia de pescadores).

Mamotreto XLIX

Sea velado, y séase un palo (Correas).
Sea maridillo, siquiera de lodillo (Correas).
(LOZANA: Por eso se dice: sea marido aunque sea de palo, que por ruin que sea, ya es marido).

Nada hay nuevo bajo el sol (Rodríguez Marín).
(LOZANA: Y no me curo, porque, como dicen: no hay cosa nueva debajo del sol).

Mamotreto L

Más sabe quien mucho anda que quien mucho vive (Rodríguez Marín).
(LOZANA: Más sabe quien muncho anda que quien muncho vive, porque quien muncho vive cada día oye cosas nuevas, y quien muncho anda, ve lo que ha de oír).

Mamotreto LI

Nunca más perro al molino (Correas).
(LOZANA: Nunca más perro a molino, porque era más el miedo que tenía que no el gozo que hube).

No lo pude identificar en las colecciones que consulté:
(LOZANA: Es trujillano, por eso dicen: perusino en Italia y trujillano en España, a todas naciones engaña).

La vejez de la pimienta, arrugada y negra, y sobre todo quema (Correas). (LOZANA: ¡La vejez de la pimienta le venga!).

Uno piensa el bayo, y otro el que le ensilla (Correas).
(LOZANA: Ansí me vea yo gran señora, que pensé que tenía mal en lo suyo, y dije: aquí mi ducadillo no me puede faltar, y él pensaba en otro).

Lo que se pierde en el higo, se gana en la pasa (Correas).
(LOZANA: ¿Veis aquí?, lo que con unos se pierde con otros se gana).

Mamotreto LII

En las adversidades se pruevan y conocen los amigos y saben las poridades (Correas).
(LOZANA: Yo deseo ver dos cosas en Roma antes que muera: y la una es que los amigos fuesen amigos en la prosperidad y en la adversidad).

Mamotreto LIII

Al bueno, porque te honre, y al malo, porque no te deshonre (Correas).
(LOZANA: Ya es tarde, quiero llamar aquel cascafrenos, porque, como dicen, al bueno porque te honre, y a ese tal porque no me deshonre).

Mamotreto LIV

Entre col y col, lechuga (Correas).
Más vale dejar en la muerte a enemigos, que pedir en la vida a los amigos (Correas). (LOZANA: ¡Oh, Divicia!, ¿oíste nunca decir entre col y col, lechuga? ¿Sabes qué quiere decir?: afanar y guardar para la vejez, que más vale dejar en la muerte a los enemigos, que no demandar en la vida a los amigos).

Si pegare, pege; si no, no pege (Correas).
(LOZANA: Mas si pega, pega). Este refrán se repite en el mamotreto LIX.

Tal para cual, la puta y el rufián (Rodríguez Marín).
(LOZANA: ¡A tal puta tal rufiana!).

Mamotreto LV

Buey hermoso (Correas: "Ansí llaman a uno de buena presencia y mansedumbre; y de algunos se dice que no

tienen obras más de buena apariencia").
(LOZANA: Vení arriba, buey hermoso).

Los locos y los refranes (o los niños) dicen las verdades (Rodríguez Marín).
(LOZANA: Que cuanto dijeres e hicieres sea sin seso y bien pensado porque, a mi ver, más seso quiere un loco que no tres cuerdos, porque los locos son los que dicen las verdades).

Tan buen pan hacen aquí como en Francia (Rodríguez Marín).
(LOZANA: y soy conocida en todo Levante y Poniente, y tan buen cuatrín de pan nos hacen allá como acá).

Mamotreto LVI

Quien no se aventura, no ha ventura (Correas). (GALÁN: Quien no se arriesga no gana nada).

Mamotreto LVII

Él me vendrá a las manos. Algún día me vendrá a las manos (Correas). (LOZANA: Hacé cuanto quisiéredes, que a las manos me vernés).

Pasito, señor, que soy doncella. Y él era sordo y daba en ella (Correas). (CORILLÓN: ¿Quién es? Paso, paso, que no somos sordos).

Mamotreto LVIII

Quien da luego, da dos veces (Rodríguez Marín).
(LOZANA: la buena voluntad con que vuestra merced me lo ha dado vale más que lo muncho más que ella me diera).

Mamotreto LIX

El médico de Orgaz, que miraba la orina en el mortero, y el pulso en el hombro sobre el sayo (Correas).
(LOZANA: Señora, el uno es de Orgaz y el otro de Jamilena, que medicaba e iba por leña, y metía todas las orinas juntas).

Mamotreto LX

La obra alaba al maestro, y el maestro a la obra la alaba y

abona (Correas). (CURSOR: No me curo, que la obra es la que alaba al maestro).

Mamotreto LXI

Afanar, afanar, y nunca medrar (Correas). (LOZANA: Señor, ya veis, fatigar y no ganar nada).

Ir por lana y volver tresquilado (Correas).
(MÉDICO: No querría ir por lana, y que hiciésedes a mi mujer hallar una saya que estotro día perdió).

Mamotreto LXII

Más vale asno que os lleve, que no caballo que os derrueque (Covarrubias). (IMPERIA: Más vale asno que os lleve, que no caballo que os derrueque).

Do vino el sano, verná la albarda (Allaigre señala que aparece en La Celestina). (LOZANA: que aquí ganaré yo cualque ducado para dar la parte a mastro Arresto, el de Betrala, que medicó el asno y meritó el albarda).

Mamotreto LXIII

El discípulo que no duda, no sabrá jamás cosa ninguna (Rodríguez Marín).
(LOZANA: Habéis de saber que me place, porqu'el discípulo que no dubda ni pregunta no sabrá jamás nada).

La mujer sin hombre es como fuego sin leña (Rodríguez Marín). (LOZANA: que la mujer sin hombre es como fuego sin leña).

Mamotreto LXIV

Guay de ti, Jerusalén, que te tienen moros (Correas).
(PALAFRENERO: Puta ella y vos también, ¡guay de ti, Jerusalén!).

Andad al rollo. Idos al rolla. Váyase al rollo de Écija (Correas). (PALAFRENERO: Mayor que el rollo de Écija, servidor de putas).

De puta vieja y tabernero nuevo. Nos guarde Dios (Rodríguez Marín). (PALAFRENERO: ¡Voto a Dios, que bien dice el que dijo que de puta vieja y de tabernero nuevo me guarde Dios!).

No se hace la boda de hongos (Covarrubias).
(LOZANA: Y avisaldo que no se hacen los negocios de hongos, sino con buenos dineros redondos).

Mamotreto LXV

Ni fíes, ni porfíes, ni prometas lo incierto por lo cierto (Rodríguez Marín).
(PORFIRIO: No hay en este mundo quien ponga mientes a los dichos de los viejos que, si yo me recuerdo, siempre oí decir que ni fíes ni porfíes, ni prometas lo incierto por lo cierto).

Mamotreto LXVI

El hombre apercebido no es fácilmente acometido (Rodríguez Marín II). (LOZANA: Por tanto dicen que el hombre apercibido medio combatido).

Breve glosario con palabras del Diccionario de autoridades de la Real Academia Española

ACONCHAR v. a. Componer, ò aderezar una cosa. Viene del Toscáno Aconciare, que significa lo mismo. Tiene poco uso en Castellano, aunque la trahe Covarr. en su Diccionário. Lat. Componere. Concinnare.

APAÑA. Los que guardan y athesóran con demasiada codícia, para que gasten y desperdícien alegremente sus hijos y heredéros. Lat.

ANDADOR, ra
Del lat. artor, -ris.
1. adj. Que ara. U. t. c. s.
2. m. arador de la sarna.
arador de la sarna
 1. m. Ácaro diminuto, parásito del hombre, que vive debajo de la capa córnea de la epidermis en galerías que excava la hembra y en las que deposita sus huevos, y que produce la enfermedad llamada sarna.

ATALAYA s. f. Torre construida en lugár alto, y de dificil subída, no solo en médio de la campaña (como en lo antíguo se usaba) sino tambien cerca de las orillas del mar (como oy se conserva) desde donde se descubre el mar, ò la campaña à larga distáncia, y donde velan, y hacen guárdia persónas destinádas para dár aviso, si por tierra se acercan tropas, ò por la mar embarcaciones, lo que se execúta con Almenáras, ahumádas, ò fuegos.

ALONDIGA s. f. Casa pública donde se guarda el trigo de alguna Ciudád, ò Pueblo grande, para assegurar su abasto. Es voz Arabe segun Aldrete, Tamarid, Urréa, Alcalá, y Covarr. que en su origen es Fondaque, y añadido el artículo Al se dixo Alfondaque, y luego mas corrompído Alfondiga y Alhóndiga, como oy se dice. En muchas partes le llaman Pósito. Lat. Horrea publica.

BRIAL Del fr. ant. y occit. blialt.1. m. Vestido de seda o tela rica que usaban las mujeres.
2. m. Faldón de tela que llevaban los hombres de armas desde la cintura hasta encima de las rodillas.

CABALGAR. v. a. Subir o montar en el caballo o béstia. Viene del nombre Latíno Caballus. Este verbo, por haverle corrompído el vulgo, y dádole un significado indecente, yá no se usa en este sentído en lenguage cortesano, y solo há quedado en la facultad y arte de la Artillería. Latín. Equum conscendere. COMEND. sob. las 300. fol. 55.

CARAMILLO. s. m. Flauta delgada, que tiene el sonído de tiple mui agúdo.

Covarr. dice, que es corrupción de Calamillo diminutivo de Cálamo. Latín. Calamus, i. CERV. Nov. 11. Dial. pl. 359. Desmayarse aquí el Pastor, allí la Pastora: acullá resonar la zampóña del uno, acá el caramíllo del otro. VALDIV. Vid. de S. Joseph. Cant. 3. Oct. 35.

CELOSÍA De celoso. icios y otros huecos análogos, para que las personas que están en el interior vean sin ser vistas.

CERRADERO, ra
1. adj. desus. Dicho de un lugar: Que se cierra.
2. adj. desus. Dicho de un instrumento: Con que se ha de cerrar algo.
3. m. Parte de la cerradura, en forma de cajuela, en la cual penetra el pestillo. Se pone en el marco o en la otra hoja de la puerta o mueble que se ha de cerrar.
4. m. Agujero que se suele hacer en algunos marcos para que penetre el pestillo de la cerradura de la puerta, aunque no se le ponga caja de chapa.
5. m. Cordones con que se cierran y abren las bolsas y bolsillos.
6. m. desus. Lugar que se cierra.

CHIROMANCIA. s. f. Adivinacion por las rayas de las manos, que las Gitanas fingen y llaman Buenaventúra. Es voz Griega, usada entre los Latinos, y se pronuncia la ch como K. VENEG. Agon. punt. 3. cap. 12. Especialmente en aquellas cosas en que vé el demonio, que viviendo hicieron mäs hábito, como son, inquisiciones futúras, pronosticadas con Astrología, ò por la ciencia sin fundamento de la Chiromancia.

COLADA 1. f. Acción y efecto de colar 2. f. Lejía en que se cuela la ropa. 3. f. Ropa colada. 4. f. Lavado de ropa sucia de una casa. 5. f. Ropa lavada. 6. f. Faja de terreno por donde pueden transitar los ganados para ir de unos a otros pastos, bien en campos libres, adehesados o eriales, bien en los de propiedad particular, después de levantadas las cosechas. ENSOLVER. v. a. Reducir, incluir, encerrar una cosa en otra, haciendo una mezcla y unión de ellas. Tiene este verbo la anomalía de mudar la o en ue en algunas personas de los tiempos presentes: como Yo ensuelvo, ensuelve tu, ensuelva aquel. Latín. Miscere. Confundere. MEX. Hist. Imper. Vid. de Ludovico II. Hai Autores que de todo el Imperio deste Ludovico no escriben letra ... ensolviéndolo en el de su padre.

ESPIÓN. s. m. Lo mismo que Espía. B. CIUD. R. Epist. 75. [iii.607] Porque sin buenos Adalides y espiones fizo entrada en tierra de Moros el Adelantado.

ESTUFA De estufar. 1. f. Aparato destinado a calentar un recinto por electricidad o combustión de madera, gas, etc. 2. f. Estufilla para calentar los pies. 3. f. Aparato que se usa para secar, mantener caliente o desinfectar algo. 4. f. Cocina (aparato que hace las veces de fogón). 5. f .Invernáculo 6. f. Lugar destinado en los baños termales a producir un sudor opioso. 7. f. Especie de carroza grande, cerrada y con cristales. 8. f. p. us. Aposento recogido y abrigado, al que se da calor artificialmente. estufa de cultivo 1. f. Aparato en que se mantienen constantes la temperatura y otros factores ambientales, lo que permite y favorece el desarrollo de los cultivos biológicos en él colocados. criar en estufa a alguien1. loc. verb. coloq. Cuidarlo con exceso, privándolo de vigor. Flor de estufa

FARAUTE De haraute, este del fr. héraut, y este del franco *heriald 'funcionario del Ejército'. 1. m. mensajero (hombre que lleva un mensaje). 2. m. En las cortes medievales, oficial de armas superior al persevante e inferior al rey de armas, que ejerció las funciones de mensajero, intérprete y especialista en heráldica.3. m. desus. interprete (persona que explica lo dicho en otra lengua). 4. m. coloq. desus. Persona por lo general entrometida y mangoneadora que se atribuye autoridad en un asunto.

GRAMALLA. s. f. Cierto género de vestidúra larga hasta los pies, a manera de bata, con mangas en punta, como las de los Religiosos Augustinos, de que se usó mucho en lo antiguo: y aun oy se conserva en algunas partes, especialmente en el Réino de Aragón. Latín. Chlamys, idis. Toga, ae. COLMEN. Hist. Segob. cap. 44. §. 5. Ropas largas con mangas en punta, que nombran Gramallas, de terciopelo morado.

HIGA. s. f. Amuleto con que vanamente se persuadian los Gentiles que se librabandel fáscino y mal de ojo, y apataban de sí los males que creían podian hacer los envidiosos, quando miraban a las personas o a las cosas. La figura era de una mano, cerrado el puño, mostrando el dedo pulgar por entre el dedo indice y el de enmedio.

JuBÓN Del aum. de juba.1. m. Vestidura que cubría desde los hombros hasta la cintura, ceñida y ajustada al cuerpo. 2. m. coloq. jubón de azotes.jubón de azotes 1. m. coloq. Azotes que por justicia se daban en las espaldas. expr. coloq. U. para burlarse de quien se jacta de tener algo que en realidad no le puede servir.

MARAVEDÍ. s. m. Moneda antigua Española, que unas veces se ha entendido por cierta y determinada, real y efectiva moneda, y otras por número o cantidad de ellas. Segun la variación de los tiempos en la estimación del marco de plata, han tenido diversos valores, como tambien por su diferente calidad y metal; porque los huvo de oro, de plata y de cobre,

MARTELO Del it. martello 'celos'; propiamente 'martillo'. 1. m. Enamoramiento, galanteo. 2. m. desus. celos (sospecha de que la persona amada mude su cariño). 3. m. desus. Pena y aflicción que nace de los celos (sospecha de que la persona amada mude su cariño).

MOEJAR 1. tr. Notar, censurar las acciones de alguien con motes o apodos.

OGAÑO p. us. Del lat. hoc anno 'en este año'.1. adv. dem. En la época actual. La historia que narra esa novela bien pudiera acaecer hogaño. 2. adv. dem. La época actual. Con más previsión nos hubiéramos ahorrado los problemas de hogaño. 3. adv. dem. coloq. p. us. En el año presente.

OVERO, RA. adj. Lo que es de color de huevo. Aplícase regularmente al caballo. Latín. Luteus color.

PALAFRENERO De palafrén y -ero. 1. m. Criado que lleva del freno el caballo. 2. m. Mozo de caballos. 3. m. Criado que monta el palafrén. palafrenero mayor.
PICARAZADO, da 1. adj. coloq. R. Dom. y Ven. picado (que tiene huellas de viruelas).

POTROSO, SA 1. adj. Que tiene porta (hernia). Apl. a pers., u. t. c. s. 2. adj. coloq. Afortunado, que tiene buena suerte.

ROZAR v. a. Limpiar la tierra de las matas que cría, cortándolas o arrancándolas, para disponerla a la labor. Covarr. dice es del Latino Runcar

TRAJUMÁN, NA trujamán, na Del ár. hisp. turumán, y este del ár. clás. turumán. 1. m. y f. Persona que aconseja o media en el modo de ejecutar algo, especialmente compras, ventas o cambios. 2. m. y f. intérprete (persona que explica lo dicho en otra lengua).

TRINCHAR Del fr. ant. trenchier. 2. tr. coloq. Disponer de algo; decidir en algún asunto con aire y tono de satisfacción y autoridad. 3. tr. desus. Cortar o partir.

ÍNDICE

Nota Editorial   **1**

Introducción: Lozanía. Antes MCDXCII Después
por Jorge F. Hernández
5

Prólogo
Argumento en el cual se contienen todas las particularidades que ha de haber en la presente obra
9

Parte primera

La Lozana Andaluza. Argumento
17

Mamotreto primero
19

Mamotreto II. Responde la Tia, y prosigue
20

Mamotreto III. Prosigue la Lozana, y pregunta á la Tia
22

Mamotreto IV. Prosigue el autor
24

Mamotreto V. Cómo se supo dar la manera para vivir, que fué menester que usase audancia (pro sapientia)
28

Mamotreto VI. Cómo en Pozo Blanco, en casa de una camisera, la llamaron
30

Mamotreto VII. Cómo vienen las parientas y les dice la Sevillana
32

Mamotreto VIII. Cómo torna la Lozana, y pregunta
36

Mamotreto IX. Una pregunta que hace la Lozana para se informar
37

Mamotreto X. El modo que tuvo yendo con Aguila- rico, espantánose que le hablaban en catalan, y dice un barbero
40

Mamotreto XI. Cómo llamó á la Lozana la Napolitana que ella buscaba y dice á su marido que la llame
41

Mamotreto XII. Cómo Rampin le va mostrando la cibdad y le da ella un ducado que busque donde cenen y duerman, y lo que pasaron con una lavandera
44

Mamotreto XIII. Cómo entran en la estufa Rampin y la Lozana, y preguntan
53

Mamotreto XIV. Cómo torna su tia y demanda donde ha de dormir Rampin, y lo que pasaron la Lozana y su futuro criado en la cama **56**

Mamotreto XV. Cómo fueron mirando por Roma, hasta que vinieron á la judería, y cómo ordenó de poner casa
62

Mamotreto XVI. Cómo entran á la judería y veen las sinogas, y cómo viene Trigo, judío, á ponelle casa
67

Mamotreto XVII. Informacion que interpone el autor para
que se entienda lo que adelante ha de seguir
71

Mamotreto XVIII. Prosigue el autor tornando al décimosexto
mamotreto, que viniendo de la judería, dice
76

Mamotreto XIX. Cómo, despues de ido Trigo,
vino un Maestresala á estar la siesta con ella,
y despues un Macero y el Balijero de su señoría
79

Mamotreto XX. Las preguntas que hizo la Lozana aquella noche
al Balijero, y cómo la informó de lo que sabía
85

Mamotreto XXI. Otra pregunta que hace la Lozana
al Balijero cuando se levanta
89

Mamotreto XXII. Cómo se despide el Balijero
y desciende su criado, y duermen hasta que vino Trigo
91

Mamotreto XXIII. Cómo fué la Lozana en casa desta cortesana,
y halló allí á un canónigo, su mayordomo, que la empreñó
94

Parte segunda

Mamotreto XXIV. Cómo comenzó á conversar con todos,
y como el auctor la conoció por intercesion de un su
compañero, que era criado de un embaxador milanés,
al cual ella sirvió la primera vez con una moza no vírgen,
sino apretada. Aquí comienza la parte segunda
97

Mamotreto XXV. Cómo el auctor dende á pocos dias en-contró
en casa de una cortesana favorida á la Lozana y la habló
105

Mamotreto XXVI. Cómo la Lozana va á su casa,
y encuentra su criado y responde á cuantos la llaman
108

Mamotreto XXVII. Cómo va por la calle y la llaman todos,
y un portugues que dice
111

Mamotreto XXVIII Cómo va la Lozana en casa de un gran señor,
y pregunta si por dicha le querrian rescebir uno
de su tierra que es venido, y posa en su casa
115

Mamotreto XXIX. Cómo torna su criado, que venga presto,
que la esperan una hija puta y su madre vieja
117

Mamotreto XXX. Cómo viene su criado, y con él un su amigo,
y ven salir las otras de casa
121

Mamotreto XXXI. Cómo la Lozana soñó que su criado caia
en el rio, y otro dia lo llevaron en prision
123

Mamotreto XXXII. Cómo vino el otro su compañero
corriendo, y avisó la Lozana, y va ella radiando buscando favor
126

Mamotreto XXXIII. Cómo la Lozana vido venir á su criado,
y fueron á casa, y cayó él en una privada por más señas
129

Mamotreto XXXIV. Cómo va buscando casa la Lozana
132

Mamotreto XXXV. Cómo yendo en casa de otra cortesana vino
su criado, y lo hizo vestir entre sus conocidos
136

Mamotreto XXXVI. Cómo un caballero iba con un embaxador
napolitano travestidos, y vieron de léxos á la Lozana,
y se la dió á conocer el caballero al embaxador
140

Mamotreto XXXVII. Cómo de allí se despidió la Lozana,
y se fué en casa de un hidalgo que la buscaba, y estando solos
se lo hizo porque diese fe á otra que lo sabía hacer
143

Mamotreto XXXVIII. Cómo la Lozana entra en la baratería
de los gentiles hombres y dice
148

Mamotreto XXXIX. Cómo la señora Terencia vido pasar
á la Lozana y la manda llamar
153

Mamotreto XL. Cómo yendo su camino encuentra
con tres mujeres, y despues con dos hombres
que la conocen de luengo tiempo   155

Parte tercera

Mamotreto XLI. Aquí comienza la tercera parte del retrato,
y serán más graciosas cosas que lo pasado. Cómo tornó á casa
y afeitó con lo que traia las sobredichas, y cómo se fueron,
y su criado con ellas, y quedó sola, y contaba todo lo
que habia menester para su trato, que queria comenzar,
y de aquí adelante le darémos fin
157

Mamotreto XLII. Cómo estando la Lozana sola diciendo
qué le convenia hacer para tratar y platicar en esta tierra
sin servir á nadie, entró el Auctor callando,
y disputaron los dos, y dice él
161

Mamotreto XLIII. Cómo salia el Auctor de casa de la Lozana,
y encontró una fantesca cargada y un villano, con dos asnos
cargados uno de cebollas y otro de castañas, y despues se fué

el Auctor con un su amigo, contándole las cosas de la Lozana
166

Mamotreto XLIV. Cómo fué otro dia á visitarla este
su conocido Silvano, y las cosas que allí contaron
168

Mamotreto XLV. Una respuesta que hace este Silvano,
su conocido de la Lozana
172

Mamotreto XLVI. Respuesta que da la Lozana en su laude
172

Mamotreto XLVII. Cómo se despide el conocido de la señora
Lozana, y de las señas de la patria del Auctor
175

Mamotreto XLVIII. Cómo vinieron diez cortesanas
á se afeitar, y lo que pasaron, y despues otras dos casadas
sus amigas, camiseras
179

Mamotreto XLIX. Cómo vinieron á llamar á la Lozana
que fuese á ver un gentil-hombre nuevamente venido,
que estaba malo, y dice ella entre sí, por las que se partieron
182

Mamotreto L. Cómo la Lozana va á ver este gentil-hombre,
y dice subiendo
185

Mamotreto LI. Cómo se fué la Lozana corrida,
y decia muy enojada
186

Mamotreto LII. Cómo la Lozana encontró, ántes que entrase
en su casa, con un vagamundo, llamado Sagüeso, el cual tenía
por oficio jugar y cabalgar de balde, y dice
188

Mamotreto LIII. Lo que pasan entre todos tres,
y dice la Lozana á Divicia
191

Mamotreto LIV. Cómo platicaron la Lozana
y Divicia de munchas cosas
196

Mamotreto LV. Cómo la Lozana vido venir un jóven
desbarbado,
de diez y ocho años, llamado Coridon, y le dió este consejo
como supo su enfermedad
202

Mamotreto LVI Cómo la Lozana estaba á su ventana,
y dos galanes vieron salir dos mujeres,
y les demandaron qué era lo que negociaban
206

Mamotreto LVII. Cómo salió la Lozana con su canastillo
debaxo, con diversas cosas para su oficio, y fué en casa
de cuatro cortesanas favoridas, y sacó de cada una, en partes,
provision de quien más podia
209

Mamotreto LVIII. Cómo va la Lozana en casa de la Garza
Montesina, y encuentra con dos rufianes napolitanos,
y lo que le dicen
213

Mamotreto LIX. Cómo la Lozana fué á casa de madona Clarina,
favorida, y encontró con dos médicos, y el uno era cirúgico,
y todos dos dicen
216

Mamotreto LX. Cómo fué la Lozana en casa de la Imperia
Aviñonesa, y cómo encontró con dos juristas letrados que
ella conocia, que se habian hecho cursores ó emplazadores
221

Mamotreto LXI. Cómo un médico familiar de la señora Imperia
estuvo con la Lozana hasta que salió de reposar la Imperia
224

Mamotreto LXII. Cómo la señora Imperia, partido el médico,
ordenó de ir á la estufa ella y la Lozana, y cómo encontraron á uno
que decia Oliva, Oliva de España, el cual iba en máscara,
y dice la Imperia al médico
227

Mamotreto LXIII. Cómo la Lozana fué á su casa,
y envió por un sastre, y se vistió del paño que le dieron
en casa del coronel, y lo que pasó con una boba,
y dice la Lozana
230

Mamotreto LXIV. Cómo vinieron cuatro palafreneros á la Lozana,
si queria tomar en su casa un gentil-hombre que venía á negociar,
y traia un asnico sardo llamado Robusto, y ensalmóles los
encordios, y dice uno
232

Mamotreto LXV. Cómo vino el asno de micer Porfirio por corona,
y se graduó de bachiller, y dice entre sí mirando al Robusto,
su asnico
235

Mamotreto LXVI. Cómo la Lozana se fué á vivir á la ínsula de
Lipari, y allí acabó muy santamente ella y su pretérito criado Rampin,
y aquí se nota su fin y un sueño que soñó
237

Cómo se excusa el Auctor en la fin del retrato de la Lozana
en laude de las mujeres
241

Esta epístola añadió el Auctor, el año mill é quinientos é veinte
é siete, vista la destruicion de Roma, y la gran pestilencia que
sucedió, dando gracias á Dios, que le dexó ver el castigo que
méritamente Dios permitió á un tanto pueblo
245

Carta de excomunion contra una cruel doncella de sanidad
247

Epístola de la Lozana á todas las que determinaban venir
á ver Campo de Flor en Roma.
249

Digresion que cuenta el Auctor en Venecia.
251

Refranes, Frases Proverbiales o Expresiones de Fondo
Paremiológico en los 66 Mamotretos de La Lozana Andaluza
253

Breve glosario con palabras del Diccionario de autoridades
de la Real Academia Española
271

Texto original tomado del Projecto Gutenberg :
http://www.gutenberg.org/5/0/2/9/50291/
Nota del editor:
Además de la introducción de Jorge F. Hernández y el Apéndice del Profesor Francisco Ramírez Santacruz,, se hicieron correcciones tipográficas al texto digital producido por Josep Cols Canals, Ramon Pajares Box, and the Online Distributed Proofreading Team at http://www.pgdp.net (ultilizando imagenes proporcionadas por The Internet Archive/Canadian Libraries)

www.ingramcontent.com/pod-product-compliance
Lightning Source LLC
LaVergne TN
LVHW041331080426
835512LV00006B/399